예능 PD 7人 이 작심하고 쓴

TV 예능 제작가이드

예능 PD 7人이
작심하고 쓴

TV
예능
제작
가이드

TV Entertainment
Production Guide

이동규 · 김준수 · 유윤재 · 안철호
윤태욱 · 박상혁 · 김용재 지음

청문각

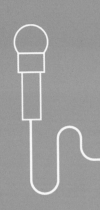

왜 현장인가?

우리는 SBS 예능 PD로 15년 이상을 일했다. 그래서 한 가지 깨달은 게 있다. 현장은 늘 이론보다 빨리 돌아간다는 사실을.

PD는 감(感)으로 프로그램을 만든다.

방송 프로그램 시간은 정해져 있다. 어떡하든 정해진 시간에 방송은 나가야 한다. 그러면 PD 입장에서는 이것저것 따질 여유가 없다. 그동안 쌓여온 관록의 힘으로 프로그램을 매회 관습적으로 만들 수밖에 없다. 그 관습적인 힘! 그것이 감感, 즉 현장 감각이다.

방송 제작 관련 책은 많이 나와 있다. 하지만 현장의 노하우, 즉 감에 대한 길잡이는 보기 어려웠다. 그래서 우리는 용기를 냈다. 감을 정리하기로.

사실, 글보다 빠른 수단이 말이고, 말보다 빠른 수단이 감이다. 그 감을 글로 정리한다는 게 어불성설일 수도 있다. 그래도 우리는 용기를 냈다.

왜 예능인가?

세상에 어렵지 않은 게 어디 있겠냐만 우리 경험에서 가장 어려운 것 중 하나가 '노는 것'이 아닐까 한다. 잘 노는 것만큼 어려운 것도 없다. 왜?

네덜란드 역사학자 호이징가Huizinga는 인간을 호모 루덴스Homo Ludens, 즉 놀이play의 동물로 보았다. 그는 잘 놀기 위해서는 몇 가지 전제조건이 필요한데 그중 가장 중요한 첫째 조건이 자유로워야 한다는 것이다. 자유롭기 위해서는 솔직해야 한다. 모든 격식을 버리고 소위 계급장 떼고 놀아야 제대로 놀 수 있다. 이게 여간 어려운 게 아니다. 인간의 가장 원초적인 본능과 관련된 문제이기 때문이다. 재미없는 건 재미없는 것이다.

예능은 '노는 것'이다. 그래서 TV 장르 중 유독 예능만큼 어려운 것도 없다. 인간의 솔직한 감정을 만족시켜야 하기 때문이다.

놀기 위해서는 규칙이 필요하다.

하지만 예능을 제작하기 어려운 이유는 정작 다른 데 있다.

예능 프로그램을 한마디로 말하면 무엇일까? 호이징가는 말했다. 잘 놀기 위한 둘째 전제조건, 무한히 자유롭되 그것을 통제할 규칙rules이 있어야 제대로 놀 수 있다고. 스포츠를 즐기고 싶은가? 그러면 규칙부터 알아야 한다. 게임을 즐기고 싶은가? 마찬가지로 규칙부터 알아야 한다. 놀기 위해서는 공정하고도 정교하게 잘 만들어진 규칙이 있어야 한다. 예능 프로그램을 기획하고 연출한다는 것은 한마디로 바로 이 규칙을 만드는 작업이라고 할 수 있다. 이것을 우리는 포맷이라고 한다. 보도, 교양, 드라마, 예능 등 TV 장르 중에 새로운 포맷이 중요한 유일한 장르가 예능이고 그래서 예능은 만들기가 참 독특하고 어렵다.

우리가 이 책에서 보여주고자 하는 핵심은 바로 놀기 위한 규칙, 즉 포맷을 만들어야 하는 예능 프로그램의 기획과 제작에 관한 노하우다.

예능은 모든 장르를 다 한다.

포맷이 중요하다보니 예능은 여느 장르와 다른 독특한 특성이 하나 있다.

쉽게 말해 포맷은 내용을 담는 형식, 즉 그릇이라고 할 수 있다. 보도는 기사가 중요하다. 드라마는 스토리, 교양은 각종 정보, 스포츠는 경기종목이 중요하다. 이들은 모두 형식, 즉 그릇보다는 내용이 중요하고 그것이 한편 다른 장르와 차별되는 이들 장르의 고유 특성이기도 하다.

하지만 예능은 독특하게 내용보다 형식이 중요하기 때문에 모든 장르를 다 하는 특성이 있다. 보도 형식도 차용하고, 드라마도 차용하고, 스포츠도 차용하고, 다큐멘터리도 차용한다. MBC〈무한도전〉의 성공으로 촉발되어 예능의 새로운 대세가 된 리얼리티 장르도 따지고 보면 있는 그대로(reality)를 보여주는 다큐멘터리와 다를 바 없다.

우리는 예능의 기획과 제작에 대한 현장 노하우를 말하고자 한다.

모든 장르를 다 하다 보니 예능은 장르가 매우 다양하다. 리얼리티, 버라이어티, 코미디, 게임쇼, 토크쇼, 음악쇼 등.

'그릇 찾아 삼만 리'를 하는 고민으로 밤을 지새우는 게 예능 PD다.

이 책은 그동안 이런 고민으로 다양한 예능 장르에서 밤을 지새운 SBS 예능 PD 출신들의 각자 제작 노하우에 관한 이야기다. 예능에 관한 책이 시중에 없는 것은 아니다. 하지만 예능의 오랜 역사를 가진 코미디나 토크쇼 정도에 머물러 있고, 여타 예능 장르에 대한 것은 거의 볼 수 없다. 이마저도 이론에 치우쳐 있고 기획과 제작을 위해 현장 실무적으로 접근한 책은 전무하다시피 하다.

영상을 다루는 우리가 펜을 든 이유가 여기에 있다. 현장의 비밀을 보여주고자 한다. 예능은 이런 것이라는 개괄적 이야기와 그 기획과 제작을 위해서는 각 장르별로 또 이렇게 하는 것이라고 이야기하고자 한다. 구체적으로는 리얼리티, 버라이어티, 코미디,

게임쇼, 토크쇼를 주로 다뤘다. 이들 장르가 모두 예능의 가장 큰 축을 이루고 있기 때문이다. 덧붙여 한류와 함께 예능 콘텐츠의 국제화에 발맞춰 우리나라 리얼 버라이어티의 중국 현지화 제작 전략에 대해서도 다뤘다.

나름대로 이 책에 대한 우리의 자부심이라면 최초로 예능 PD들이 예능을 말했다는 것이다. 매번 프로그램을 만들고 나면 늘 아쉬움과 허전함이 남았었다. 시청자에게 보여주는 것으로만 만족하지 못하는 무언가의 아쉬움. 그것을 달래고자 한 우리 스스로의 노력 중 하나가 이 책이다.

부디 우리가 뜨는 첫 삽이 앞으로 예능을 이해하고 만드는 멋진 출발이 되었으면 한다.

예능 제작자를 꿈꾸는 모든 이에게 적으나마 도움이 되었으면 한다.

2018년 뜨거운 여름

글쓴이 일동

차례

Contents

CHAPTER 04

코미디 제작의
실무가이드
"사람 장사를 하라"

TV Entertainment Production Guide

예능 제작의
개꼴가이드

"포맷에 승부 걸어라"

이동규

동덕여대 방송연예과 교수
SBS 예능 PD로 18년 재직
고려대 신문방송학과 학사, 석사, 박사

주요 연출 프로그램
〈웃찾사〉, 〈도전! 1000곡〉, 〈결정! 맛대맛〉,
〈좋은 세상 만들기〉 등

주요 저서
〈TV는 살아있다〉, 〈PD감각입문〉,
〈연예인이 되기 위한 34계명〉,
〈웃음에 관한 특별보고서〉 등

1. 예능 프로그램이란?

1) TV 프로그램의 장르

방송 제작이란 무엇일까?

우선 '방송'이라는 용어부터 살펴보면 영어로는 broadcasting이다. Broadcasting은 'broad넓은'와 'casting보내다, 던지다'의 합성어인데 이 뜻을 그대로 넘겨받아 한자로도 '넓을 방放', '보낼 송送'으로 쓰이게 되었다. 이를 조합하면 방송broadcasting, 放送이란 '널리 보내는 것'이라고 할 수 있다. 널리 보내기 위해서는 널리 보낼 무언가가 있어야 하고, 그 무언가가 바로 프로그램이다. 프로그램이란 만들어야 탄생되고 보낼 수도 있으니, 이런 행위를 '제작production, 製作'이라고 한다.

무언가를 널리 보내는 방법은 크게 두 가지가 있는데 하나는 보내고자 하는 곳에 직접 보내는 직접 전달이 있을 수 있고, 다른 하나는 무언가를 통해서 대신 보내는 간접 전달이 있을 수 있다. 간접적으로 전달하기 위해서는 대신 전달해줄 매개 수단이 필요한데 이것이 영어로는 '미디어media'이고 우리말로는 '매체'로 번역해 부른다. 미디어는 역사를 거듭하며 오늘날까지 급속도로 다양하게 발전해왔는데 그 예가 우편, 책, 신문, 전화, 영화, 라디오, TV, 인터넷 등이다. 이 중에 특히 라디오와 TV는 개인이 아닌, 누군지 모르는 다수, 즉 '불특정 다수'에게 널리 보내는데 이런 불특정 다수는 거대하다고 영어로는 '매스mass'라 불리고 이를 우리나라에서는 '대중'이라 번역해 부른다. 그래서 라디오나 TV는 '대중 매체mass media'라 불리며 이를 통해 널리 보내는 것을 특히 방송이라 한다. 요즘에는 인터넷 방송도 등장하면서 방송 매체의 영역이 점점 확대되고 있다.

본 책에서 다루고자 하는 것은 TV 방송 프로그램 제작이다. 그러자면 우선 TV 프로그램은 어떤 종류가 있는지부터 살펴볼 필요가 있다. 여기에 대해서는 그동안 학계에서 다양한 논의가 있어 왔다. 하지만 본 책은 방송 제작을 위해 실무적인 접근을 용이하게 하는 것이 그 우선적인 취지이다. 그래서 이를 위해 우선 알아둘 필요가 있는 분류는 바로 현행 우리나라 방송법이 해두었다.

방송법 제69조에 보면 TV 프로그램의 장르를 보도, 교양, 오락이라는 3분법으로 나누었다.

방송법

제11조(방송분야등의 고시) 과학기술정보통신부장관은 방송프로그램의 전문성과 채널의 다양성이 구현될 수 있도록 하기 위하여 전문편성의 방송분야와 방송프로그램의 종류에 따른 편성비율등을 고시할 수 있다.

제69조(방송프로그램의 편성등)

③종합편성을 행하는 방송사업자는 방송프로그램의 편성에 있어서 대통령령이 정하는 기준에 따라 보도·교양 및 오락에 관한 방송프로그램을 포함하여야 하고, 그 방송프로그램 상호간에 조화를 이루도록 편성하여야 한다. 이 경우 대통령령이 정하는 주시청시간대(이하 "主視聽時間帶"라 한다)에는 특정 방송 분야의 방송프로그램이 편중되어서는 아니 된다.

방송법에서 이렇게 분류한 데는 이유가 있다. 그것은 보도, 교양, 오락 프로그램이란 무엇인지, 그 정의를 어떻게 내렸는지를 보면 알 수 있다. 방송법 시행령 제50조를 보면 다음과 같이 정의하고 있다.

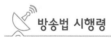
방송법 시행령

제50조(방송프로그램의 편성 등)

①종합편성을 행하는 방송사업자는 법 제69조제3항 전단의 규정에 의하여 보도에 관한 방송프로그램, 교양에 관한 방송프로그램 및 오락에 관한 방송프로그램이 상호간에 조화를 이루도록 편성하되, 그 구체적인 기준은 다음 각 호와 같다.

1. 텔레비전방송프로그램 및 라디오방송프로그램의 경우 오락에 관한 방송프로그램을 당해 채널의 매월 전체 방송시간의 100분의 50 이하로 편성할 것

2. 데이터방송프로그램의 경우 오락에 관한 방송프로그램을 당해 채널의 매월 전체 방송내용물의 100분의 60 이하로 편성할 것

②제1항에서 "보도에 관한 방송프로그램"이라 함은 국내외 정치·경제·사회·문화 등의 전반에 관하여 시사적인 취재보도·논평 또는 해설 등의 방송프로그램을, "교양에 관한 방송프로그램"이라 함은 국민의 교양향상 및 교육을 목적으로 하는 방송프로그램과 어린이·청소년의 교육을 목적으로 하는 방송프로그램을, "오락에 관한 방송프로그램"이라 함은 국민정서의 함양과 여가생활의 다양화를 목적으로 하는 방송프로그램을 말한다.

③법 제69조제3항 후단의 규정에 의한 주시청시간대는 다음 각 호와 같다.

1. 평일: 오후 7시부터 오후 11시까지

2. 토요일·일요일 및 공휴일: 오후 6시부터 오후 11시까지

보도 프로그램이란 '국내외 정치·경제·사회·문화 등의 전반에 관하여 시사적인 취재보도·논평 또는 해설 등의 방송프로그램'이고, 교양 프로그램이란 '국민의 교양향상 및 교육**을 목적으로 하는** 방송프로그램과 어린이·청소년의 교육**을 목적으로 하는** 방송프로그램'이고, 오락 프로그램이란 '국민정서의 함양과 여가생활의 다양화**를 목적으로 하는** 방송프로그램'이다.

여기서 공통적으로 들어가는 문구가 있으니 '.......을 목적으로 하는'이다. 무언가를 분류하기 위해서는 어떤 기준이 있어야 한다. 방송법은 바로 '왜 방송하는가'라는 목적을 기준으로 분류했다는 것이다.

방송은 사적 소유물이 아니고 공적 공유물이다. 개인의 이익보다는 공공의 이익을 우선해야 하는 것이 방송의 일차적 목적이다. 그래서 방송법은 국민이 방송을 통해 널리 누릴 다양한 목적을 지켜주기 위해 여기에 따라 보도, 교양, 오락으로 분류했으며 바꿔 말해, 방송은 이 세 가지 목적을 법에 근거해 실천해야 한다는 뜻이다. 특히 KBS, MBC, SBS 등과 같은 지상파나 JTBC, TV조선, 채널A, MBN과 같은 종합편성채널과

같이 종합편성[1]을 하는 방송사는 방송사 이익을 위해 어느 한 장르만 편중해서는 안
되며 골고루 편성해야 한다는 편성 비율의 지침까지 방송법에서는 규정하고 있다.[2]

　TV 프로그램의 장르는 이처럼 목적에 따라 보도, 교양, 오락으로 나누어진다.
방송사는 이런 목적을 달성하기 위해 해당 부문의 프로그램을 제작할 부서를 구성하게
된다. 재미있는 것은 이 세 가지 목적에 따라 실제 제작을 하자면 그 전문성도 각각
다르다는 사실이다. 보도는 보도대로, 교양은 교양대로, 오락은 오락대로 그 요구되는
전문성이 다르다. 방송사는 당연히 이 세 장르에 근거해 세 담당 부서로 나누면 된다.
하지만 문제가 생겼다. 보도는 보도부서에서, 교양은 교양부서에서 제작하면 된다.
문제는 오락이다. 오락은 오락부서에서 하나의 전문성으로 통합해 제작하기에는 그
하위 장르들의 범위가 너무 넓다는 것이다.

　방송법에 따라 방송위원회가 프로그램의 유형을 분류한 기준을 다시 한번 보자.

▌방송위원회의 프로그램 유형 분류

대분류 체계	세부 유형 분류
보도 부문	뉴스, 뉴스해설, 기획보도, 기자회견, 뉴스매거진, 시사적 사건의 특별 행사 중계, 시사 다큐멘터리, 기상정보
교양 부문	다큐멘터리, 대담/토크, 교육을 주목적으로 하는 만화/인형극, 교육을 주목적으로 하는 퀴즈/게임, 학습 프로그램(학교교육 프로그램, 사회교육 프로그램, 강좌 프로그램 및 교습을 목적으로 하는 스포츠 등), 생활정보, 문화예술 프로그램
오락 부문	드라마, 코미디, 영화, 만화, 버라이어티쇼, 오락성 토크쇼, 퀴즈/게임, 스포츠

---

1) 우리나라 방송법에서 TV 편성에 대해 분류해놓은 것은 크게 두 가지로서 종합편성과 전문편성이다. 종합편성이란 한 방송사가 보
　도 · 오락 · 교양 등 다양한 장르의 프로그램을 편중되지 않게 편성하는 것을 말하며, 줄여서 종편(綜編)이라고도 한다. 방송사를 허
　가받을 때 방송법으로 종합편성을 해야 하는 것이 의무인 채널이 있는데 KBS, MBC, SBS 등과 같은 지상파와 TV조선, JTBC, MBN,
　채널A와 같은 종편방송사이다. 이들 방송사는 보도 · 오락 · 교양 중 어느 한 특정 분야만 치중해서 편성해서는 안 되고 골고루 편성
　해야 한다. 이에 반해 보도 · 교육 · 오락 · 레저 · 종교 등 특정 방송 분야의 방송프로그램을 전문으로 편성하는 것을 전문편성이라
　한다. 예를 들면, YTN, MN, OCN, Mnet, SBS골프, 투니버스, 한국낚시TV, 홈쇼핑, 기독교방송 등 수많은 케이블 채널이 이에 해당된다.
　이들 방송사는 뉴스면 뉴스, 영화면 영화, 오락이면 오락, 어린이 프로그램이면 어린이 프로그램, 종교면 종교, 쇼핑이면 쇼핑만 편성
　할 수 있다.
2) 텔레비전방송프로그램 및 라디오방송프로그램의 경우 오락에 관한 방송프로그램을 당해 채널의 매월 전체 방송시간의 100분의 50
　이하로 편성할 것(방송법 시행령 제50조 제1항 제1호)

오락 부문을 보면 드라마, 코미디, 영화, 만화, 버라이어티쇼, 오락성 토크쇼, 퀴즈/게임, 스포츠 등으로 예를 들었다. 방송사에서 이들 오락 프로그램을 하나의 통합된 부서로 운용해 제작하기에는 그 전문성이 매우 이질적일 수밖에 없다. 그래서 방송사는 오락 부문을 전문성에 따라 다시 세 부서로 나누어 제작하게 되는데 바로 예능, 드라마, 스포츠다.

예능 프로그램 중에서도 코미디는 특화된 또 하나의 전문 영역이다.
_ 코미디 〈웃찾사〉 녹화 현장

정리하면 이렇다. 방송을 하는 목적을 기준으로 하면 ① 보도, ② 교양, ③ 오락의 세 장르로 나눌 수 있다. 이를 실천하기 위해 다시 방송 제작 부서, 즉 제작 주체에 따라 나누면 ① 보도, ② 교양, ③ 드라마, ④ 예능, ⑤ 스포츠의 다섯 장르로 나눌 수 있다는 것이다.

방송放送은 앞서 살펴보았듯이 간단히 말하면 프로그램을 널리 보내는 것이라고 했다. 방송사는 보도, 교양, 예능, 드라마, 스포츠라는 다섯 가지의 전문성으로 다섯 장르의 프로그램을 만들어서 내보낸다.

문학에는 5대 장르가 있다. 시, 소설, 수필, 희곡, 평론이다. 이들은 해당 장르에 따라 추구하는 목적이나 전문성이 주지하다시피 다르다. 시인과 소설가가 다르고, 수필가와 평론가가 다르다. 그래서 해당 장르의 전문가로 등단하는 관문도 다르다. 시인으로 등단한 사람은 어디까지나 시인이지 소설가는 아니다.

문학에 5대 장르가 있듯이 TV 프로그램도 5대 장르가 있다. 시인과 소설가가 다르듯이 교양 PD와 예능 PD가 다르다. 시인과 소설가가 등단하는 관문이 다르듯이 방송사에서 신입 PD를 뽑을 때도 대체로 교양 PD, 예능 PD, 드라마 PD 등으로 나누어 뽑는다(보도 부문은 말할 것도 없이 기자로 뽑는다).

문학을 하는 사람을 문학인이라 부른다. 마찬가지로 프로그램을 만드는 사람을 PD라고 부른다. 이처럼 PD라는 용어는 문학인이라는 용어와 같이 그 범주가 매우 큰 말이다. 문학인 중에 수필가라는 말이 보다 구체적이듯이 PD도 예를 들면, 예능 PD라고 하는 것이 더 구체적이다. 시인이면 평생 시를 쓰는 게 그의 전문성이듯이 예능 PD는 평생 예능 프로그램을 만드는 것이 그의 전문성이다.

이런 의문을 가질 수도 있겠다. 위에서 방송위원회가 오락 부문에서 분류한 유형 중에는 영화와 만화(애니메이션)도 있다고, 그래서 영화 PD, 애니메이션 PD도 있다고 말이다. 그러나 영화는 영화사에서 제작한다. 방송사에서는 제작하지 않는다. 애니메이션도 마찬가지다. 방송사는 단지 편성해서 내보내기만 할 뿐이다. TV 프로그램을 만드는 방송사 내 제작 주체는 최소한 아니다.

2) 예능 프로그램의 장르

제작 주체에 따른 TV 5대 장르 중 하위 프로그램 장르로는 또 어떤 것들이 있는지 좀 더 구체적으로 살펴보겠다.

장르라는 것이 그렇다. 분류 기준에 따라 매우 다양하다. 학계에서도 장르는 각종 이론이나 기준에 따라 매우 다양하게 논의되고 있다. 그래서 어느 한 가지로 꼬집어

말하기가 참 어렵다. 그런 가운데 방송사에서 제작되고 있는 프로그램을 중심으로
정리해보면 대체로 다음과 같다.

▌TV 프로그램의 장르

상위 장르	하위 장르
보도	뉴스, 탐사, 시사토론, 시사해설, 시사고발, 시사중계, 기상정보 등
교양	다큐멘터리, 생활정보, 문화예술, 강좌, 교육 등
예능	토크쇼, 코미디, 음악쇼, 버라이어티, 퀴즈쇼, 게임쇼, 관찰 리얼리티, 서바이벌 오디션, 시트콤, 시상식, 연예정보 등
드라마	추리 드라마, 멜로 드라마, 역사 드라마, SF 드라마 등
스포츠	스포츠 중계, 스포츠 정보 등

보도 프로그램은 뉴스, 탐사, 시사토론, 시사해설, 시사중계, 기상정보 등이 있다고
할 수 있다. 교양 프로그램은 다큐멘터리, 생활정보, 문화예술, 시사고발, 강좌, 교육
등이 있다. 드라마는 추리 드라마, 멜로 드라마, 역사 드라마, SF 드라마 등이 있다.
스포츠는 말 그대로 각종 스포츠를 중계하거나 스포츠 정보를 전달해준다. 이들은
모두 다루는 내용의 성격을 중심으로 분류해 본 것이다. 분류라는 것은 기준에 따라
얼마든지 다를 수 있다. 드라마 중에도 현대극, 시대극, 사극, 트렌디 등으로 분류할
수도 있다. 그러나 이것은 어디까지나 다루는 시대에 따른 분류이지 내용을 기준으로
한 것은 아니다. 시청층을 기준으로 한다면 드라마는 또한 어린이, 청소년, 성인 드라마
등으로 분류할 수도 있다.

이제 하나 남은 장르는 예능이다. 예능은 독특하다. 결론적으로 말하면 예능은
장르가 매우 다양하다. 보도, 교양, 드라마, 스포츠도 학계에 따라 다양하게 분류될
수 있지만 예능은 특히 더하다. 그럼에도 불구하고 이를 참조해 방송되고 있는
프로그램들을 중심으로 제작 현장에서 통상 분류하는 대로 살펴보면 현재까지는

토크쇼, 코미디, 음악쇼, 버라이어티, 퀴즈쇼, 게임쇼, 관찰 리얼리티, 서바이벌 오디션, 시트콤, 시상식[3], 연예정보[4] 등이 있다. 현재까지라고 특별히 단서를 붙인 이유는 예능은 계속 진화하고 있고 더불어 계속 새로운 장르가 생겨나고 있기 때문이다.

어떤 경우에는 이 프로그램이 도무지 무슨 장르인지 구분 짓기 어려운 때도 있을 정도로 예능은 그 종류가 참으로 다양하다. 예를 들면 '버라이어티variety'라는 장르의 유래다. Variety라는 것의 뜻이 무엇인가. 사전적으로는 '여러 가지, 갖가지, 각양각색, 다양성' 등이다. 예능 프로그램 중에는 이것저것 다 하는 프로그램이 있다. 예를 들면 스튜디오 코너도 하고, 야외 코너도 하고, 춤과 노래를 하는가 싶으면 또 토크를 하기도 하고, 코미디를 하기도 하고, ... 딱히 무엇을 한다고 한마디로 말하기 난감한 프로그램이 있다. 그냥 갖가지 다 한다고 말할 수밖에 없는 ...... "갖가지", 이것을 영어로 말하는 입장에서는 'variety'라고 했고, 그게 지금까지 버라이어티variety라는 장르로 부르게 된 것이다. 이처럼 장르를 구분 짓기 참 어려울 정도로 다양한 게 한편 예능이다.

또한 예능은 새로운 장르도 계속 생겨나고 있다. 예를 들면, 최근 각광받고 있는 리얼리티reality 프로그램이다. 리얼리티란 말 그대로 '리얼real', '진짜'의 의미로서 '연기하지 않고', '있는 그대로' 가감 없이 솔직하게 보여주는 프로그램이란 뜻이다. 리얼리티란 장르는 1980년대 미국에서 처음 등장했다. 당시 미국에서는 네트워크와 케이블 방송사들, 그리고 홈 비디오가 등장하면서 시청자의 기호가 점점 다양해지고 방송 시장의 콘텐츠 경쟁도 과열되고 있었다. 이에 시청자를 공략할 다양한 프로그램을 개발할 필요성이 제기되고 그 와중에 TV에 숙달된 출연자가 아닌, 숙달되지 않은 일반인으로까지 그 영역을 확대하게 되는데 이 과정에서 자연스럽게 탄생하게 된

---

3) 시상식이란 〈대종상영화제〉, 〈백상예술대상〉, 〈청룡영화상〉, 〈연기대상〉, 〈연예대상〉, 〈한국방송대상〉 등 각종 대형 시상식을 중계하는 프로그램을 말한다. 이들 시상식은 그 내용을 주최 측만 준비하는 것이 아니라 진행자, 시상자, 축하공연, 무대, 미술, 그래픽, 대본, 구성안, 경우에 따라서는 시상식 대회 콘셉트, 스타일 등 방송을 위한 부문뿐만 아니라 관련된 부문까지 광범위하게 담당 방송 제작자가 함께 준비한다. 그래서 하나의 프로그램 제작 장르로 포함되며, 이는 예능부서에서 담당하는 예능의 고유 전문 영역이다.
4) 연예정보란 각종 연예뉴스나 정보를 전하는 프로그램으로서 〈연예가중계〉, 〈한밤의 TV연예〉, 〈섹션TV 연예통신〉, 〈연예가 X파일〉 등 이 그 예다.

것이 리얼리티였다.[5] 물론 당시에는 리얼리티라는 장르명이 있었던 것은 아니었다. 늘 현상이 먼저 있고 이름은 그 다음에 따라온다. 본격적으로 리얼리티 프로그램이라 불리며 선보인 것은 1992년 MTV의 〈The Real World〉[6]이다. 이후 영국에서도 유사 포맷의 리얼리티가 쏟아져 나오기 시작하고, 급기야 1999년 네덜란드의 〈Big Brothers〉가 공전의 히트를 기록하게 된다. 이 포맷이 미국, 영국, 독일, 스페인, 포르투갈, 스위스, 스웨덴, 벨기에, 덴마크, 노르웨이, 남아프리카공화국, 폴란드, 호주 등 전 세계로 방송되면서 리얼리티는 TV 프로그램의 대표 장르로 자리를 잡게 된다.

우리나라에 리얼리티가 본격적으로 상륙하게 된 것은 2006년 MBC 〈무한도전〉이 성공하면서부터다. 그 전까지는 벌어지는 사건을 그대로 보여주기만 한다고 해서 '관찰카메라'라는 이름으로 방송되다가 〈무한도전〉의 성공에 힘입어 이를 리얼리티 프로그램이라 정식 명명하게 되고, 그러면서 리얼리티가 등장하게 되었다. 이후 SBS 〈패밀리가 떴다〉, 〈런닝맨〉, KBS 〈1박2일〉, 〈슈퍼맨이 돌아왔다〉, tvN 〈꽃보다 청춘〉, 〈삼시세끼〉, 〈윤식당〉, SBS 〈정글의 법칙〉, 〈미운 우리 새끼〉, MBC 〈진짜 사나이〉, JTBC 〈효리네 민박〉 등으로 이어지며 리얼리티의 인기가 궤도에 오르게 된다. 특히 2009년에는 Mnet의 〈슈퍼스타 K〉가 대성공을 거두면서 리얼리티 중에서도 서바이벌 오디션 프로그램이라는 영역으로까지 확대되고, 이후 MBC 〈위대한 탄생〉, SBS 〈K팝스타〉, tvN 〈코리아 갓 탤런트〉 등으로 이어지게 된다. 특히 최근에는 서바이벌 리얼리티가 일반인에서 연예인으로까지 확대되는데, 예를 들면 MBC 〈미스터리 음악쇼—복면가왕〉이다.

이렇듯 TV는 이제 솔직한 '진정성'이 프로그램의 주요 관전 포인트가 된 시대가 되었다. 리얼리티가 등장하기 이전까지 시청자는 TV가 보여주는 것들은 어디까지나

---

5) 당시만 해도 지금처럼 TV 프로그램이 다양하지 않았다. TV는 주로 숙달된 기자나 연예인들의 전유물이었다. 하지만 채널이 다양해지면서 그만큼 다양한 프로그램이 필요하게 되었고, 그러다 보니 숙달된 기자나 연예인만으로 제작하기에는 한계에 봉착하게 된다. 그래서 개발되기 시작한 것 중 하나가 일반인들도 출연하는 프로그램인데 그것이 리얼리티 프로그램이다. 리얼리티라는 장르명이 없던 초창기에는 이들 프로그램을 드라마 형식의 다큐멘터리, 혹은 관찰 TV 등으로 불렀다.

6) 다양한 직업을 가진 개성 있는 젊은이 7명이 함께 투숙하며 겪는 이야기로서 방 곳곳에 카메라를 설치해 이들 생활의 갈등과 감동을 24시간 보여준 일종의 드라마와 다큐멘터리가 결합된 프로그램이다. 이후 더욱 다양한 젊은이들로 구성해 해외에서도 제작될 정도로 인기를 끌었다.

TV 세계이기 때문에 당연히 연출이 이루어지는 세계라 이해하고 시청했다. 하지만 리얼리티가 등장하면서 상황은 달라졌다. TV는 더 이상 연출의 세계가 아닌, 리얼^{real}의 세계여야 한다는 일대 인식의 변화가 생기게 된다. 연기자는 더 이상 연기가 아닌, 진지함과 진정성을 있는 그대로 보여줘야 하는 시대가 되었고, 연출도 가공이 아니라 리얼을 있는 그대로 보여주는 방향으로 선회하게 되었다. 리얼리티의 등장 의미는 TV 프로그램 발전의 역사상 일대 한 획을 긋는 사건이 아닐 수 없다.

리얼리티 프로그램의 등장으로 TV는 진정성, 즉 리얼이 대세가 되었다.
_ SBS 〈정글의 법칙〉 홈페이지

TV가 처음 등장한 초창기 1940~1960년대에는 야외 카메라가 아직 발달되지 않아 주로 스튜디오에서 제작되는 토크쇼, 퀴즈쇼가 각광을 받았다. 그래서 TV라면 단연 토크쇼와 퀴즈쇼였다. 특히 초창기에는 TV와 영화가 대중의 관심을 받기 위해 미디어로서 서로 경쟁하던 시대여서, 토크쇼와 퀴즈쇼는 영화와 차별되는 TV만의 강점이기도 했고 TV 제작자들은 앞 다투어 토크쇼와 퀴즈쇼를 제작했다. 그런 와중에 이후 TV 촬영과 녹화, 편집 기술은 부단히 발달하게 되고, 특히 조명이 필요 없는 야외 카메라가 등장하고 발달하게 된다. 이 과정에서 자연스럽게 생기고 발달하게 된 장르 중의 하나가 한편 리얼리티 프로그램이었다. 늘 가능한 현실이 상상을 가능하게 하는 법이다. 미디어의 역사는 한편 기술의 역사이기도 하다.

이처럼 예능은 장르가 끊임없이 진화하기 때문에 매우 다양하고 앞으로 또 어떤 장르가 생겨날지 모른다. 그래서 때로는 이 프로그램이 무슨 장르인지 의견이 분분해지는 경우도 많다. 딱히 한 장르로 분명하게 말하기 어려운 경우가 허다하다. 이 장르인 것도 같고 저 장르인 것도 같다.[7]

예를 들면 〈무한도전〉이다. 〈무한도전〉은 무슨 장르일까? 물론 위에서 이미 여기에 대해 언급했다. 하지만 다시 한번 찬찬히 생각해보자. 〈무한도전〉은 제목 그대로 뭐든지 도전한다. 이것저것 다 한다. 그렇게 보면 버라이어티 아닌가? 하지만 그렇게만 부르기엔 뭔가 부족하다. 왜? 리얼리티라는 신조어가 당시 생겼기 때문이다. 신조어가 생기는 것은 늘 기존의 언어로는 적합하게 표현하기가 뭔가 부족하기 때문이다. 〈무한도전〉은 출연자들이 무엇이든 도전하긴 하지만, 그들은 솔직하게 있는 그대로 진정을 다해 가감 없이 도전한다. 버라이어티라고만 하기엔 뭔가 부족하다. 물론 버라이어티라고 해도 맞다. 그렇지만 리얼리티라는 신종 장르가 당시 생긴 이상, 〈무한도전〉은 리얼리티라고 하는 게 더 정확하다는 것이다. 그밖에 '리얼 버라이어티', '관찰 버라이어티', '관찰 리얼리티' 등으로 부르기도 한다. 이 또한 모두 맞는 표현이다. 결국 〈무한도전〉은 버라이어티라고 해도 맞고, 리얼리티라고 해도 맞는 말이다. 하지만 리얼리티라는 신종 장르가 생긴 이상, 리얼리티로 보는 것이 더 정확한 분류라는 것이다.

---

7) "이 프로그램은 무슨 장르인가?"에 대해 예능만큼 구분하기 어려운 것도 없다. 보도, 드라마, 스포츠 등은 장르를 쉽게 구분할 수 있다. 예를 들어 보도는 뉴스, 탐사, 시사토론, 시사해설, 시사중계, 기상정보 등으로 분명하게 구분할 수 있다. 드라마도 추리 드라마, 멜로 드라마, 역사 드라마, SF 드라마 등으로 분명하게 구분할 수 있다. 하지만 예능은 하나의 프로그램에 대해 게임쇼인지, 음악쇼인지, 퀴즈쇼인지, 버라이어티인지, 리얼리티인지 현업 PD들도 구분하기 애매한 경우가 한둘이 아니다.

예능에서 장르가 무엇인가는 이처럼 그리 간단한 문제가 아니다. 본 책에서는 버라이어티와 리얼리티의 한 유형인 서바이벌 오디션과는 차별되게 보는 것이 더 정확하다고 판단해 〈무한도전〉과 같은 프로그램들을 관찰 리얼리티라고 보았다.

하나 더 생각해보자. 〈미스터리 음악쇼—복면가왕〉은 무슨 장르일까? 우선 제목을 보면 친절하게도 제작진이 그 장르를 명시해 두고 있다. '미스터리 음악쇼', 즉 음악쇼라고 말이다. 맞다. 하지만 음악쇼라고만 하기에는 뭔가 부족하지 않은가. 음악쇼라면 〈엠카운트다운〉, 〈뮤직뱅크〉, 〈쇼! 음악중심〉, 〈인기가요〉 등도 있다. 하지만 〈복면가왕〉은 연예인들이 노래를 부르기는 부르는데 이런 프로그램들과는 차별되는 그 무엇이 있다. 음악쇼와 달리 가수만 나오는 게 아니라 배우, 개그맨 등 다양한 연예인들이 나온다. 노래를 불러도 음악쇼처럼 자신의 노래를 부르는 게 아니다. 게다가 땀 흘리며 대결을 하고 앞으로 결과가 어떻게 진행될지 예측하기 어려운 리얼한 실제 상황들이 펼쳐진다. 그렇다. 비록 제목은 음악쇼라고 하지만 어디까지나 제목일 뿐 그 장르는 리얼리티라고 보아야 한다. 그중에서도 서바이벌 리얼리티다. 음악쇼라고 해도 틀린 말은 아니다. 하지만 정확한 말은 아니다. 리얼리티라는 신조어가 생긴 이상, 지금까지의 예능 장르 등장의 역사로 보면 〈복면가왕〉은 서바이벌 리얼리티라고 보는 것이 더 정확하다. 한편 어떻게 보면 〈복면가왕〉은 게임쇼라고 할 수도 있다. 음악을 소재로 연예인들이 게임을 하기 때문이다. 게임쇼란 스포츠든, 복권이든, 수수께끼든, 상식이든, 퍼즐이든, 전투든, 음악이든 다양한 소재로 게임을 하는 프로그램을 말한다. 그런 면에서 〈복면가왕〉은 음악을 소재로 게임을 하기 때문에 게임쇼라고 할 수도 있다. 그러나 〈복면가왕〉이 각광받은 이유는 새로운 형식(포맷)이라는 것이 무엇보다 크다. 그 새로운 형식이란 바로 리얼리티, 특히 서바이벌 리얼리티의 새 장을 열었기 때문이다. 이래저래 〈복면가왕〉은 게임쇼라기보다는 리얼리티라고 보는 것이 더 정확하다.

한편 〈복면가왕〉처럼 음악을 소재로 하지만 반대로 리얼리티라기보다는 게임쇼로 보는 게 더 정확한 경우도 있다. 예를 들면 SBS 〈도전! 1000곡〉이다. 노래방 가사를 소재로 서바이벌 대결을 펼치는 〈도전! 1000곡〉은 2000년에 처음 생겼다. 노래를 소재로 하기 때문에 음악쇼라고 할 수도 있다. 가수뿐만 아니라 다양한 연예인들이 출연해 땀 흘리며 리얼한 상황으로 대결을 펼치기 때문에 서바이벌 리얼리티라고 할 수도 있다. 하지만 〈도전! 1000곡〉은 2000년에 처음 탄생했고 당시에는 리얼리티라는 장르명이 아직 우리나라에 상륙하지도 않은 때였다. 음악쇼라고 할 수도 있지만 가수들의 노래를 듣는 정통 음악쇼가 아니기 때문에 섣불리 음악쇼라고 단정 짓기엔 뭔가 부족하다. 그렇다고 당시에는 리얼리티라는 장르명이 아직 없었고 발달하지도 않았으니 리얼리티라고 섣불리 부를 수도 없다. 그렇다면 제작진이 당시에는 무슨 프로그램으로 기획했을까가 중요하다. 그렇다. 〈도전! 1000곡〉은 당시 음악을 소재로 가수뿐만 아니라 다양한 연예인들이 즐겁게 게임을 하는 게임쇼로 처음 기획되었다.[8] 그래서 게임쇼이다. 제작 현장에서는 KBS 〈가족오락관〉처럼 또 하나의 게임쇼로 분류한다. 다시 한번 말하지만 리얼리티라는 장르는 2006년 〈무한도전〉의 성공과 함께 새로 등장한 이름이다. 2000년에는 리얼리티라는 이름이 아직 우리나라에 없었다. 〈도전! 1000곡〉은 온 가족이 즐겁게 보는 음악 게임쇼이다.

1940년대 라디오와 TV가 등장하면서 방송의 시대가 본격적으로 열리기 시작했다. 이에 미국 정치학자 라스웰Lasswell은 언론의 기능에 대해 세 가지를 말했다. 첫 번째는 사회 주위 환경에 대한 감시 기능이고, 두 번째는 사회 여러 세력들을 연결하는 상관 조정 기능이고, 세 번째는 사회 문화유산을 전승하는 기능이다. 당시 TV와 라디오의 파워가 커지면서 나아가야 할 방향과 역할을 제시한 말이다. 그러나 TV와 라디오 등 매스미디어가 발달하면서 그 기능도 늘어나게 되고 언론의 3기능만으로 설명하기에는 뭔가 부족한 게 보이기 시작한다. 분명 매스미디어가 수행하는 기능은 이것 외에도 더 있다는 것이다. 그것이 바로 후에 라이트Wright가 언론의 4기능으로 확대하며 추가하게 된 오락 제공의 기능이란 것이다.

요즘에는 언론의 4기능 중에 오락이 차지하는 비중이 절반이 넘을 정도로 매우 높지 않을까 한다. 오죽하면 방송법에서 종합편성을 하는 채널에 대해

---

8) 〈도전! 1000곡〉은 본 저자가 처음 기획해 연출했다.

'텔레비전방송프로그램 및 라디오방송프로그램의 경우 오락에 관한 방송프로그램을 당해 채널의 매월 전체 방송시간의 100분의 50 이하로 편성할 것'이라고 시행령에서 명시하겠는가. 오락이 편성에서 차지하는 비중이 절반을 넘을 정도니까 이런 시행령이 나와도 나오지 않았겠는가. 그만큼 TV에서 오락의 중요성은 점점 커지고 있다.

TV가 시청자에게 주는 것을 단 두 가지로 간단히 꼽아보라고 한다면 무엇일까? 지금까지의 연구 결과를 종합해보면 그것은 정보와 오락이 아닐까 한다. 정보는 보도와 교양 장르를 통해 제공되는 미디어의 역할에서 나오고, 오락은 그야말로 오락 장르를 통한 미디어의 역할에서 나온다고 할 수 있다. 바르트 Barthes는 이런 정보와 오락을 통해 궁극적으로 우리가 얻는 것은 한마디로 '즐거움pleasure'이라고 했다. 정보가 주는 즐거움, 오락이 주는 즐거움, 그 즐거움의 세계, TV.

예능의 중요성과 필요성도 이와 맥락을 같이 한다.

2. 예능은 왜 장르가 다양한가?

1) TV 프로그램의 장르별 특성

TV 프로그램의 장르별 특성은 무엇일까?

이는 보도, 교양, 예능, 드라마, 스포츠라는 5대 장르의 특성을 상호 비교해보면 쉽게 알 수 있다. 사실 각각의 장르 특성에 대해 설명하자면 수도 없이 많다. 그러나 실무적인 접근을 위해 하나의 공통된 기준을 통해 비교해보고자 한다. 그것은 프로그램을 구성하는 기본적인 요소라는 것을 통해서다.

프로그램을 구성하는 기본 요소는 크게 두 가지가 있다. 바로 내용과 형식이다.

내용은 콘텐츠contents이고, 형식은 포맷format[9]이다. 내용이란 프로그램이 다루는 주제, 소재, 스토리, 출연자의 대사, 아이템, 메시지 등으로서 보도 프로그램이라면 기사, 드라마라면 스토리, 스포츠라면 해당 종목 등이 그 예다. 형식이란 내용을 담는 일목요연한 구조나 순서를 말하는데 로고, 배경음악, 무대 디자인, 자막 그래픽 등 프로그램의 외관과 스타일까지 포함하는 개념이다. 대개 하나의 프로그램에는 하나의 포맷과 여러 개의 내용들로 구성되는데 그래서일까, 영어로도 contents는 복수이고, format은 단수로 쓰인다.

TV 프로그램은 '내용'과 '형식'으로 구성된다.

음식을 구성하는 기본 요소도 크게 두 가지가 있다. 바로 메뉴와 그릇이다. 프로그램의 내용이란 음식의 메뉴와 같고, 형식이란 그릇과 같다. 메뉴와 그릇은 서로 궁합이 맞아야 맛이 제대로 살아난다. 비빔밥에 맞는 그릇이 있고, 스테이크에 맞는 그릇이 있다. 마찬가지로 프로그램도 내용과 형식이 서로 궁합이 맞아야 가치가 살아난다. 좋은 내용은 알맞은 형식에 담아야 프로그램도 프로그램다워진다. 그래서 일선 제작 현장에서는 형식을 한편 '틀', '장치', '포장'이라 부르기도 한다. 선물은 좋은 포장이 그 가치를 살린다.

PD들은 늘 내용과 형식을 고민한다. 그런데 5대 장르에 따라 제작자들이 내용과 형식 중 어느 것을 더 중요시하는가는 차이가 있다. 이를 통해 5대 장르의 특성을 알 수 있으며 특히 예능의 차별적인 특성을 알 수 있다. 소위 햄릿의 고민이라고나 할까.

"내용이냐, 형식이냐. 이것이 문제로다."

---

9) 프로그램의 고유 브랜드는 대부분 포맷이 결정한다. 왜냐하면 하나의 프로그램에는 하나의 포맷이 있으며, 이 하나의 포맷이 해당 프로그램의 독창성과 가치를 결정하기 때문이다. 그래서 포맷은 보호되어야 할 저작권 문제와 직결되며 그래서 일종의 상품으로서 유통되고 거래된다.

지금부터 5대 장르별로 이 문제를 하나하나 살펴보겠다.

먼저 보도 장르다. 보도 프로그램 제작자는 내용을 중요시할까, 형식을 중요시할까? 보도 프로그램은 뉴스, 탐사, 시사토론, 시사해설, 시사중계, 기상정보 등이 있다. 우선 형식부터 어떤지 살펴보자. 짐작하다시피 보도 프로그램은 형식이 거의 정해져 있다. 즉, 포맷이 정해져 있다. 뉴스든, 토론이든, 해설이든 진행자가 앉아서 진행하든, 서서 진행하든 나름대로 고유한 형식이 정해져 있고 일반적으로 여기에서 특별히 벗어나지 않는다. 대신 날마다 기사, 즉 내용이 바뀐다. 대체로 형식은 정해져 있고, 내용은 정해져 있지 않다. 그렇다면 답은 나왔다. 보도 제작자가 방송할 때마다 고민하는 것은 형식이 아니라 내용이라는 것이다. 즉, 보도 장르에서 무엇보다 중요시하는 것은 이미 정해진 형식이 아니라 방송할 때마다 채워야 할 내용이다. PD든 기자든 오늘은 무슨 내용으로 할까를 온통 고민한다. 이것을 한마디로 하면 이렇다. "무슨 사건이 없을까를 먼저 찾는다. 그리고 찾는다면 왜다." 보도는 내용을 우선시한다.

드라마는 어떤가? 드라마는 추리 드라마, 멜로 드라마, 역사 드라마, SF 드라마 등이 있다. 이 또한 우선 형식은 어떤가? 짐작하다시피 드라마도 형식은 어느 정도 정해져 있다. 스토리를 전개하는 데 있어 통용되는 드라마로서의 고유 전개 기법, 즉 형식은 대체로 정해져 있다. 정해져 있지 않은 것은 스토리, 즉 내용이다. 형식은 정해져 있고, 내용은 정해져 있지 않은 것이다. 방송할 때마다 고민하는 것은 형식이 아니라 주로 작가가 쓰는 대본이다. 그렇다면 답은 나왔다. 드라마 제작자가 무엇보다 중요시 여기는 것은 보도 제작자처럼 형식이라기보다 내용이라는 사실이다. 즉, "무슨 스토리로 할까를 먼저 고민한다. 그리고 찾는다면 출연자다." 드라마도 내용을 우선시한다.

스포츠는 어떤가? 스포츠는 말 그대로 각종 스포츠를 중계하거나 스포츠 정보를 전달해준다. 스포츠는 경우가 좀 다르다. 먼저, 형식에 있어서는 일단 마찬가지로 정해져 있다고 할 수 있다. 스포츠의 기법은 주로 중계다. 스포츠 종목에 따라 다르긴 하지만, 거기에 걸맞은 중계 형식은 일정하게 정해져 있다. 그대로 생방송을 하든, 녹화를 하든 고유한 형식에 맞춰 이상 없이 중계하는 게 무엇보다 중요하다. 이에 비해 내용은 어떤가. 이것도 정해져 있다고 할 수 있다. 야구는 야구다. 농구는 농구다.

종목에 따라 다르지만, 어찌됐든 종목이 결정된 상태에서 중계하는 것이니 내용도 이미 정해져 있다고 할 수 있다. 그래서 방송할 때마다 내용에 대해 세세히 고민할 필요까지는 굳이 없다. 내용은 종목마다 뛰는 선수들이 채운다. 정해진 형식에 맞춰 제대로 전달하는 중계 능력과 기술이 가장 중요하다. 이렇듯 스포츠는 형식과 내용이 대체로 모두 정해져 있다. 그렇다면 스포츠 제작자는 내용과 형식 중 무엇을 더 중요시 여길까? 이 또한 역시 내용이다. 어떤 종목을 선택해서 중계하느냐가 프로그램의 승패를 좌우하기 때문이다. 스포츠 제작자에게는 무슨 종목으로 프로그램을 내보내느냐가 중요하기에 형식보다는 내용을 더 중요시한다고 할 수 있다. 그래서 PD들은 "무엇을 중계할까를 먼저 찾는다. 그리고 찾는다면 해설자다." 스포츠 또한 내용을 우선시한다.

교양은 어떤가? 교양 프로그램은 다큐멘터리, 생활정보, 문화예술, 시사고발, 강좌, 교육 등이 있다. 먼저 형식은 어떤가? 정해져 있는가? 우선 다큐멘터리를 한번 보자. 다큐멘터리는 나름대로 정해진 고유한 형식이 있다. 다큐멘터리의 형식이 무엇인지는 익히 알 것이다. 그렇다면 교양은 형식이 정해져 있는 것일까? 다시 일반 정보 프로그램들을 한번 보자. 미안하지만 일반 정보 프로그램의 경우엔 반대로 딱히 정해진 형식이란 게 없이 다양하다. 예를 들어, 책 정보를 소개하는 프로그램의 형식을 보면 〈서바이벌 독서 퀴즈왕〉처럼 퀴즈 형식으로 할 수도 있고, 〈낭독의 발견〉처럼 한 명의 진행자가 일방적으로 소개하는 형식으로 할 수도 있고, 〈TV 책을 말하다〉처럼 토크 형식으로 하기도 한다. SBS 〈출발! 모닝 와이드〉와 같이 아침 정보 프로그램의 경우도 스튜디오 진행 형식은 대체로 정해져 있다고 할 수 있지만, 야외 코너들은 여러 가지 형식이 다르게 있기도 하다. 그렇다. 짐작하다시피 교양은 보도, 드라마, 스포츠와 달리 형식이 정해져 있다고 쉽게 말하기가 어렵다. 그렇다고 한편 형식이 정해져 있지 않다고 말하기도 또 쉽지 않다. 결국 형식이 일정하지 않다. 그러면 내용은 어떤가? 정해져 있지 않기로는 내용도 마찬가지다. 다큐멘터리는 다루는 소재의 제한이 없다. 정보 프로그램도 일반 상식이든, 시사 상식이든, 생활 상식이든 그 소재가 제한이 없다. 결국 교양은 형식과 내용, 모두 정해져 있지 않다. 그렇다면 교양 제작자는 내용과 형식 중 무엇을 더 중요시 여길까? 여기서 다시 한번 방송법에서 정한 교양 프로그램의 정의를 보자. 그것은 '국민의 교양 향상 및 교육을 목적으로 하는 방송프로그램과 어린이·청소년의 교육을 목적으로 하는 방송프로그램'이다. 자, 내용일까, 형식일까? 짐작하다시피 내용이다. 다큐멘터리든, 생활정보든, 문화예술이든, 시사고발이든, 강좌든, 교육 프로그램이든 전달할 내용이 더 중요하다. 교양 제작자에게 내용이 목적이라면 형식은 수단이다. 형식이란 내용을 보다 효과적으로 전달하기 위한 일종의 수단으로 활용된다. 앞서 예를 들었듯이 책 소개를 하는 프로그램이라면 어떤 책을, 어떤 내용으로 다룰까를 먼저 고민하게 된다는 것이다. 그리고 나서 기획의도에 맞게 어떤 형식이라야 그 내용을 효율적으로 전달할 수 있을까를 고민한다는 것이다. 그렇다면 이렇게 말할 수 있겠다. 교양 PD들은 "무엇을 다룰까(내용)를 먼저 찾는다. 그리고 고민한다면 어떻게 다룰까(형식)이다." 교양 역시 내용을 우선시한다.

지금까지 살펴보았듯이 보도, 드라마, 스포츠, 교양 모두 형식보다는 내용을 더 중요시한다.

그렇다면 이제 마지막으로 예능이 남았다. 예능은 어떤가? 내용을 중요시할까, 형식을 중요시할까? 예능 프로그램은 토크쇼, 코미디, 음악쇼, 버라이어티, 퀴즈쇼, 게임쇼, 관찰 리얼리티, 서바이벌 오디션, 시트콤, 시상식, 연예정보 등이 있다. 이쯤 되면 눈치챌 수도 있을 것이다. 그동안 4개 장르가 모두 내용을 중요시하는 특성이 있으니 예능은 그와 다르지 않을까 하고 말이다. 그렇다. 미리 말하지만 바로 이 점이 예능의 특성이다.

이 문제를 위해 이쯤에서 멈추고 〈예능의 본질〉로 일단 넘어가고자 한다. 먼저 예능의 본질부터 짚어볼 필요가 있기 때문이다.

2) 예능의 본질

예능의 장르가 다양한 궁극적인 이유는 무엇일까? 심지어 무슨 장르인지 딱히 말하기 어려운 프로그램도 많은 이유는 무엇일까? 여기에 대한 해답은 예능이란 무엇인지 그 본질을 탐색해보면 알 수 있다.

예능은 오락이다. 오락은 쉽게 말하면 '노는 것'이라 할 수 있다. 인간은 노는 동물이다. 그래서 네덜란드 역사학자 호이징가 Huizinga는 인간을 호모 루덴스 Homo Ludens, 즉 놀이 play의 동물로 보았다. 예능의 본질이 무엇인지는 호이징가가 놀이에 대해 쓴 책 〈호모 루덴스〉를 보면 그 해답을 구할 수 있다.

그는 놀이란 '허구적인 것으로서 일상생활 밖에 있음에도 불구하고, 놀이하는 자를 완전히 사로잡을 수 있는 자유로운 행위'라고 정의하며, 덧붙여 '일정한 시간과 공간의 한계 속에서 자유롭게 동의한, 그러나 완전히 구속력이 있는 규칙에 따라 행해지며, 그 자체에 목적이 있고, 긴장과 즐거움의 감정, 아울러 일상생활과는 다르다는 의식을 동반하는 자발적인 행위나 활동'이라고 보았다.

이 말은 그가 말한 놀이의 4가지 특성에 대해 살펴보면 보다 구체적으로 이해할 수 있다.

먼저 놀이의 첫 번째 특성이다. 놀이는 자유스러운 것, 즉 자유에서 출발한다고 한다. 모든 놀이는 자발적인 행위이며 명령에 의한 것은 이미 놀이가 아니라고 한다. 그래서일까. 우리는 각종 모임이나 노래방에서 놀고자 할 때 흔히 이렇게 말한다. "계급장 떼고 한번 마음껏 놀아보자." 놀기 위해서는 자유로워야 한다. 그래서 한편 노는 시간, 혹은 휴식시간을 자유시간이라고 한다. 호이징가는 자유로울 때 놀 수 있으며 그렇게 놀기 위해서는 가장 본능적이어야 한다고 말한다. 본능적이라는 말은 시사하는 바가 크다. 예능의 대세 중 하나가 리얼리티 프로그램이다. 리얼리티란 '진짜 real' 다. 리얼리티 프로그램은 이런 진짜를 보여주어야 하고 그래서 그 특성으로 '솔직함', '자연스러움', '진정성' 등이 생명으로 꼽힌다. 이런 특성들이 바로 호이징가가 이미 말한 '본능'과 다를 바 없다고 할 수 있다. 가식이 들어가는 순간, 놀이의 재미는 사라진다. 〈무한도전〉, 〈복면가왕〉, 〈히든싱어〉, 〈도전! 1000곡〉, 〈정글의 법칙〉, 〈효리네 민박〉 등을 보라. 만약 이 프로그램들에 실제가 아니고 '짜고 치는 고스톱'이라는 이미지가 조금이라도 붙기만 한다면 그 생명은 끝나게 된다. 제대로 놀기 위해서는 가장 솔직하고 그래서 자유로워야 한다.

　두 번째 특성은 놀이가 '일상적' 생활은 아니라는 것이다. 놀이는 일상을 벗어나 아주 자유스러운 일시적인 활동의 영역으로 들어가는 것이다. 즉, 일상생활의 막간에 이용되는 탈일상적이라는 것이다. 인간의 삶을 일상과 비일상의 두 가지로 나눈다면 놀이는 일상이 아닌, 비일상의 영역에서 행해지는 또 '다른 것'이다. 비일상의 세계라야 일상의 스트레스를 잊고 털어버릴 수 있는 것 아니겠는가. 휴식이란 게 일상을 떠난다는 것이고, 그 떠난 공간과 시간이 놀이의 영역이다. 여기에 대해 호이징가는 공연할 때 쓰는 가면이나 변장을 예로 든다. 그래야 일상이 아닌 비일상의 공연 세계로 비로소 들어갈 수 있다는 것이다.

　세 번째 특성은 일상적인 것과는 구분되는 놀이만의 공간적 격리성과 시간적 한계성의 '지속성'이다. 놀이의 공간과 시간은 일상과는 구분되는 완전한 별개체로서 시작과 끝이 분명하게 유지되는 지속성을 따로 갖고 있다. 놀이는 시작되면 저절로 언젠가는 끝나게 되는 순간이 오는 특성이 있다. 시작과 끝이 분명하다는 뜻이다. 그 끝나는 순간, 우리는 일상으로 다시 돌아오게 된다. 그만큼 놀이는 일상과 격리되어야 자유롭게 놀 수 있으며 그것이 끝나면 다시 앞에 자연스럽게 나타나는 것이 일상이다. 일정한 공간과 시간 속에서만 지속될 수 있는 것이 놀이의 영역이고 세계다.

　지금까지 말한 놀이의 세 가지 특성을 세 가지 키워드로 정리하면 이렇다. ① 자유, ② 비일상, ③ 정해진 시/공간.

　호이징가는 그래서 놀이는 특수한 세계라고 말한다. '놀이는 "우리"를 위한 것이지 "다른 사람들"을 위한 것이 아니다. 그 순간만큼은 "다른 사람들"이 밖에서 무엇을 하고 있든 "우리"는 거기에 관심이 없다.' 놀이는 놀이하는 사람들만의 영역이란 것을 부가적으로 강조한 말이다. 놀이는 함께 놀이하는 사람들끼리 집중할 수밖에 없는 세계다. 대표적인 예가 스포츠다. 경기를 뛰는 선수들은 정해진 공간, 정해진 시간 안에서 함께 뛰는 선수들끼리만 집중한다. 그래야 경기를 할 수 있다. 그래야 놀 수 있다. 공연도 마찬가지다. 무대 위에서, 주어진 공연 시간만큼 함께 공연하는 사람들만의 특수한 세계이다. 평소 노래방에서 놀 때도 그렇다. 노래방 안에 있는 사람들끼리의 특수한 세계이다. 만약 다른 새로운 사람이 뜬금없이 갑자기 끼어들면 소위 그때까지의 분위기는 깨진다.

이처럼 놀이는 놀이만의 각자 고유한 세계로 유지된다.

그래서 놀이의 마지막 네 번째 특성이 있다. 이렇게 놀이가 놀이만의 특수한 세계라면 그것이 유지될 수 있어야 한다. 유지되기 위해서는 필요한 것이 하나 있다. 무엇일까? 그것은 질서다. 놀이의 세계는 절대적이고 고유한 질서가 지배한다는 것이 네 번째 특성이다. 이에 대해 〈호모 루덴스〉의 본문을 보면 이렇다.

> 놀이는 질서를 창조하며 질서 그 자체이다. 놀이는 불완전한 세계 속으로, 혼돈된 삶 속으로 일시적이고 제한된 완벽성을 가져다준다. 그래서 놀이는 절대적이며 최고의 질서를 요구한다. 거기에 조금이라도 어긋나면 "경기를 망치게 된다." 그 순간 놀이의 특성은 사라지고 놀이는 무가치해진다.

자유로운 탈일상의 제한된 영역이지만 그것이 지속되고 유지되기 위해서는 질서가 있어야 한다. 이 질서를 호이징가는 '규칙rule'이라고 했다.

> 모든 놀이는 그 고유의 규칙을 가지고 있다. 그 규칙들은 놀이에 의해 분리된 일시적 세계에서 적용되고 통용될 것을 결정한다. 놀이의 규칙은 절대적인 구속력이 있으며 추호의 의혹도 허용하지 않는다. … (중략) … 사실상 놀이의 규칙이 위반되면 그 순간 놀이의 세계는 무너지고 만다. 그리고 놀이는 다 망쳐지게 된다. 심판의 호각소리는 마력을 깨뜨리고 한순간에 "일상적 세계"를 다시 진행시킬 것이다.

놀기 위해서 반드시 필요한 한 가지, 그것은 규칙이다. 규칙이 없으면 일단 놀수가 없다. 놀고자 한다면 가장 먼저 해야 하는 것이 규칙을 만드는 일이다. 스포츠를 보라. 야구, 축구, 골프, 수영 등 모두 저마다의 규칙이 있다. 어릴 때 놀던 비석치기,

소꿉놀이, 숨바꼭질, 무궁화 꽃이 피었습니다, 쌀보리, 수건돌리기, 고무줄놀이, 공기놀이 등도 마찬가지다. 게임, 도박, 퀴즈 등 모든 놀이는 규칙이 있다. 규칙이 없으면 놀 수가 없다. 또한 규칙을 모르면 놀지도 못하고 즐길 수도 없고 감상할 수도 없다. 야구 규칙을 모르는데 어떻게 야구를 할 것이며, 또 감상도 할 수 없다.

규칙을 모르면 일단 노는 데 같이 참여할 수도 없다. 그래서 호이징가는 놀이는 '다른 사람들'을 위한 것이 아니라 '우리'를 위한 비밀의 세계라고까지 했다. 놀이는 그만큼 특수한 세계이고 그것은 규칙이 있기 때문에 존재한다. 노래방에서 놀 때도 여러 사람들이 노래를 그냥 두서없이 부르기보다 예를 들어 최고 점수가 나오면 상금을 주고 노래 1절만 부르기로 하는 등 이런 식으로 작은 규칙만 몇 개 만들어도 그 모임의 재미는 배가 된다. 만약 그렇게 노는데 그 규칙을 깨는 누군가가 나오거나 뒤늦게 느닷없이 규칙을 모르는 새로운 사람이 끼어들면 그 분위기는 또 일시에 깨질 것이다.

이상으로 놀이의 4가지 특성을 최종 정리하면 ① 자유, ② 비일상, ③ 정해진 시/공간, ④ 규칙이다.

이러한 호이징가의 놀이 개념을 확대 발전시킨 또 한 사람이 있으니 바로 프랑스 인류학자 로제 카이와 Roger Caillois이다. 그는 〈놀이와 인간〉이라는 책을 통해 놀이에 대해 보다 체계적으로 정리했다. 그는 호이징가의 놀이 개념을 발전시켜 놀이를 6가지의 특성으로 다시 정의했다.

1. 자유로운 활동; 놀이하는 자는 강요당하지 않는다. 만일 강요당하면 곧바로 놀이는 마음을 끄는 유쾌한 즐거움이라는 성질을 잃어버린다.
2. 분리된 활동; 처음부터 정해진 명확한 공간과 시간의 범위 내에 한정되어 있다.
3. 확정되지 않은 활동; 게임의 전개가 결정되어 있지도 않으며 결과가 미리 주어져 있지도 않다. 생각해낼 필요가 있기 때문에 어느 정도의 자유가 놀이하는 자에게 반드시 남겨져 있어야 한다.
4. 비생산적인 활동; 재화도 부도 어떠한 새로운 요소도 만들어내지 않는다. 놀이하는 자들 간의 소유권 이동을 제외하면 게임은 시작 때와 똑같은 상태에 이른다.

5. 규칙이 있는 활동; 약속에 따르는 활동이다. 이 약속은 일상의 법규를 정지시키고, 일시적으로 새로운 법을 확립하며, 이 법만이 통용된다.

6. 허구적인 활동; 현실 생활에 비하면 이차적인 현실, 또는 명백히 비현실이라는 특수한 의식을 수반한다.

여기서 1. 자유로운 활동, 2. 분리된 활동, 5. 규칙이 있는 활동, 6. 허구적인 활동이라는 정의는 호이징가가 말한 ① 자유, ③ 정해진 시/공간, ④ 규칙, ② 비일상이라는 4가지 개념과 궤를 같이 한다. 앞에서 이미 살펴보았기에 따로 설명할 필요는 없을 것이다. 카이와가 추가시킨 놀이의 정의는 3. 확정되지 않은 활동, 4. 비생산적인 활동이다.

'확정되지 않은 활동'이란 놀이가 진행되면서 앞으로 어떻게 전개될지, 또 결과는 어떻게 될지 예측할 수 없다는 것을 뜻한다. 놀이의 재미는 바로 여기에 있지 않을까 한다. 알 수 없다는 것. 스포츠를 예로 들어보자. 왜 야구를 하는가. 누가 이길지 알 수 없기 때문에 재미있어서다. 카드 게임은 왜 하는가. 매순간 무슨 카드의 패가 나올지 알 수 없기 때문에 하고 그래서 재미있다. 도박에 빠지는 사람들이 많다. 왜 빠지는가. 아무리 해도 도무지 똑같은 경우는 없고 언제나 답을 알 수 없기 때문이다. 바둑, 장기, PC 게임 등 모든 놀이가 그렇다.

TV 프로그램도 놀이의 일종이다. TV 프로그램도 마찬가지다. 전개되는 내용의 결과들을 매순간 알 수 없기 때문에 재미있고 그래서 보고 또 본다. 드라마를 왜 보는가. 전개되면 전개될수록 도대체 내용을 짐작하기 어렵기 때문이다. 〈복면가왕〉을 왜 보는가. 누가 이길지 매번 알 수 없기 때문이다. 이엔 앙Ien Ang은 프로그램이란 제작자와 시청자 간의 한판 예측 싸움이라고 했다. 서로 지지 않으려고 경쟁한다고 했다. 제작자는 프로그램을 만들면서 매순간 시청자의 예측을 보기 좋게 꺾을 줄 알아야 한다. 시청자는 프로그램을 보면서 끊임없이 예측한다. "이야기가 이렇게 전개되는 걸 보니 앞으로 저렇게 진행되려나 보다. 어라? 근데 저렇게 안 되네. 또 이렇게 되네. 그렇다면 다시 저렇게 진행될 거야. 어라? 그게 아니네……" 만약 시청자가 쉽게 예측하는 대로 번번이 이야기가 진행된다면 얼마 못 가 채널은 돌아가 버릴 것이다. 이엔 앙은 TV의 재미는 수수께끼를 푸는 재미에 있다고 했다. 비밀의 베일을 하나하나 벗기는 재미가 있어야 한다고 했다. 이처럼 놀이란 카이와의 말처럼 '확정되지 않은 활동'이어야 재미있다.

또 놀이가 '비생산적인 활동'이란 것은 유형의 가치를 생산하는 것이 아니라 무형의 가치를 생산하기 때문에 그렇다는 뜻이다. 놀이란 놀 때 그 자체로서만 의미를 가질 뿐 놀이가 끝나는 순간, 놀이를 시작하기 전 일상의 상태, 즉 제자리로 되돌아간다. 놀이는 놀이일 뿐 일상에서 하는 생산적 활동과는 다르다는 것을 한 번 더 강조한 말이다. 그래서 개그맨들은 흔히 이런 말을 한다. "개그는 개그일 뿐입니다.", "웃자고 하는 말이에요. 정말 그렇다(일상)는 것은 아니에요."

카이와는 지금까지의 6가지 정의를 정리해 놀이의 본질은 ① 규칙(제약)과 ② 자유(창의)의 ③ 전체성이라 했다. 만약 이것이 지켜지지 않을 경우 놀이로서의 가치는 없다고 덧붙인다. 자유로운 창의적 활동이지만 어디까지나 규칙의 제약 속에 놓여있어야 하며, 놀이는 이 두 가지가 고유하게 합해져야 한다는 의미에서 '전체성'이라고 표현했다. 한마디로 놀이는 자유와 규칙이 전부라는 뜻이다.

한 가지 덧붙이면 '전체성'이라는 개념은 '동일성'이라는 의미도 내포하고 있다. 무슨 뜻인가 하면 놀이가 제대로 놀이가 되려면 ① 동일한 규칙, ② 동일한 인원, ③ 동일한 시/공간이어야 가능하다는 것이다. 스포츠를 또 예로 들어보자. 스포츠가 국경을 넘어 인기가 있는 것은 강대국이든 약소국이든 동일한 규칙, 동일한 인원, 동일한 시/공간에서 겨루는 공정한 놀이라는 데 있다. 만약 축구를 하는데 양 팀의 선수 숫자가 다르다면 공정한 시합이 되겠는가. 정해진 시간, 동일한 공간에서 공통된 규칙이 공정하게 적용되어야 한다. 바로 이것이다. 놀이로서 가능하려면 규칙의 공정한(동일성) 적용이 놀이하는 동안 내내(전체성) 선행되어야 한다. 이것이 '전체성', '동일성'의 개념이며 한편 놀이의 기본 전제 조건으로서 가장 중요하다.

카이와의 〈놀이와 인간〉에서 가장 주목할 점은 놀이를 4가지로 분류했다는 것이다. 그는 놀이를 ① 아곤Agon, ② 알레아Alea, ③ 미미크리Mimicry, ④ 일링크스Ilinx의 네 가지로 나누면서 그들 간의 상호관계를 탁월하게 보여준다.

첫 번째, 아곤^{Agon}[10]이란 '경쟁'하는 놀이를 말한다. 서로 적대적인 관계의 플레이어가 일정한 경계 안에서 경쟁하는 놀이로서 경쟁하는 플레이어가 분명하게 드러나고 시간이 흐름에 따라 결과가 드러나는 통쾌함의 특성이 있는 놀이다. 예를 들면, 사회문화적인 형태로는 스포츠가 있으며, 상업적인 형태로는 경쟁적인 시험이나 콩쿠르 등이 있다고 한다(카이와는 프로그램의 예로는 라디오 퀴즈게임을 들었다). 공정한 경쟁으로 승부 내기가 곤란해 아곤이 타락하면 각종 반칙이나, 술책, 속임수, 폭력 등을 행사하는 현상이 발생한다고 한다.

두 번째, 알레아^{Alea}[11]는 라틴어로 '주사위 놀이'를 뜻하는데, 노력하면 상대를 이길 수 있는 아곤과는 반대로, 보이지 않는 '운'이 작용하는 놀이를 말한다. 카드 게임이나, 마작, 화투, 카지노 같은 도박, 복권, 경마장, 그리고 주식 투기, 오늘의 운세, 룰렛 게임 등이 알레아의 대표적 예다. 이 같은 알레아가 과도하거나 타락하면 점성술 같은 미신을 신봉하는 현상이 생긴다고 한다.

세 번째, 미미크리^{Mimicry}[12]는 '흉내, 혹은 모방'하는 놀이를 말한다. 가수를 흉내 내거나, 말투를 흉내 내거나 무언가 모방하거나 베끼면서 노는 활동이나, 상상, 연기 등이 이에 해당한다. 특히 이러한 미미크리는 인간의 사회적 본능을 계발하는 데 가장 원초적인 자극이 된다고 한다. 대표적인 예가 어린 아이들의 소꿉놀이이다. 또한 카이와는 무대 위에 올려지는 각종 연극이나 공연은 대부분 미미크리라고 보았는데, 특히 영화나 카니발 등도 모두 미미크리라고 한다. 그래서 우리가 스타를 숭배하는 것도 이러한 미미크리의 결과라는 것. 아곤의 승리자, 즉 스포츠 스타나, 알레아의 승리자, 즉 복권 당첨자 등을 숭배하거나 부러워하는 현상도 모두 미미크리의 일종이라는 것. 그 밖에 우리가 제복을 입는다거나 무도회 때 가면을 쓰는 행위,

---

10) 고대 그리스어로 경품이 걸린 경기, 경연을 뜻한다. 희곡에서 주요 등장인물 간의 갈등, 대결을 뜻하기도 한다. 흔히 경쟁놀이라 말하기도 한다.

11) 라틴어로 주사위, 주사위 놀이, 운수놀이, 노름, 도박, 운수, 재수, 요행수, 모험, 투기 등 불확실한 것을 뜻한다. 흔히 우연놀이라 말하기도 한다.

12) 영어로 흉내, 모방, 의태 등을 뜻한다. 흔히 모방놀이라 말하기도 한다.

예의범절을 차리는 의식 등도 모두 미미크리이며, 이 같은 미미크리가 과도하거나 타락하면 소외를 경험하고 그래서 광기에 휩싸이거나 이중인격을 갖게 된다고 한다.

네 번째, 일링크스Ilinx[13]는 그리스어로 '물의 소용돌이'를 뜻하는데, 이것은 원래 주술이나 의식을 행하던 샤머니즘을 배경으로 발달한 것으로서 자아를 잊고 소용돌이 속으로 몰입하는 현기증이나 경련, 전이 상태를 동반하는 자기 편집적인 놀이를 말한다. 놀이공원에서 심하게 요동치는 전동열차를 탈 때 만끽하는 현기증의 재미가 대표적인 일링크스다. 록음악에 심취한다거나, 스키, 오토바이, 스포츠카의 스피드를 즐긴다거나, 공중서커스의 현란한 동작을 즐기는 것 등이 그 예다. 일링크스가 과도하거나 탈선하면 알코올 중독이나 마약 등에 빠지게 된다고 한다.

│ 놀이의 4가지 분류

	사회문화적 형태	사회생활의 제도적 형태	타락하면 나타나는 형태
아곤 (경쟁)	스포츠	상업상(기업 간)의 경쟁, 시험, 콩쿠르	폭력, 권력 의지, 술책
알레아 (운)	복권, 카지노, 경마장, 경마 도박	주식 투기	미신, 점성술
미미크리 (모방)	카니발, 연극, 영화, 스타 숭배	제복, 예의범절, 의식, 표현에 종사하는 직업	광기(소외), 이중인격
일링크스 (현기증)	등산, 스키, 공중서커스, 스피드에의 심취	그 활동이 현기증의 지배(극복)를 뜻하는 직업	알코올 중독, 마약

놀이란 이런 것이다. 예능 프로그램도 자세히 보면 거의 이 네 가지 범주의 재미를 가지고 있다. 서로 치고받으며 경쟁하고(아곤), 그러면서 한편 운에 맡기고(알레아), 서로 흉내 내고 모방하면서(미미크리), 열광하는(일링크스) 재미가 예능의 즐거움이다.

SBS 〈도전! 1000곡〉을 카이와의 네 가지 놀이 유형으로 접목해보면, 노력해서

---

13) 그리스어로 물의 소용돌이를 뜻하는데 일시적으로 지각의 안정을 파괴하고 맑은 의식에 일종의 기분 좋은 패닉(공포) 상태를 일으 키려는 시도를 말한다. 몰입을 해야만 일링크스를 만끽할 수 있기 때문에 흔히 몰입놀이라고 하기도 한다.

승리자가 되는 아곤(경쟁)의 재미가 무엇보다 크고, 또 운에 따라 노래방 기기에서 어려운 노래가 걸릴 수도 있고 쉬운 노래가 걸릴 수도 있는 알레아(운)의 재미도 있고, 좋아하는 출연자가 노래를 부를 때 따라 부르면서 원 가수를 흉내 내는 미미크리(모방)의 재미도 있고, 잘 부르면 열광하거나 감탄하게 되는 일링크스(현기증)의 재미도 있다.

지금까지 놀이를 통해 예능의 본질에 대해 알아보았다. 이제 이를 통해 〈예능의 특성〉에 대해 계속 논의해 보고자 한다.

3) 예능의 특성

앞서 보도, 드라마, 스포츠, 교양의 특성에 대해 살펴보았듯이 예능의 특성에 대해서도 계속 살펴보자.

예능은 형식을 중요시할까, 내용을 중요시할까? 우선 예능은 형식은 어떤가? 정해져 있는가? 토크쇼, 코미디, 음악쇼, 버라이어티, 퀴즈쇼, 게임쇼, 관찰 리얼리티, 서바이벌 오디션, 시트콤, 시상식, 연예정보 등등. 어떤가? 짐작하다시피 예능은 형식이 정해져 있지 않다. 매우 다양하다. 예능은 이런 형식이라고 딱히 손꼽을 만한 그 무엇이 없다. 그렇다면 내용은 어떤가? 내용도 마찬가지다. 매우 다양하다. 프로그램별로도 다양하지만 하나의 프로그램이라도 매회 내용이 다르다. 〈무한도전〉을 보라. 매회 내용이 다르다. 〈미운 우리 새끼〉, 〈런닝맨〉, 〈나 혼자 산다〉, 〈마이 리틀 텔레비전〉, 〈1박2일〉, 〈비정상회담〉, 〈마녀사냥〉, 〈삼시세끼〉 등도 그렇다. 그렇다면 예능 PD는 형식을 중요시할까, 내용을 중요시할까? 앞서 교양 PD는 형식과 내용이 정해져 있지 않지만 내용을 중요시한다고 했다. 보도, 드라마, 스포츠도 모두 내용이 우선이라고 했다. 정답을 말하겠다. 예능 PD는 내용이 아니라 형식을 중요시한다. 예능 프로그램을 기획하고 제작하는 데 있어 우선적으로 고려하는 것이 형식이다.

왜 유독 예능은 형식을 중요시할까? 앞서 예능의 본질에서 이미 그 해답은 나왔다.

놀이란 무엇인가? 호이징가는 ① 자유, ② 비일상, ③ 정해진 시/공간, ④ 규칙이 그 특성이라고 했다. 카이와는 ① 규칙(제약)과 ② 자유(창의)의 ③ 전체성이라 정의했다. 호이징가나 카이와나 놀이의 본질로 공통적으로 꼽는 게 있다. 그것은 자유와 규칙이다. 규칙이 없으면 자유롭게 놀 수가 없다. 놀기 위해서는 규칙이 핵심이다.

놀이의 생명은 규칙이다.

예능에서 유독 형식을 중요시하는 이유가 바로 이와 같은 규칙^{rule}에 있다. 놀이의 규칙이란 것, 그것은 곧 예능에서는 형식(틀, 장치, 포장), 즉 포맷이다. 놀기 위해서는 먼저 규칙을 만들어야 하듯이 예능 프로그램을 제작하기 위해서는 먼저 포맷을 만들어야 한다. 내용은 그 다음이다. 음식 메뉴(내용)도 그릇이 있어야 담을 수 있듯이 예능에서는 그릇이 곧 포맷이다.

규칙이 곧 포맷이다.

그래서 예능 PD들은 늘 포맷을 고민한다. 〈전국노래자랑〉, 〈출발! 드림팀〉, 〈도전! 1000곡〉, 〈팬텀싱어〉, 〈도전! 골든벨〉, 〈우리 동네 예체능〉, 〈K팝스타〉, 〈슈퍼스타 K〉, 〈복면가왕〉, 〈히든싱어〉, 〈아이돌스타 육상대회〉 등 모두 저마다의 규칙이 있다. 〈1박2일〉 PD는 매회 "이번 주는 어떤 규칙으로 놀까"를 고민한다. 출연자들에게 이번 주는 어떤 미션을 주고, 어떤 퀴즈를 내고, 어떤 벌칙을 주고, 어떤 상을 주고, 어떤 장치로 1박 2일 동안 놀게 할까를 고민한다. 〈런닝맨〉 PD도 마찬가지다. 이번 주는 어떤 미션으로, 어떻게 팀을 짜고, 어떤 규칙으로 달리게 할까를 고민한다. 언뜻 보면 장치가 없는 것 같지만 알고 보면 정교하게 장치가 숨어 있는 프로그램도 있다. 예를 들면 tvN 〈삼시세끼〉다. 〈삼시세끼〉 출연자들의 행동을 보면 그냥 아무 장치 없이 식사 준비를 하는 것 같지만 그렇지 않다. 매회 미션과 요리를 정하고, 그러기 위해 요리 재료를 구할 수 있는 여러 방법들을 집 안이든 집 밖이든 곳곳에 미리 정교하게 숨겨놓는다. 소위 놀 장치들을 설정해둔다. 그래야 출연자들이 임무로 주어진 음식을 찾아 만들며 놀 수 있기 때문이다. SBS 〈정글의 법칙〉도 그렇다. 언뜻 보면 장치가 없는 것 같지만 보이지 않는 장치들이 정글 곳곳에 미리 숨어 있다. 그래야 통나무배를 만들든, 식사거리를 구하든, 불을 지피든, 땔감을 구하든, 집을 짓든, 사냥을 하든 놀 수 있다. 이런 일들이 벌어질 수 있도록 미리 그런 장소를 선정한다는 것이고 그것이 곧 장치이다. 알고 보면 방송 분량을 채우고도 남을 각종 놀이의 장치와 규칙들이 숨어 있다.

예능 프로그램은 놀이(play)의 일종으로서 규칙(rule)이 생명이다.
_ SBS 〈도전! 1000곡〉 홈페이지

〈도전! 1000곡〉의 성공 비결을 한번 생각해보자. 여러 가지가 있을 수 있다. 하지만 한 가지를 꼽으라면 가사를 틀리지 않고 노래 1절을 끝까지 불러야 한다는 새로운 규칙(포맷)에 있다. 또한 이런 규칙을 공정하게 적용했기 때문이다. 출연하는 남녀노소, 지위고하를 불문하고 누구나 이 규칙을 엄격하고도 공정하게 적용해서 대결을 펼쳤기 때문에 재미있는 것이다. 만약 경우에 따라 가사 틀린 출연자의 실수를 종종

봐주기라도 한다면 얼마 못 가 시청자로부터 외면 받고 폐지되었을 것이다.

　한때 MBC 〈나는 가수다〉가 대히트를 했다. 이유는 새로운 포맷이었기 때문이다. 그런데 초창기에 큰 홍역을 치른 사건이 있었다. 출연했던 국민가수 김건모가 예기치 않게 초반에 일찍 탈락하자 당황한 연출팀이 긴급 회의를 열었다. 비록 규칙상으로는 탈락이지만 그래도 국민가수이니 예외로 하고 한 번 더 기회를 줘서 살려내기로 한 것이다. 서바이벌 리얼리티 프로그램이었기에 이런 장면도 고스란히 방송되었다. 그런데 아니나 다를까, 다음 날부터 시청자들은 반칙이라며 거세게 들고 일어났다. 나라가 온통 시끄러울 정도였다. 제작진은 다시 한번 당황했고 급기야 사과하고 연출을 맡은 담당 책임 PD는 프로그램을 사퇴하고 말았다. 사실 오락이란 게 뭔가? 기분 좋게 놀면 그만 아닌가. 그까짓 규칙이 뭐 그리 대수란 말인가. 하지만 불행히도 그렇지 않다. 놀자면 규칙이 있어야 하고, 규칙이 만들어지면 공정하게 적용되어야 유쾌하게 놀 수 있다. 예능 프로그램의 힘은 이렇듯 포맷, 즉 형식에 그 승패가 달려 있다. 형식이 전부라고 해도 과언이 아니다.

　예능 PD에게 형식은 목적이다. 내용은 놀기 위한 수단이다. 예를 들어 퀴즈쇼 형식을 하기로 기획했다면 그 진행 방식(형식)은 어떻게 할지를 우선적으로 고민한다. 그리고 경제든, 문화든, 역사든, 상식이든 내용은 무엇으로 해서 놀까를 고민한다. 하지만 때로는 반대의 경우도 있다. 내용, 즉 다룰 소재가 먼저 결정될 때도 있다. 예를 들어 음식 소재의 예능 프로그램을 만들겠다며 소재가 미리 정해질 때이다. 그러나 이 경우에도 예능 PD에게 역시 중요한 것은 형식이다. "그렇다면 음식 소재로 어떻게 놀까?"이다. 퀴즈쇼 형식으로 할까, 버라이어티 형식으로 할까, 만약에 버라이어티 형식으로 하는 게 더 승산 있겠다고 결정되면 다시 세부적으로 자세히 고민하는 것이 또 형식이다. 진행 구성 방식을 어떻게 할지, 즉 포맷을 정교하게 이리 재고 저리 재며 짠다. 그래서 그 틀이 완성되면 음식, 즉 내용은 거기에 맞게 세부적으로 하나하나 틀에 끼워 맞춘다. 그렇게 출연자들이 놀도록 만드는 것이다.

　그렇다면 결국 이렇게 정리할 수 있겠다. 예능 PD는 "어떻게 놀까(형식)를 먼저 고민한다. 그리고 누가 무엇으로 놀게 할까(내용)를 찾는다."

지금까지 TV 프로그램 5대 장르의 특성을 정리하면 다음과 같다.

보도: "무슨 사건이 없을까를 먼저 찾는다. 그리고 찾는다면 왜다."

드라마: "무슨 스토리로 할까를 먼저 고민한다. 그리고 찾는다면 출연자다."

스포츠: "무엇을 중계할까를 먼저 찾는다. 그리고 찾는다면 해설자다."

교양: "무엇을 다룰까(내용)를 먼저 찾는다. 그리고 고민한다면 어떻게 다룰까(형식)이다."

예능: "어떻게 놀까(형식)를 먼저 고민한다. 그리고 누가 무엇으로 놀게 할까(내용)를 찾는다."

포맷이란 게 그렇다. 그릇이다. 그릇은 뭐든지 담을 수 있다. 보도, 드라마, 스포츠, 교양과 달리 예능이 유독 토크쇼, 음악쇼, 버라이어티, 퀴즈쇼, 게임쇼, 관찰 리얼리티, 서바이벌 오디션 등 하위 장르가 다양한 이유는 이처럼 그릇, 즉 형식이 무기라서 거기에 맞게 내용을 담기 때문이다.

보도, 드라마, 스포츠, 교양은 다룰 내용이 중요하다. 뉴스를 하는데 다양한 형식으로 담을 필요가 없다. 드라마도 마찬가지다. 스토리를 다루는데 다양한 형식으로 담기가 어렵다. 스토리는 어디까지나 스토리를 보여주는 고정된 드라마 형식으로 보여줄 수밖에 없다. 스포츠도 경기 중계를 하는데 다양한 형식으로 굳이 중계할 필요가 없다. 야구든, 축구든, 골프든 종목별로 정해진 중계 방식에 충실히 따르면 된다. 다큐멘터리도 마찬가지다.

밥이라면 밥을 담을 그릇이 있는 것이고, 국이라면 국을 담을 그릇이 있고, 반찬이라면 반찬을 담을 그릇이 따로 있다. 메뉴(내용)가 있으면 거기에 맞는 그릇도 정해져 있다. 내용을 중요시하는 장르의 특성이 이렇다. 내용으로 승부 내는 이상, 그릇, 즉 형식도 정해져 있을 수밖에 없다. 그래서 뉴스는 뉴스이고, 드라마는 드라마이고, 스포츠는 스포츠이고, 다큐멘터리는 다큐멘터리다.

이에 비해 예능은 그릇 자체를 고민한다. 접시로 할지, 옹기로 할지, 뚝배기, 사발, 바가지, 컵으로 할지 말이다. 또 컵으로 하더라도 종이컵으로 할지, 플라스틱컵으로 할지, 유리컵, 스테인리스컵, 사기컵으로 할지 다시 고민한다. 또 사기컵으로 한다면 수저는 다시 어떤 것으로 할지, 포크나 칼은 쓸지 안 쓸지 등을 다시 고민한다. 그래서 예능은 그릇에 따라 하위 장르가 매우 다양해질 수밖에 없다. 내용은 거기에 따라 결정되기 때문에 내용도 다양해질 수밖에 없다. 종이컵으로 한다면 커피를 담을 것이고, 뚝배기로 한다면 찌개를 담을 것이고, 접시로 한다면 스테이크나 스파게티를 담을 것이다. 그러니 이래저래 다양해질 수밖에 없다. 예능 PD는 늘 '그릇 찾아 삼만 리'로 밤을 새운다.

그래서 이런 말이 있다.

"예능은 뭐든지 다 한다."

무엇으로 놀까하고 그릇을 찾다보면 결국 하늘 아래 모든 그릇을 다 찾게 되고 사용하게 된다. 그래서 예능은 알고 보면 보도, 드라마, 스포츠, 교양도 모두 하는 특성이 있다.

보도를 예로 들면, KBS 〈연예가중계〉, MBC 〈섹션TV 연예통신〉, SBS 〈한밤의 TV연예〉 등 각종 연예매거진 프로그램들이 있다. 이들은 뉴스 형식이다. 단지 연예 뉴스일 뿐이다. 리포터가 연예 소식을 전하는 형식은 기자가 뉴스를 전하는 형식과 다를 바 없다. 뉴스는 정치, 경제, 사회, 문화 등 부문별로 나누어 소식을 전한다. 그런데 신기하게도 연예 부문 소식은 연예정보 프로그램에서 따로 전한다. 당연히 연예 뉴스도 보도 프로그램이지만 예능 장르이다.

드라마도 한다. MBC 〈신비한TV 서프라이즈〉, SBS 〈솔로몬의 선택〉에서 보여준 각종 재연 드라마, SBS 〈일요일이 좋다〉의 반전 드라마, 특이하게도 시트콤 등이 그 예다. 이들은 분명 드라마 형식이다.

스포츠도 한다. 〈출발! 드림팀〉, 〈아이돌스타 육상대회〉, 〈우리동네 예체능〉 등이 그 예다. 〈무한도전〉, 〈런닝맨〉, 〈1박2일〉 등도 수시로 스포츠 종목으로 논다.

또한 교양도 한다. 건강정보를 전하는 〈비타민〉, 각종 상식을 알려주는 〈스펀지〉,

〈1대100〉, 재난 위기 상황의 대처 요령을 알려주는 〈위기탈출 넘버원〉, 음식 버라이어티 〈백종원의 골목식당〉, 〈백종원의 3대 천왕〉, 세대 간의 고민을 해결하는 〈동상이몽, 괜찮아 괜찮아!〉 등이 그 예다. 교양에서 다룰 내용을 토크쇼, 퀴즈쇼, 버라이어티 등 예능의 형식으로 다룬다. 리얼리티라는 장르도 알고 보면 다큐멘터리와 다를 바 없다. 〈윤식당〉, 〈나 혼자 산다〉, 〈정글의 법칙〉, 〈1박2일〉, 〈슈퍼맨이 돌아왔다〉, 〈진짜 사나이〉 등도 리얼리티 프로그램이지만 다큐멘터리와 다를 바 없다. 실제로 리얼리티라는 장르명이 아직 없던 초창기 미국에서 리얼리티 프로그램이 처음 태동할 때는 서바이벌 다큐멘터리, 혹은 리얼 다큐멘터리라 부르기도 했고 지금도 그렇게 부르기도 한다.

그야말로 예능은 뭐든지 다 한다.[14] 종종 우리 방송계가 해외 프로그램을 베꼈다고 비판받는 경우가 있다. 그런데 알고 보면, 거의 대부분 예능 PD들에게 해당되는 경우이다. 그 비판의 대상이 되는 것들이 대부분 형식, 즉 포맷이기 때문이다. '그릇 찾아 삼만 리'를 하다보면 해외까지 손길이 안 미칠 수가 없는 것이다. 가끔 드라마도 해외 프로그램을 베꼈다는 비판을 받기도 하는데 그것은 어디까지나 스토리나 소재, 즉 내용이다.

출연자만 해도 그렇다. 예능은 매우 다양하다. 보도는 기자들의 고유 영역이다. 스포츠는 스포츠 선수들의 고유 영역이다. 해설도 그 종목의 전문가가 한다. 드라마는 배우들의 고유 영역이다. 물론 아이돌 가수 출신도 있다. 하지만 제한적이다. 교양은 연예인이 출연하기도 하지만 역시 제한적이고 주로 아나운서나 리포터가 진행한다. 다큐멘터리의 경우에는 거의 PD 영역이다. 이에 비해 예능은 비록 가수나 개그맨의 주요 영역이라고는 하지만 그렇다고 하기에는 출연자가 너무 광범위하다. 배우가 예능 프로그램의 주역이 된 지는 이미 오래 되었고, 아나운서, 리포터, 스포츠 선수, 모델, 기

---

14) 뭐든지 다 하는 예능 프로그램의 또 다른 예로 시상식 장르를 들 수 있다. 시상식은 〈대종상영화제〉, 〈백상예술대상〉, 〈청룡영화상〉, 〈연기대상〉, 〈연예대상〉, 〈한국방송대상〉 등이 있는데 대개 생방송으로 보여준다. 이것 또한 예능 PD가 제작한다. 한번 생각해보라. 〈연기대상〉이라면 드라마 축제이다. 그런데 드라마 PD가 제작하지 않고 예능 PD가 몇 달씩 준비해 방송한다. 영화제라면 영화인 들의 축제이다. 그런데 이것 또한 예능 PD가 제작한다. 그 이유는 내용이야 어떻든지 간에 형식(포맷)이 쇼(show)이기 때문이다. 예능 은 포맷의 달인이어야 한다.

상캐스터, 성우, 외국인, 북한 새터민, 변호사, 의사, 요리사, 교수, 정치인, 방송작가, 매니저, 그 밖의 각종 전문가, 심지어 연예인의 가족부터 일반인까지 다양한 예능 프로그램만큼이나 거기에 맞는 다양한 출연자가 끊임없이 스타로 탄생된다. 그래서 워낙 출신 직종이 다양해 방송으로 유명해진 출연자를 따로 셀러브리티celebrity라고 부를 정도이다. '그릇 찾아 삼만 리'를 하다 보니 해당 그릇에 맞는 출연자도 다양해질 수밖에 없는 것이다.

이와 같이 예능은 장르의 호환성이 매우 크다. 형식이 중요하다 보니 이 장르, 저 장르 안 하는 게 없다.

그래서 이쯤에서 한 번 짚고 넘어갈 문제가 있다. 그것은 TV 프로그램의 탈장르화에 관한 문제이다. 탈장르화란 프로그램 간의 융합으로 기존 장르의 경계가 허물어지는 현상이다. 시대가 발달하고, 매체와 채널이 다양해지고, 더불어 프로그램도 발전하면서 소위 TV 5대 장르의 구분이 무색할 정도로 그 경계가 무너지는 합종연횡이 발생하는 현상을 말한다. 그래서 신조어도 속속 생겨나고 있다. 오락(쇼)과 교양이 결합된 '쇼양(쇼 + 교양)' 프로그램, 정보와 오락이 결합된 '인포테인먼트information + entertainment = infortainment', 교육과 오락이 결합된 '에듀테인먼트education + entertainment = edutainment', 드라마와 코미디가 결합된 '드라미디drama + comedy = dramedy' 프로그램 등이 그 예다.

하지만 과연 이것이 5대 장르 간의 단순한 합종연횡인가는 엄밀하게 따져볼 필요가 있다. 이런 현상이 벌어지고 있는 것은 사실이다. 예를 들면 KBS 〈비타민〉이다. 이 프로그램은 각종 건강정보를 퀴즈와 토크의 버라이어티 형식으로 보여준다. 교양인지, 예능인지 경계가 모호하다. 한마디로 인포테인먼트infortainment 프로그램이다. 그밖에도 많다. 각종 상식을 다루는 KBS 〈스펀지〉와 〈1대100〉, 재난 위기 상황의 대처 요령을 알려주는 KBS 〈위기탈출 넘버원〉, 세대 간의 고민을 해결하는 KBS 〈대국민 토크쇼-안녕하세요〉, SBS 〈동상이몽, 괜찮아 괜찮아!〉, 법률 상식을 재연 드라마와 스튜디오 토크 형식으로 다룬 SBS 〈솔로몬의 선택〉, 과학 상식을 다룬 SBS 〈호기심 천국〉 등이다. 이들은 교양일까, 예능일까? 특히 KBS 〈부부클리닉-사랑과 전쟁〉이라는 프로그램이 있다. 이 프로그램은 부부 간의 문제를 재연 드라마와 스튜디오 법정 형식으로 함께 고민하고 해답을 찾는다. 이것은 교양일까, 드라마일까, 예능일까? 이들은 모두 쇼양이거나, 인포테인먼트, 에듀테인먼트 프로그램들이다.

이러한 예를 보면 분명 TV 프로그램 장르 간의 경계는 허물어지고 있다. 하지만 알고 보면 이들 프로그램은 놀랍게도 모두 예능 PD가 제작한다. KBS 〈부부클리닉—사랑과 전쟁〉도 예능 PD가 제작한다. 쇼양, 인포테인먼트, 에듀테인먼트, 드라미디 등 이들 단어 중에 공통적으로 들어 있는 말이 있다. 그것은 쇼, 엔터테인먼트, 코미디와 같이 모두 예능과 관련된 말이다.

드라마와 코미디가 결합된 드라미디의 예는 남녀 간의 차이를 재미있게 다룬 tvN 〈재밌는 TV, 롤러코스터〉의 막장극장 시리즈가 있다. 이것 또한 예능 프로그램이다. 예능 장르의 하나인 시트콤도 속을 들여다보면 드라미디의 일종이다.

이 의미는 무엇일까? TV 프로그램의 탈장르화가 끊임없이 일어나고 있지만 엄밀히 보면 '예능 영역의 확장'이라는 것이다. 예능은 형식, 즉 그릇이 핵심이다. '그릇 찾아 삼만 리'의 결과가 곧 탈장르화의 결과로 나타났다는 것이다. 아무리 장르 간의 경계가 허물어지고 있다고 하지만 보도는 어디까지나 보도이다. 스포츠는 스포츠이다. 드라마는 드라마이다. 보도가 드라마 형식으로 하지 않을뿐더러 드라마가 스포츠 형식으로 하지 않는다. 이들은 그들만의 고유 영역을 그대로 유지하고 있다. 다큐멘터리도 마찬가지다. 내용, 즉 메뉴가 핵심이기 때문에 메뉴 그 자체의 특성을 그대로 유지하고 있다. 하지만 '뭐든지 하는' 예능은 뭘 하는지도 모를 정도로 이것저것 다 하다 보니 그 영역이 계속 확장되고 있고, 그 결과로 탈장르화라는 용어가 나올 정도로 발전되었다는 것이다.

TV 탈장르화는 한편 예능 영역의 확장이기도 하다.

이와 같이 예능 영역의 확장 현상을 탈장르화의 첫 번째 특징이라고 한다면, 두 번째 특징은 탈장르화가 비록 예능에서 발생하지만 교양에서도 발생한다는 것이고 더불어 주로 예능과 교양 사이에 일어난다는 것이다. 그 이유는 교양도 예능과 같이 형식이 정해져 있지 않기 때문이다. 보도, 드라마, 스포츠는 형식이 대체로 고유하게 정해져 있다. 물론 교양 중에서도 다큐멘터리는 고유한 형식이 있다. 하지만 그 밖의 교양 프로그램은 정해져 있지 않다. 교양 프로그램은 사회 제반의 정보와 의미를 전해준다. 그래서 예능이 형식을 중요시하는 데 비해 교양은 내용을 중요시한다고 했다. 무엇을 다룰까(내용)가 먼저 있고 그 다음 어떻게 다룰까(형식)를 고민한다고 했다. 중요한 것은 내용을 중요시하지만 형식은 정해져 있지 않기 때문에 교양도 형식을 고민한다는 것이다. 그러다보니 교양 또한 예능만큼은 아니지만 탈장르화가 다양하게 일어난다. 예를 들면 KBS〈도전! 골든벨〉과〈우리말 겨루기〉이다. 이들은 퀴즈쇼 형식이다. 하지만 다루는 내용이 의미가 더 있고 또 교양 PD가 제작한다. 고교생이 알아야 할 지식이나 우리말이라는 정보를 알려줄 교양 프로그램을 기획하면서, 즉 무엇을 다룰까(내용)는 그렇게 이미 결정되었고, 그 다음 어떻게 다룰까(형식)를 고민한 결과가 퀴즈쇼였다는 것이다. 그래서 이들은 교양 프로그램이다.[15]

이처럼 프로그램 간의 합종연횡은 특히 교양과 예능 간에 빈번히 일어나고 있다. 이유는 '교양의 내용성'과 '예능의 형식성'이라는 궁합이 다른 장르보다 더없이 맞기 때문이다. 내용을 전달하더라도 재미있게 전달하는 게 또한 중요하기 때문이다.

이런 교양과 예능의 찰떡궁합으로 인해 실제 제작 현장에서도 교양인지, 예능인지 구분하기 힘든 프로그램들이 있다. 대표적인 예가 SBS〈짝〉과〈우리 아이가 달라졌어요〉이다.〈짝〉은 애정촌이라는 가상의 공간에서 남녀 짝짓기 게임을 한다는 면에서 예능의 일종인 관찰 리얼리티이다. 하지만 이를 통해 사랑의 본질이란 무엇인지 탐구한다는 내용에 더 의미를 두면 교양의 일종인 리얼 다큐멘터리이다. 예능이기도 하고 교양이기도 하다. 그래서 제작 현장에서는 관찰 리얼리티라고도 하고, 리얼 다큐멘터리라고도 한다. 한편〈짝〉은 교양 PD가 제작했다.〈우리 아이가 달라졌어요〉는 악동에게 일어나는 사건을 그대로 보여준다는 면에서 예능의 일종인 관찰 리얼리티이다. 하지만 악동 부모들의 고민을 함께 고민하고 올바른 육아법을

---

15) KBS 홈페이지에〈도전! 골든벨〉과〈우리말 겨루기〉는 교양으로 분류되어 있다.

┃ 리얼 다큐멘터리와 관찰 리얼리티는 예능인지, 교양인지 장르를 구분하기가 특히 어렵다.

제시한다는 내용에 더 의미를 두면 교양의 일종인 리얼 다큐멘터리이다. 이 또한 제작 현장에서는 관찰 리얼리티라고도 하고, 리얼 다큐멘터리라고도 한다. 특히 이 프로그램은 처음에는 예능국에서 기획해 제작하다가 이후에 교양국으로 이관해 제작되었다. 그래서 제작 현장에서는 처음에는 예능 장르로 분류했다가 이후 교양 장르로 분류하기도 했다.

교양과 예능의 장르 호환성이 크다 보니 방송사에서는 한때 이 두 부서를 '제작국' 이라는 이름으로 합쳐 교양 PD, 예능 PD 구분 없이 운용하기도 했다. 특히 TV 프로그램의 탈장르화가 일어나고 있음이 새삼 발견된 2000년대 초반에 이러한 현상이 두드러졌는데, 그래서 당시 신입 PD를 공채할 때 교양 PD와 예능 PD를 구분하지 않고 단지 '제작 PD'로 해서 뽑은 방송사도 있었다. 심지어 MBC는 PD와 기자가 함께 제작하는 〈피자의 아침〉이라는 생활정보 프로그램을 선보이기도 했다. 하지만 그 후 아무리 장르 간의 경계가 허물어진다고 하지만 역시 보도는 보도, 스포츠는 스포츠, 드라마는 드라마, 교양은 교양, 예능은 예능으로서의 고유한 전문 영역이 따로 있다는 것이 재발견되어 제자리를 찾아갔다. 탈장르화가 교양에게도 일어났지만 결국 주로 예능의 고유 영역이 확장된 결과였던 것이다.

4) 예능의 의미

예능이란 무엇인지 그 어원을 통해 의미를 살펴보겠다. 일반적으로 '예능^{藝能}'은 '예술'과 비교되는 개념으로 오늘날 사용되고 있다. 물론 처음부터 그랬던 것은 아니다. 문학비평용어사전을 보면 예능을 다음과 같이 설명한다.

> 고대의 동양에서 예능은 개개인의 특수한 재능 혹은 기술을 의미했다. 예술과 구분 없이 동일한 개념으로 사용되었다. 20세기 초부터 서구적인 예술이 수용되면서 점차 예능과 예술을 구분하는 인식이 나타나기 시작했고, 예능은 동양적인 것으로 예술은 서양적인 것으로 동일시되기도 한다. 서양의 문예 활동이 유파적인 전수성과 보수적인 표현방법을 존중하는 동양의 예능에 일면 대응하는 것은 사실이다. 특히 익명성(匿名性)이 짙은 동양에 비하여 서양에서는 창작자 개인의 능력이나 독창성, 역사적인 의의를 선호하고 높이 평가하는 측면에서 차이가 심하다. 그러나 지난 시대에는 물론, 현재 동양에서도 예능과 예술을 완전히 상반된 개념으로 볼 수는 없다.

'예능'과 '예술'이 처음에는 같은 개념으로 사용되었고 지금도 상반된 개념이라고 하기는 어렵다. 하지만 20세기 초부터 서구적인 예술이 수용되면서 점차 예능과 예술을 구분하는 인식이 나타나기 시작했고, 그 결과 예능은 동양적인 것으로, 예술은 서양적인 것으로 한편 통용되면서 차이가 나타나기 시작했다. 여기에는 또 다른 이유가 있다. 두산백과사전을 한번 보자.

> 예능이란 매우 애매모호한 어휘로서 원래는 예술과 같은 뜻으로 통용되는 말이다. 지금은 관중들로 하여금 보거나 들음으로써 즐거워하는 오락적·순간적인 '재예(才藝)' 전반을 가리키는 말이지만, 옛날 중국에서 예능이라 하면 귀족들의 교양으로서 반드시 몸에 익혀야 했던 육예(六藝) 즉, 예(禮: 예의작법)·악(樂: 음악, 가무)·사(射: 弓術)·어(御: 馬術)·서(書: 학문)·수(數: 算數)를 일컫는 말이었으며, 그 후 무술(武術)도 차차

예능화하였다.

　한편 생산에 종사하는 민간에서는 오곡(五穀)의 풍요와 공동체의 번영을 기원하여 신에 대한 제례로서 행하던 의례적 예능에서 민속예능이 탄생하였고, 또한 그중에서도 천민들로서 예능을 전문으로 하는 직업적 예능인이 출현 하였다. 근대에 이르러 art라는 번역어로서 '예술'이라는 말이 정착함에 따라 신극·서양음악·서양무용 등 서구문화의 영향 밑에서 성립된 것은 예술로서 구별되고, 예능은 민속극· 가면극·춤·아악(雅樂)·창·민요 등의 전통예능과 유행가·만담·서커스·요술 등의 대중예능을 뜻하게 되었다.

　'예술'은 예술가가 만든다. 하지만 예술가가 아닌 민간(혹은 천민)이나 대중이 만드는 예술이 자연 발생적으로 생겨나기 시작하고 그러면서 직업적으로 생산하는 전문인이 나오게 된다. 이를 예술과 구분해 '예능'이라 부르게 되었고 오늘날에는 대중이 향유하는 오락문화를 예능이라고까지 한정 짓게 되었다. 그래서 두산백과는 예능을 한마디로 '연극·무용·음악·가요·대중연예·영화·민속놀이 등의 총칭'이라고 정의한다.

　영어로 예술은 'art'이다. 이에 비해 예능은 'artistic talents, artistic abilities'라고 한다. 'art'와는 사뭇 다르다. 예술까지는 아닌 그 무엇artistic의 재능talents과 능력abilities이 예능이라는 것이다. 우리나라 국어사전도 이와 비슷하게 정의한다.

1. 재주와 기능을 아울러 이르는 말.
2. 연극, 영화, 음악, 미술 따위의 예술과 관련된 능력을 통틀어 이르는 말.

이에 비해 예술은 이렇다고 한다.

1. 기예와 학술을 아울러 이르는 말.
2. 특별한 재료, 기교, 양식 따위로 감상의 대상이 되는 아름다움을 표현하려는 인간의 활동 및 그 작품.

3. 아름답고 높은 경지에 이른 숙련된 기술을 비유적으로 이르는 말.

예술은 기예, 학술, 활동, 작품, 기술 등을 모두 아우르는 보다 포괄적인 개념이라면, 예능은 그와 관련된 재능이나 능력이라는 한정적인 개념으로 사용됨을 알 수 있다. 또한 예술은 아름답고 높은 경지의 상위 개념으로, 예능은 이것과는 다른 경지의 하위 개념으로도 사용됨을 알 수 있다. 예술가는 예술가로 인정받을 수 있는 나름의 경지가 따로 있다면, 예능인은 그와 관련된 재능과 능력을 보이면 누구나 될 수 있는 보다 대중적인 영역이라 할 수 있겠다. 그래서일까. 예능 프로그램에서는 다른 장르와 달리 가수, 개그맨, 배우, 아나운서, 리포터, 스포츠 선수, 모델, 기상캐스터, 성우, 외국인, 북한 새터민, 변호사, 의사, 요리사, 교수, 정치인, 방송작가, 매니저, 그 밖의 각종 전문가, 심지어 연예인의 가족, 일반인까지 수없이 많고도 다양한 스타가 탄생한다. 알고 보면 이들은 곧 예능인인 것이다. 왜? 예술과 달리 재능과 능력을 보이면 누구나 예능인으로 등극할 수 있으니 말이다. 결국 예술이 '아름다움'을 준다면, 예능은 '즐거움'을 주는 영역이 아닐까 한다.

3. 예능 기획의 출발

1) 예능 기획안의 비밀

예능 프로그램은 어떻게 제작할까? 지금부터 실무적으로 접근해 보겠다. 방송 프로그램을 제작하자면 가장 먼저 하는 일이 있으니 기획이다. 기획은 방송 제작의 출발이다.

무슨 사업을 하든지 간에 가장 먼저 해야 하고 가장 중요한 것이 하나 있다. 그것은 계획안을 작성하는 일이다. 계획안을 보고 그 사업의 승패를 판단한다. 계획안은 사업의 시작이자 결과로서 판단의 잣대가 되는 핵심이다. 기획의 출발은 이렇게 계획안을 작성하는 데 있다.

예능 프로그램을 제작하는 PD에게도 이런 계획안이 있다. 바로 프로그램 기획안이라는 것이다. 기획안은 프로그램을 설계하는 조감도와 같다. 조감도라는 것이 그렇듯이 어느 정도는 누구나 보면 알 수 있다. 마찬가지로 기획안을 보면 제작하고자 하는 프로그램이 무엇인지 쉽게 알 수 있다.

설계도란 '어떻게 만들겠다'는 계획이지만 한편 그렇게 만들면 나타나는 결과이다. 즉, 설계도는 만들고자 하는 그 무엇의 처음이자 결과이다. 기획안도 마찬가지다. 프로그램의 처음이자 결과이기 때문에 프로그램 자체라고 해도 과언이 아니다. 방송

기획은 프로그램의 처음이자 결과다.
_ 서바이벌 오디션 〈K팝스타〉 제작 회의

제작을 위해 기획안을 작성하는 일은 매우 중요하다. 기획안을 얼마나 작성을 잘 하느냐가 기획의 전부라고 해도 과언이 아니다

기획안을 작성하는 이유는 무엇인가? 남에게 보여주기 위해서다. "내가 이런 프로그램을 만들고자 하니 잘 봐주세요."라는 의도로 작성한다. 기획안을 작성하게 되는 사람은 방송사 소속 PD일 수도 있고, 외주 제작 PD나 방송작가일 수도 있다. 방송사 PD라면 직속 상관(CP, 국장, 본부장, 사장 등)이나 편성 담당 관계자에게 보여주기 위해서다. 외주 제작 PD나 방송작가도 마찬가지다. 때로는 사전에 주요 출연자(예를 들면 MC)를 섭외하면서 프로그램에 대해 설명할 때 기획안을 보여주기도 한다. 기획안을 작성하는 사람은 자신이 기획하는 프로그램이 편성되고 제작될 수 있도록 이들을 설득해야 한다. 아무리 아이디어가 좋은 기획이라 해도 그것이 제작되도록 하기 위해서는 설명을 잘 할 수 있어야 한다. 그래서 기획안은 작성을 잘해야 한다. 온갖 정성을 들여야 한다.

그런데 의외로 머릿속 그림만큼 기획안으로 잘 표현하지 못해 거절당하는 경우가 참 많다. 한번 생각해보라. 만약에 화가가 스폰서에게 "내가 이러저러한 그림을 그려 전시회를 갖고자 하니 그릴 수 있도록 후원 좀 해주세요."라고 그릴 그림에 대해 기획안을 작성한다고 해보자. 쉬운가? 그림을 글로써 표현하기란 결코 쉽지 않다. TV 프로그램도 그림(영상)이다. 마찬가지다. 쉽지 않다.

지금도 수많은 프로그램들의 기획안이 작성되고 있다. 하지만 그중에 방송으로 편성되어 제작되는 프로그램은 몇 개 안 된다. 아마 1%도 안 될 것이다.

설계도를 그리자면 일단 설계도를 그리는 법이나 기술부터 알아야 하듯이 기획안을 작성하는 데도 요령이 있다. 지금부터 예능 프로그램 기획안을 어떻게 작성하는지 알아보겠다. 일단 예능 프로그램 기획안의 예를 한번 보자. PPT로 만든 SBS 〈동상이몽-너는 내 운명〉의 기획안이다.

신규 프로그램 기획안

입장차이 토크쇼

동상
이몽

너는
내 운명

1

동상
이몽 **CONTENTS**

I. 기획의도
II. 프로그램 개요
III. 제작방향
IV. 출연진 구성
V. 출연자 리스트
VI. 구성내용

2

동상이몽 프로그램 개요

프로그램명	입장차이 토크쇼 [동상이몽:너는 내 운명]
형 식	ST + ENG (70분)
장 르	리얼 관계 토크 버라이어티
편 성	주말 저녁 70분

3

동상이몽 기획의도

딱 보면 척이던 친구도,
뛰어봤자 손바닥 위에 있던 아들 딸도,
속이 훤~히 보이던 찰떡궁합 부부도.

"이것 참... 당다가도 모르겠구나!"

말도 못하고 서운한 맘 품고 사는, 속 터지는 스타들의 속 풀이 프로그램.
스타와 그들의 운명 같은 짝꿍 사이를 들여다 보는 [너와 나] 입장 확인 프로젝트!

"오해하지 말고 소통하자!" 동.상.이.몽 - 너는 내 운명!

불통의 시대! 담아두지 말고 쏟아내자!
스타와 그들 주위의 관계를 관찰하는
"나"와 "너"의 밀착 VCR을 통해 서로의 입장 차이를 확인하고,
건강하게 소통하는 <마음의 거리 좁히기 토크쇼>
스타, 셀럽, 유명인들의 연인, 절친, 동료, 형제, 자매, 부부 사이의 관계를 통해
우리들의 다양한 관계를 돌아볼 수 있는
입장차이 토크쇼 동상이몽-너는 내 운명.

4

동상이몽 제작방향

★ 스타와 그들 주위의 관계 관찰 카메라를 통한 이슈 마케팅

★ 예능 리얼리티 : 너무 무겁지 않은~ 가볍고 유쾌한, 스타 리얼리티

★ 관계의 입장차이 : 스타의 관계를 통해 들여다보는
　　　　　　　　　　　사람과 사람 사이의 입장 차이 토크쇼

★ 임팩트 있는 버라이어티 구성 : 관찰 카메라를 통한 버라이어티한 예능 구성

★ 보편성 : 보통 사람들과 다를 것 없는
　　　　　 스타의 인간적인 모습과 인간 관계의 고민에 관한 토크쇼

★ 진정성 : 스타의 진정성 있는 리얼 라이프 스토리

5

동상이몽 출연자 구성방향

MC

김구라　　　　　　　서장훈

**동상이몽
게스트**

알고 보면 누구보다 소중한 사이.
하지만, 때로는 누구보다 속 터지게 하는 관계의 스타.
***스타, 셀럽, 문화 예술인의 연인, 절친, 동료, 형제, 자매, 부부 등 유명인 누구라도 大환영!

6

^{동상} ^{이몽} 출연 커플의 예

화끈한 남편 이재명 시장 & 달콤한 아내 김혜경 여사

2017년 봄, 현재 대한민국에서 가장 바쁜 남자,
대통령 후보 이재명의 아내로 사는 법!
시골출신의 촌스러운 흙수저 남자와
서울출신 세련된 음대생 여자의 러브 스토리~
화끈하고 유쾌한 남자에게 한 눈에 반했지만
급한 성격, 바쁜 일상에 서운한 게 이만 저만이

아닌 아내 VS 여성스럽고 애교 많은 아내에게 첫 눈에 반했지만, 이제는 대한민국이 더 중해져
버린 남편, 애교는 잠시 넣어둬! 달라도 너무 다른 부부가 함께 사는 이야기.
너무나 특별한 부부의 알고 보면 지극히 평범한 희한 한 러브 스토리!

4차원 AB형 덕선이 혜리 & 소심한 O형 공심이 민아

데뷔8년차 걸스데이의 극과극 혜리와 민아
성격부터 취향까지 모두 반대! 꽉 찬 7년간의 팀 생활 동안 단 둘만의
시간을 가져본 적이 단 한 번도 없을 정도.
민아 : 언니 같은 혜리, AB형은 무서워
혜리 : 항상 손이 가는 민아 언니, 덜렁대는 O형이 답답해
남자들의 우정보다 끈끈하고 따뜻한 여자들의 우정 스토리,
달라도 너무 다른 걸스데이 민아와 혜리의 해피데이!

7

감사합니다

8

자세히 보면 무슨 프로그램인지 짐작할 수 있을 것이다. 대강 이런 생각이 들 것이다.

'무엇을 하고자 하는 프로그램일까?'
'재미는 있을까?'
'프로그램으로서 가치는 있을까?'
'새로운 게 뭐지?' 등등.

하지만 이런 생각은 시청자 입장에서 할 수 있는 수준이다. 방송 제작 전문가라면 보통 이런 생각들을 더 하게 된다.

'예산은 어느 정도 들까?'
'시청률은 얼마나 잡을 수 있을까?'
'어느 방송시간대가 유리할까?'
'장기적으로 끌 아이템이나 이야기는 계속 나올 수 있을까?'
'PD나 제작자가 제 능력은 알고 기획한 걸까?'
'출연자 섭외가 마땅찮을 것 같은데?'
'이걸 현실적으로 어떻게 카메라에 담지?'
'제작기간이 만만찮아 보이는데?'
'지금 이 시기에 적합하기나 한 걸까?'
'기획의도는 거창하지만 어째 내용은 영......'
'상관이 싫어할 콘셉트인데.......'
'지금 회사에서 원하는 건 이게 아니지 싶은데.......' 등등.

시청자의 입장에서는 '즐길 가치가 얼마나 있을까'를 평가한다면 제작자의 입장에서는 여기에 그치지 않고 현실적인 문제, 즉 '이걸 실제 제대로 만들어낼 수 있을까'도 함께 평가하게 된다. 즐기는 사람과 만드는 사람은 따로 있는 법.

어쨌든 기획안을 보면 전문가든, 아마추어든 이 프로그램이 무슨 프로그램인지 쉽게 알 수 있다. 여기에는 나름대로 이유가 있다. 그것은 누구나 보면 이해할 수 있는 일정한 형식이 있기 때문이다. 그 형식에 들어가는 구성 요소를 보면 다음과 같다.

 TV 프로그램 기획안 구성 요소

① 기획자 혹은 연출자	⑤ 제작형식
② 제목	⑥ 출연자
③ 방송/편성시간	⑦ 내용
④ 기획의도	⑧ 기타/비고

8가지 구성 요소대로 찬찬히 써주면 기획하고자 하는 프로그램에 대해 설명을 잘 할 수 있다. 이러한 구성 요소는 비단 예능에만 해당되는 것이 아니다. 교양과 드라마에도 적용된다. 하지만 예능 기획안을 중심으로 알아보고자 한다.

이러한 구성 요소들은 어떻게 작성할까? 8가지 구성 요소에는 숨겨진 비밀이 있다.

세상 이치가 그렇지만 무엇을 설명하고자 할 때 용이하게 삼는 기준 원칙이 있다. 특히 이론으로 설명하기 힘든 현장에 대해 설명하고자 할 때, 이것만큼 정확하고

TV 프로그램 기획안 구성 요소

① 기획자 혹은 연출자: who
② 제목: what
③ 방송/편성시간: when
④ 기획의도: why
⑤ 제작형식: how/where
⑥ 출연자: who
⑦ 내용: what
⑧ 기타/비고: 모든 육하원칙 중 추가 사항

편리한 원칙도 없다. 바로 누가, 무엇을, 어떻게, 왜, 언제, 어디서라는 육하원칙이다. 방송 프로그램 기획안도 예외가 아니다. 8가지 구성 요소라는 것도 알고 보면 육하원칙^{5W1H}이 숨어 있다. 다음을 보면 짐작이 갈 것이다.

방송 제작의 세계는 이렇게 육하원칙 속에서 움직인다. 그 노하우도 여기에 다 있다.

앞서 서두에 방송$^{放送,\ broadcasting}$이란 무엇인지 살펴보았었다. 말 그대로 '널리 보낸다'는 뜻이라고 했다. 그렇다면 쉽게 생각해 볼 수 있는 문제가 '누가 무엇을 어떻게 널리 보내느냐'는 물음이다. 기획안에는 이 3가지 요소가 숨어 있다. 즉 누가^{who}, 무엇을^{what}, 어떻게^{how}에 관한 것이다.

방송 제작은 프로(전문가)의 세계다. 프로의 세계란 완벽을 추구하는 세계다. 이 프로가 영어로는 Professional의 Pro다. 그래서일까. 놀랍게도 이 Pro로 시작되는 3가지가 이른바 방송 제작의 3요소라는 것. 즉 누가^{who}, 무엇을^{what}, 어떻게^{how}에 해당하는 3가지의 <u>Pro</u>가 있으니 그것은 **Pro**ducer, **Pro**gram, **Pro**duction이다. 이것을 나는 방송 제작의 3Pro라고 부른다.

 방송 제작의 3요소(3Pro)

① <u>Producer</u> : 프로듀서, 연출자: 누가 who
② <u>Program</u> : 프로그램, 상품: 무엇을 what
③ <u>Production</u> : 제작, 생산: 어떻게 how

결국 'Producer가 Program을 Production(제작)해서 널리 보내는 것'이 방송 제작이라 할 수 있다. 이러한 방송 제작의 3요소를 육하원칙에 근거해 다시 정리하면 다음과 같다.

 방송 제작의 3요소(3Pro)

① Producer = who + why 누가 왜 만드는가?
② Program = what + when 무엇을 언제 방송하는가?
③ Production = how + where 어떻게 어디서 만드는가?

기획안은 Producer가 Program을 어떻게 Production 하는지를 설명하는 것이며 이러한 방송 제작의 3Pro를 위해 각각 '누가^{who} 왜^{why} 만드는가?', '무엇^{what}을 언제^{when} 방송하는가?', '어떻게^{how} 어디서^{where} 만드는가?'를 잘 풀어쓰면 되는 게 한편 기획안이다. 이것을 기획안의 구성 요소에 마지막으로 접목해보면 다음과 같다.

| TV 프로그램 기획안 구성 요소

제목	Program	what
기획/연출자	Producer	who
기획의도	Producer	why
방송/편성시간	Program	when
제작형식	Production	how/where
출연자	Producer	who
내용/구성	Program	what
기타/비고	기타 추가 사항	

기획안의 비밀이란 이렇게 3Pro가 육하원칙에 숨어 있다는 뜻이다. 즉 '3Pro = 5W1H'라는 암호다.

2) 예능 기획안 작성법

기획안이란 게 그렇다. 읽는 사람의 입장을 생각해서 온갖 정성을 들이다보면 흔히 분량이 늘어나기 마련이다. 사실 20페이지를 쓰든, 30페이지를 쓰든 상관은 없다. 딱히 정해진 건 없다. 하지만 너무 장황하게 길게 쓰면 오히려 역효과를 불러오기 십상이다. 무엇을 하려고 하는 프로그램인지 오히려 이해하기 어렵게 된다. 읽는 입장에서는 짜증나거나 답답해질 수 있다. 군더더기 없이 깔끔한 게 좋다. 그래서 방송 제작 현장에서는 대개 5~10페이지 정도 쓴다.[16] 이보다 짧아도 좋다. 어떤 프로그램인지 최대한 이해하기 쉽도록 쓰는 게 관건이다.

이제 예능 기획안의 8가지 구성 요소를 각각 어떻게 작성하는지 하나씩 살펴보자.

① 제목(program, what)

예능 기획안에서 8가지 구성 요소 중 가장 중요한 한 가지를 꼽으라면 그것은 단연 제목이다. 제목에 승부 걸어야 한다. 제목이 좋으면 그 나머지도 좋다. 기획안을 읽을 때 사실 여러 장에 빼곡히 적힌 8가지 구성 요소를 모두 일일이 읽기란 쉽지 않다. 대개 중요한 요소를 중심으로 빨리 읽는 경향이 있다. 오랫동안 방송 제작으로 잔뼈가 굵은 전문가들은 한눈에 쭉 훑어보면 대강 감(感)을 잡는다. 그래서 첫눈에 반하도록 할 필요가 있다. 그렇다면 제목에 승부 걸어야 한다.

제목을 지을 때 명심해야 할 3가지가 있다.

첫째, 제목만 봐도 무슨 프로그램인지 한눈에 알아볼 수 있도록 하라는 것이다. KBS 〈전국노래자랑〉, 〈SBS 인기가요〉, KBS 〈연예가중계〉. 간단한 예이지만 어떤가? 무엇을 하는 프로그램인지 따로 설명할 필요가 있는가? 제목에 이미 해답이 있다.

둘째, 이처럼 쉽게 짓는 것도 좋지만 한편 파격적일수록 더 좋다는 것이다. 예능 프로그램이라면 시대의 트렌드를 만들어가야 한다. 트렌드를 따라가는 정도로는 부족하다. 늘 새로운 그릇(포맷)에 담는 프로그램이어야 한다. 그래서 제목부터 새롭고 달라야 한다. 〈전국노래자랑〉이라고 우습게 보지 마라. 1980년에 이 프로그램이 처음 탄생했다. 당시에는 트렌드를 앞서는 제목이었다. 예능 프로그램이라면 기존에 유행하는 제목을 따라가는 수준이어서는 안 된다. 거의 신조어 수준의 새로운 제목일 필요가 있다. 그러자면 파격적일수록 좋다. 시중에 있는 수많은 간판을 보라. TV

---

16) 하지만 시트콤 기획안의 경우에는 다르다. 분량이 5~10페이지보다 대개 훨씬 많다. 10페이지 이상, 20페이지, 50페이지도 될 수 있다. 왜냐하면 드라마 기획안과 거의 흡사하기 때문이다. 드라마 기획안은 등장인물들과 내용을 소개하는 것이 포인트이기 때문에 분량이 매우 많다. 미니시리즈나 연속극은 100페이지 정도 되는 경우도 흔하다.

프로그램 제목을 모방한 간판들이 즐비하다. MBC 〈나는 가수다〉가 성공하니까 한동안 이를 패러디한 노래방 간판이 많았다. 〈야심만만〉, 〈힐링캠프〉, 〈스타!킹〉, 〈무한도전〉, 〈슈퍼맨이 돌아왔다〉, 〈꽃보다 청춘〉, 〈꽃보다 할배〉, 〈꽃보다 ㅇㅇ〉 등도 그 예다. 프로그램이 성공하면서 시중에서 다양한 형태로 모방되며 유행한 제목들이다.

그래서 마지막까지 고민하는 것이 제목이다. 방송사에서 제작을 하기로 결정하고, 그래서 제작도 마치고, 그래서 방송시간도 결정되고, 그래서 내일 당장 방송이 나가는데도 마지막까지 고민하는 것이 제목이다. 그래서 기획안을 작성할 때 대개 제목을 쓰고는 바로 옆에 '(가제)'라고 흔히 덧붙인다. 끝까지 계속 고민하겠다는 뜻이다.

셋째, 예능 프로그램을 기획한다면 제목은 하나가 아니라 두 개라는 것이다. 아래의 제목을 한번 보자.

남녀애정열전

무슨 프로그램인 것 같은가? 도무지 알 길이 없다. 내용은커녕 장르도 알기 어렵다. 드라마? 다큐멘터리? 예능 프로그램? 만약 예능 프로그램이라면 시트콤? 게임쇼? 리얼리티? 버라이어티? 다시 아래의 제목을 보자.

청춘드라마	휴먼다큐멘터리
남녀애정열전	남녀애정열전
청춘로맨스시트콤	아이돌스타게임대격돌
남녀애정열전	남녀애정열전

어떤가? 무슨 프로그램인지 이제 감이 잡힐 것이다. 기획안을 처음 들여다볼 때 제목을 보는 순간, 무슨 프로그램인지 한눈에 알 수 있도록 감 잡게 하는 것이 참 중요하다. 그래야 이후 기획안을 읽는데 편하고 이해도 빠르다. 제목부터 무슨 프로그램인지 감 잡지 못하면 이후 읽으면서도 무슨 말인지 답답하고 프로그램에 대한

인상도 안 좋게 된다.

이렇듯 예능 프로그램의 제목은 두 종류가 있다. 하나는 본제목main title이고, 다른 하나는 부제목sub title이다. 물론 교양, 드라마 등도 마찬가지다. 본제목은 위의 예처럼 〈남녀애정열전〉이다. 주로 다루고자 하는 내용을 집약한 것이다. 부제목은 위의 예처럼 '청춘드라마', '휴먼다큐멘터리', '청춘로맨스시트콤', '아이돌스타게임대격돌' 등이다. 주로 장르나 형식(포맷)을 명기한다. 음식이라면 본제목은 메뉴(내용)이고, 부제목은 그릇이다. 물론 본제목만 써도 된다. 하지만 기획안의 프로그램이란 아직 방송되기 전의 프로그램이다. 단지 기획안만으로 존재하는 프로그램이다. 조금이라도 더 무슨 프로그램인지 감 잡게 하기 위해서는 부제목을 함께 써주는 것이 좋다. 또한 예능 프로그램은 보도, 교양, 드라마, 스포츠에 비해 장르가 매우 다양하다고 했다. 본제목만으로는 무엇을 하자는 프로그램인지 알기 어렵다. 그래서 부제목도 가급적 짓는다.

〈복면가왕〉! 기획안에서 처음 접하는 제목이라고 생각해보라. 무슨 프로그램인지 알기 어렵다. 그래서 부제목이 있다. '미스터리 음악쇼'.

〈스타!킹〉! 기획안에서 처음 접하는 제목이라고 생각해보라. 무슨 프로그램인지 알기 어렵다. 제목도 스타킹이다. 스타킹? 그래서 부제목이 있다. '놀라운 대회'. 이것도 프로그램을 이해하는 데 부족하다고 생각했는지 PD는 부제목으로 기획의도까지 넣어 하나 더 붙였다. '전 국민이 스타킹이 되는 그날까지!'.

대부분의 예능 프로그램 제목이 이렇다. 〈다시 쓰는 육아일기-미운 우리 새끼〉,

〈걷지 말고 뛰어라!-런닝맨〉, 〈사장님 마음대로-윤식당〉, 〈리얼입대 프로젝트-진짜 사나이〉, 〈서바이벌 오디션-K팝스타〉, 〈국내 최고 리얼버라이어티쇼-무한도전〉 등.

지금까지의 제목 작성 요령을 정리하면 다음과 같다.

1. 무슨 프로그램인지 한눈에 알 수 있도록 하라.
2. 파격적이어라.
3. 부제목을 붙여라.

② **기획/연출자(producer, who)**

이것은 단지 기획자의 이름을 쓰기만 하면 된다.

③ **기획의도(producer, why)**

기획의도란 '이 프로그램을 왜 하는가?'에 대한 것이다. SBS 〈미운 우리 새끼〉의 기획 의도를 한번 보자.

■**당신은 아들에 대해 얼마나 알고 있습니까?**

오늘 내 아들이 누구를 만나서 어떤 이야기를 들었는지...
왜 오늘따라 얼굴이 어두워 보이는지, 혹은 왜 이렇게 들떠 보이는지~
식탐은 갑자기 왜 이렇게 늘어난 거며, 쉬는 날은 왜 이렇게 잠만 자는 건지...
당신은.. 당신의 아들에 대해 얼마나 알고 있습니까?

■**엄마의 다시 쓰는 육아일기!**

'응애~' 힘찬 울음소리로 탄생을 알린 내 아들.
뒤집기부터, 아장아장 걸음마를 걷고, 기저귀를 떼는 시점 등 모든 성장을 온 감각으로 지켜보고 느꼈던 엄마.
걸음마를 뗀 지 470개월이 지났고.. '엄마' 입을 뗀 지도 480개월이 지났지만...

엄마는 아들의 성장기를 다시 쓰려고 합니다.

다시 쓰는 육아일기! 〈미운 우리 새끼〉는 엄마가 화자가 되어
아들의 일상을 관찰하고, 육아일기라는 장치를 통해 순간을 기록하는 프로그램입니다.
아직도 철부지 같은 자식과, 늘 자식 걱정인 엄마의 이야기를 통해
유쾌하고 따뜻한 웃음, 뭉클한 감동을 전달하려 합니다.

SBS 리얼리티 프로그램 〈자기야-백년손님〉의 기획의도이다.

백년손님이라는 이름으로,
'자식'이기보다는 '손님'이었던 대한민국 사위들!!
그들이 아내 없이 홀로 처가에 간다면?
생각만 해도 어색한 두 사람의 모습은 시간이 지나면 가까워질 수 있을까?

최근 고부갈등보다 뜨거운 화두로 장서 간의 문제들이 떠오르고 있는 가운데, 가깝지만
어렵고도 어색한 사이였던, 사위와 장모(장인)의 변화하는 모습을 통해 진정한 가족의
의미를 되새겨 보고자 한다!

기획의도에서는 프로그램을 통해 무엇을 왜 하려는지 잘 요약해서 보여주면 된다.
지금 이 시점에서 이 프로그램을 할 수밖에 없는 당위성이나 필요성을 얼마나 절실하게
피력하느냐가 중요하다. 무엇을 보여주고자 하는지 그것을 요약해서 정확하게 잘
알려주는 것이 관건이다.

제목을 통해 무슨 프로그램인지 한눈에 알게 해야 한다면, 기획의도를 통해서는
프로그램의 콘셉트를 한눈에 알 수 있도록 하는 것이 중요하다. 그래서 대개 지금의 사회
트렌드, 각종 사회문화의 통계, 다른 프로그램들의 경향, 시청자들이 원하고wants 필요한
것needs 등을 예로 들면서 본 프로그램이 지향하는 방향이나 간단한 내용 등을 쓴다.

④ 방송/편성시간(program, when)

TV 프로그램은 음식과 같다. 음식이란 게 그렇다. 아침에 먹기 좋은 게 있고, 점심에 먹기 좋은 게 있고, 저녁에 먹기 좋은 게 있고, 심야에 먹기 좋은 게 있다. 또 계절에 따라 별미도 다르다. 언제 먹느냐에 따라 맛이 다르다.

TV 프로그램도 아침, 점심, 저녁, 심야, 평일, 주말, 봄, 여름, 가을, 겨울 등 그 시기에 따라 맞는 프로그램이 따로 있다. 생일이나 결혼기념일, 제사 등과 같은 때에 맞는 음식이 따로 있듯이 TV도 설날, 추석, 광복절, 어린이날, 장애인의 날, 부처님 오신 날, 크리스마스, 연말, 신년 등과 같이 그 때에 맞는 특집 프로그램이 따로 있다. 아침부터 거나한 숯불갈비가 부담스럽듯이, 아침부터 웃고 떠드는 버라이어티 프로그램은 부담스럽다.

먹는 순간도 그렇다. 음식은 식으면 맛이 없다. 알맞게 끓거나 익었을 때 먹어줘야 한다. TV도 마찬가지다. 식은 음식을 먹는 기분이 재방송이다. 아무리 처음 보는 경우일지라도 본 방송만은 못하다. MBC 〈100분 토론〉과 같은 심야 프로그램을 다음 날 낮에 재방송으로 보면 때가 안 맞다. 때를 맞춰 재방송하더라도 해당 채널이 아닌, 케이블이나 VOD 등과 같이 다른 채널에서 보면 또 찝찝하다. 해당 음식은 해당 식당에서 먹어야 제맛이듯이 방송도 그렇다.

이처럼 방송편성시간은 대단히 중요하다. 언제 방송하는가는 프로그램의 맛을 결정하는 핵심이다. 그래서 '프로그램program'은 곧 육하원칙의 '언제when'와 같다. 방송편성시간을 판단할 때도 이를 고려해야 한다. 시청자의 구미에 가장 알맞은 시간을 찾아 정할 수 있어야 한다.

기획안에서 방송편성시간을 작성하는 데는 두 가지 요령이 있다. 이를 위해 우선 프로그램의 종류를 알 필요가 있다.

프로그램은 편성의 정도에 따라 정규와 특집 프로그램으로 나뉜다.

프로그램 2가지	정규: 매일, 혹은 매주 등 고정 편성된 프로그램 특집: 고정 편성되지 않은 단발성 프로그램

정규 프로그램은 매일, 혹은 매주 등 일정한 시각과 시간에 고정 편성된 프로그램을 말한다. 특집 프로그램은 필요할 때 수시로 편성되는, 즉 고정 편성되지 않은 단발성 프로그램을 말한다. 정규 프로그램을 기획한다면 정규 프로그램으로서의 가치가 있도록 해야 하고, 특집 프로그램을 기획한다면 특집으로 편성할 당위성과 가치가 있도록 해야 한다.

정규 프로그램으로서의 가치란 무엇일까? 드라마와 비교되는 예능 프로그램의 한 특성이 있다. 그것은 '시작은 있지만 끝은 없는 콘텐츠'라는 것이다. 재미있으면 계속 방송되고, 재미없으면 방송 수명을 다하는 게 예능이다. 예능 프로그램의 끝은 시청자에게 외면 받는 그 순간이다. 이에 비해 드라마는 '시작과 끝이 분명한 콘텐츠'이다. 20부작이면 20부작, 50부작이면 50부작, 특별한 이유가 없는 한 그 끝은 분명하다. 그래서 드라마는 하나의 프로그램에 담당 PD도 누구인지 분명하다. 이에 비해 예능은 끝이 없다 보니 담당 PD도 끝이 없다. 흔히 1년, 2년 정도 연출하고 나면 담당 PD가 바뀌기 때문이다. 대표적인 장수 프로그램인 KBS〈전국노래자랑〉은 지금까지 담당 PD만 하더라도 수십, 수백 명이었을 것이다. 정규 프로그램으로서의 가치란 시청자로부터 계속 사랑받을 수 있는 힘을 말한다. 정규 프로그램으로 만들겠다고 작성한 기획안 중에는 단발성 특집으로 끝날 짧은 수명의 프로그램들도 의외로 많다.

또, 프로그램은 편성단위에 따라 평일 프로그램과 주말 프로그램으로 나뉜다.

편성단위 2가지	평일 프로그램(월~금요일) 주말 프로그램(토~일요일)

평일 프로그램은 월요일부터 금요일까지 방송되는 프로그램을 말하고, 주말 프로그램은 토요일과 일요일에 방송되는 프로그램을 말한다. 이렇게 나누는 이유는 TV 광고 단가가 평일방송이냐, 주말방송이냐에 따라 다른 것도 있지만 궁극적으로는

시청자들의 라이프사이클이 그렇기 때문이다. 그래서 기획하는 프로그램의 성격이나 내용도 평일방송이냐, 주말방송이냐에 따라 달라야 하고 기획안에도 이것이 반영되어야 한다. 한마디로 방송사는 주간단위로 프로그램을 편성한다.

기획안에서 방송편성시간도 여기에 맞춰 작성해야 한다. 즉 정규인지, 특집인지를 먼저 밝히고 그 다음 평일인지, 주말인지를 밝히면 된다. 만약 정규 프로그램이라면 이렇다.

정규 프로그램 작성 요령	평일/매주 금···, 오후/저녁/밤···, 시각(시간) Ex) 매주 금요일 저녁 9:50~11:00(70분) Ex) 주1회 평일 저녁 9:50~11:00(70분)

'정규'니까 '매주', 혹은 '주 1회' 식으로 쓰고, '평일'이라면 '평일', 혹은 구체적인 요일도 정하고 싶으면 해당 요일, 예를 들면 '금요일' 식으로 쓰면 된다. '주말'이라면 '주말', 혹은 구체적인 요일도 정하고 싶으면 해당 요일, 예를 들면 '토요일' 식으로 쓰면 된다. 그 다음 방송시간을 쓰면 되는데 오전, 아침, 낮, 저녁, 밤 등 하루 중 언제인지 먼저 밝히고, 그 다음 언제부터 언제까지 구체적인 시각을 쓰면 된다. 추가적으로 70분이면 '(70분)', 80분이면 '(80분)'이라고 방송 길이도 써주면 보기가 더 좋다.

만약 특집 프로그램이라면 이렇다.

특집 프로그램 작성 요령	특정 날짜, 혹은 요일···, 오후/저녁···, 시각(시간), 방송 횟수 Ex) 7월말 주말 밤 11:10~12:10(60분) Ex) 7월~8월 평일 밤 60분(3부작)

'특집'이니까 '특집'이라고 쓰면 된다. 그 다음 언제 방송될지를 쓰면 되는데 특집은 계절, 월月, 특정 이벤트 시기, 기념하고자 하는 때 등 특집을 하고자 하는 이유가 있는 경우이기 때문에 그 방송 시기가 분명할 수도 있고 분명하지 않을 수도 있다. 그래서

방송편성시간은 정해진 시기 정도까지만 써주면 된다. 예를 들면 '여름', '올림픽 경기 일주일 전', '7월', '개천절', '연말', '신년' 혹은 '평일'이라면 '평일', '주말'이라면 '주말' 등으로 쓰면 된다. 그 다음 원하는 방송시간이 있다면 역시 오전, 아침, 낮, 저녁, 밤 등 하루 중 언제인지 써주면 된다. 특별히 구체적인 시각까지 원하는 게 있다면 또 시간까지 써주면 된다. 이 역시 추가적으로 70분이면 '(70분)', 80분이면 '(80분)'이라고 방송 길이도 써주면 보기가 더 좋다. 그리고 특집은 1회만 방송할 수도 있지만 2부작, 3부작 등으로 할 수도 있다. 그래서 이것 또한 마지막에 2부작이면 '(2부작)', 3부작이면 '(3부작)', 혹은 '2회', '3회' 등으로 쓰면 된다.

정리하면 이렇다.

1. 먼저 정규인지, 특집인지를 밝힌다.
2. 정규라면 평일인지, 주말인지, 그리고 하루 중 언제인지를 밝힌다.
3. 특집이라면 정해진 방송 시기까지만 써주고 2부작 이상이면 해당 방송횟수를 밝힌다.

⑤ 제작형식(production, how/where)/제작방식

제작이란 '프로그램을 만드는 일련의 모든 행위'를 말한다. 제작형식이란 간단히 말해 어떻게 제작하는지 방법에 관한 것이다. 그런데 이것은 우선 육하원칙의 where, 즉 장소와 관련 있다. 그것은 어디서 제작하느냐에 따라 제작방법이 달라지기 때문이다. 그래서 기획안을 쓸 때 '제작형식'은 한편 '제작방식'이라고도 쓴다.

제작은 영어로 'production'이다. 그런데 이와 같은 뜻으로 쓰이는 말이 하나 더 있다. 그것은 '로케이션location, 혹은 줄여서 로케'이다. '야외 로케'라고 하면 야외에서 제작, 혹은 촬영한다는 뜻이고, '해외 올 로케이션'이라고 하면 해외에서 전부all 제작, 혹은 촬영한다는 뜻이다. '제주도 로케이션'이라고 하면 '제주도 제작', 혹은 '제주도 촬영'이라는 뜻이다. 사전적으로 '로케이션location'은 '위치, 장소'라는 뜻이다. 그런데 신기하게도 '제작'이나 '촬영'과 같은 뜻으로 사용된다.

그렇다면 방송을 위해 제작할 수 있는 장소는 어디가 있을까? 단 두 가지 밖에 없다.

그것은 스튜디오와 스튜디오가 아닌 곳, 즉 야외이다. 제작 장소에 따라 프로그램을 나누면 아래의 3가지 외에는 없다. 통상 방송가에서 스튜디오는 줄여서 'ST'라고 한다.

제작형식 3가지 where 장소	① ST 제작 ② 야외 제작 ③ ST + 야외 제작

이렇게 어디서^{where} 제작할 것인지가 결정되어야 그 다음 어떻게^{how} 제작할지 선택할 수 있다. 그래서 기획안의 제작형식이라는 항목은 육하원칙의 where와 how가 숨어 있다는 것이다.

이제 어떻게 제작할지 그 방식에 대해 살펴보자.

장소에 따라 제작형식이 나누어지게 된 데는 TV 제작의 역사와 관련 깊다. TV가 처음 등장한 것은 1930년대이다. 당시에는 아직 TV 카메라가 제대로 발달되지 않았었다. 들고 다니면서 촬영할 수 있는 야외용 카메라가 아직 없던 시절이었다. 고작 받침대(tripod, 삼발이) 위에 올려놓고 찍는 무거운 필름용 카메라가 전부였다. 그래서 초창기 TV는 주로 다큐멘터리였으며 이것도 영화필름으로 제작된 것이었다. 그러다가 극장의 프로시니엄^{proscenium}[17] 구조를 변형한 스튜디오가 개발되고 더불어 야외가 아닌 스튜디오 제작 프로그램이 개발되는데 그중의 하나가 뉴스 프로그램이다. 스튜디오는 야외보다 제작이 매우 용이하기 때문에 이때부터 TV는 스튜디오 제작 프로그램이 주를 이루게 되고(예를 들면 토크쇼와 퀴즈쇼), 자연스럽게 방송제작 방식도 스튜디오와 야외로 나뉘지게 된다. 어디서 제작하느냐에 따라 프로그램도 달라지기 때문이다. 그러다가 1970년대 초반 방송제작의 일대 혁신이 일어나게 되는데 그것은 받침대 없이 어깨에 메고 촬영할 수 있는 야외 제작용 카메라가 개발된 것이다. 이

---

17) 프로시니엄(proscenium)은 객석에서 볼 때 원형이나 반원형으로 보이는 무대를 말한다. 액자처럼 보이기도 하기 때문에 액자무대(額子舞臺)라고도 한다. TV 스튜디오는 여기서 객석을 카메라로 대체시킨 것이다. 객석은 '제4의 벽(forth wall)'으로서, 이것은 프랑스의 디드로(Diderot)가 주장하였는데 관객이 볼 수 있도록 무대에서 제거된 한 쪽 벽을 말한다. 배우는 제4의 벽에 있는 관객을 의식하지 않고 연기를 한다. TV 스튜디오 카메라는 바로 제4의 벽인 것이다.

| 스튜디오 카메라 | 야외용 ENG 카메라 |

카메라는 특히 뉴스 제작에 더없이 효과적이어서 당시 뉴스 수집용, 즉 ENG^{Electronic News} ^{Gathering} 카메라[18]라고 부르게 되었는데 이것이 오늘날까지 야외 카메라 이름의 대명사가 되었다. 이후 TV 카메라는 스튜디오와 야외 카메라의 두 종류로 계속 발전해왔다.

제작형식이 스튜디오와 야외로 구분되는 것은 단지 장소^{where}의 문제가 아니라 그것에 따라 촬영할 카메라, 즉 스튜디오 카메라와 야외 카메라로 나누어지기 때문이다. 즉, 장소^{where}에 따라 어떻게^{how} 촬영할지가 결정되기 때문인데 이것이 곧 제작형식이며 기획안에서도 이를 밝히면 된다.

기획안에서 제작형식은 결국 어떻게^{how}를 쓰는 것인데 그 유형은 단 3가지 밖에 없다.

| 제작형식 3가지
how
카메라 | ① ST 제작
② 야외 제작: ENG 제작 / 6mm 제작
③ ST + 야외 제작: ST + ENG / ST + 6mm
　　　　　　　　　　　ST + VTR / ST + VCR |

첫 번째, 스튜디오에서 전부 제작하는 프로그램이라면 'ST 제작'이라고 쓰면 된다. 물론 '스튜디오 제작'이라고 써도 상관은 없다.

---

18) 1971년 미국 CBS가 뉴스 프로그램을 제작하면서 ENG 카메라를 처음 사용했다.

두 번째, 전부 야외에서 제작하는 프로그램이라면 '야외 제작'이라고 쓰면 된다. 한편 야외 카메라의 대명사가 ENG 카메라이기 때문에 대신 'ENG 제작'이라 써도 된다. 하지만 야외 카메라도 ENG 이외에 18mm 카메라, 6mm 카메라, 5D 카메라 등 다양하게 발전해왔기 때문에 특별히 이들 카메라를 써도 된다. 예를 들어, 6mm 카메라로 제작한다면 줄여서 '6mm 제작'이라고 쓰면 되고 5D 카메라로 제작한다면 '5D 제작'이라고 쓰면 된다. 물론 '6mm 카메라 제작', '5D 카메라 제작', '6mm + 5D 카메라 제작' 등으로 써도 상관없다.

세 번째, 스튜디오와 야외를 혼용해서 제작하는 프로그램이라면 'ST + 야외 제작', 'ST + ENG 제작', 'ST + 6mm 제작' 등으로 쓰면 된다. 한편 야외에서 제작한 것은 VTR^{Video Tape Recorder}, 혹은 VCR^{Video Cassette Recorder}로 시청하기 때문에 '야외 제작' 대신 'VTR 제작', 'VCR 제작'이라고 쓰기도 한다. 그래서 'ST + 야외 제작'을 'ST + VTR 제작', 'ST + VCR 제작'이라 써도 된다.

그 밖에 특별히 따로 적는 게 있는데 그것은 생방송으로 제작할 경우이다. 일반적으로 'ST 제작'이라고 하면 스튜디오 녹화제작을 의미한다. 생방송일 경우에는 특별히 '생방송'이라고 표시해야 한다. 이때는 '제작'이라는 말 대신 '생방송'이라고 쓰면 된다. 예를 들어 'ST 제작' 대신 'ST 생방송', '야외 제작' 대신 '야외 생방송', 'ST + 야외 제작' 대신 'ST + 야외 생방송'이라 쓰면 된다. 바꿔 말해 녹화 제작이라면 'ST 제작', 'ST + 야외 제작'이라고 쓰면 되지만, 대신 'ST 녹화', 'ST + 야외 녹화'라고 해도 무방하다.

특별히 따로 적는 게 또 하나 더 있는데 공개 제작이냐, 비공개 제작이냐이다. 만약 방청객이 있는 공개 제작이면 'ST 공개방송', 'ST + 야외 공개방송' 등으로 쓰면 된다. 비공개 제작이면 특별히 이를 표시 안 해도 된다.

1. ST 생방송(ST 공개방송/ST 공개생방송)

2. 야외 생방송(야외 공개방송/야외 공개생방송)

3. ST + 야외 생방송(ST + 야외 공개방송/ST + 야외 공개생방송)

그밖에도 따로 특별히 표시하고자 하는 것이 있으면 그렇게 쓰면 된다. 예를 들어 해외에서 전부 제작되는 프로그램이라면 '야외 제작' 대신 '해외 제작', '해외 올 로케', '해외 촬영' 등이다.

⑥ 출연자(producer, who)

기획안의 출연자 항목을 producer, program, production의 3Pro 중에 producer와 관련된 것이라고 한 이유는 producer가 하고 싶은 말을 출연자가 대신 한다고 보기 때문이다.

예능 프로그램의 출연자는 다양하지만 역할별로 보면 대체로 MC, 패널, 게스트, 내레이터 등이 있다. 기획안에서 출연자를 쓸 때는 가급적 이들을 역할별로 정리해 쓰는 게 좋다. 출연자의 이름만 써도 되지만 통상 출연자의 직군이나 약력도 함께 적는다. 또한 기획하고자 하는 프로그램에서 특정 출연자가 필요하거나 적합한 이유를 밝히고 싶으면 그렇게 하는 게 좋다. 한편 보기 좋도록 사진까지 넣는 경우도 많다.

⑦ 내용(program, what)/구성/내용 및 구성

기획안에서 '내용'은 분량을 가장 많이 할애해야 할 항목이다. 기획안에서 통상 절반, 혹은 2/3 이상을 차지한다. '내용'은 그야말로 다룰 내용이기 때문에 어느 한 가지로 딱 꼬집어 이렇게 쓰라고 말하기 어렵다. 매우 다양하기 때문에 나름대로 정리해 이해하기 쉽도록 쓰면 된다. 한편 '내용'은 항목 이름을 '구성', 혹은 '내용 및 구성' 등으로 해서 쓰기도 한다.

예능은 보도, 드라마, 스포츠, 교양과 달리 형식(포맷)을 중요시한다고 했다. 그래서 예능 기획안의 '내용'은 프로그램을 어떻게 진행할지에 관한 진행 방식이나 규칙들이 대부분이다. 게임쇼라면 게임의 진행 방식이나 규칙, 퀴즈쇼라면 퀴즈의 진행 방식이나 규칙, 토크쇼, 음악쇼, 버라이어티, 시상식 등도 마찬가지다. 코미디도 진행 방식이 매우 중요하다. 〈웃찾사〉, 〈개그콘서트〉, 〈코미디 빅리그〉, 〈SNL 코리아〉 등을 보라. 개그 내용도 중요하지만 콘서트 형식, 대결 형식, 리그전 형식, 생방송 진행형식 등 포맷이 매우 중요하다. 포맷이 다르기 때문에 같은 코미디라도 프로그램이 차별화되는 것이다. 그래서 예능 기획안은 '1라운드', '2라운드', '최종 라운드', '결승전', '패자부활전', '벌칙', '상품', '문제', '과제', '미션', '최종 대결', 'ㅇㅇㅇ게임' 등의 용어가 '내용 및 구성'이라는 항목의 주를 이룬다.

예능은 장르가 다양한 만큼 기획안에서의 '내용 및 구성'도 매우 다양하다. 기획안을 쓰는 사람의 숫자만큼 다양하다고 해도 과언이 아닐 정도다. 기획안도 그만큼 개성이 넘친다.

⑧ 기타/비고

마지막으로 이 항목은 써도 되고 안 써도 되지만 기획자가 심혈을 기울여 작성하다 보면 대부분 쓸 말이 있다. 지금까지 살펴본 7가지 항목 중에 부가적으로 설명이 필요하거나 강조할 것이 있으면 쓰기도 하고, 프로그램의 효과, 의의, 예산, 포인트, 장점, 협찬 사항, 현재까지의 별도 추진 사항, 필요한 지원 사항 등 못 다한 설명을 자유롭게 하면 된다.

지금까지 살펴본 기획안의 작성법에서 방송 제작의 3Pro와 육하원칙을 앞서 제시한 〈동상이몽–너는 내 운명〉의 사례에 적용해보면 이렇다.

| 〈동상이몽–너는 내 운명〉 기획안

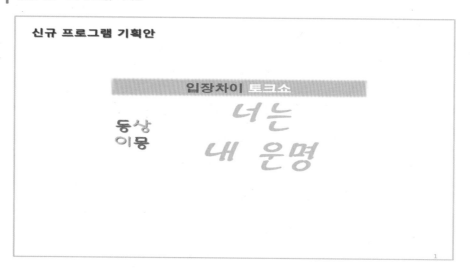

동상
이몽 CONTENTS

Ⅰ. 기획의도
Ⅱ. 프로그램 개요
Ⅲ. 제작방향
Ⅳ. 출연진 구성
Ⅴ. 출연자 리스트
Ⅵ. 구성내용

2

동상 이몽 프로그램 개요

프로그램명	*program/what* 임장차이 토크쇼 [동상이몽:너는 내 운명]
형 식	*production/how, where* ST + ENG (70분)
장 르	*program/what* 리얼 관계 토크 버라이어티
편 성	*program/when* 주말 저녁 70분

3

동상이몽 기획의도 *Producer/why*

딱 보면 척이던 친구도,
뛰어봤자 손바닥 위에 있던 아들 딸도,
속이 훤~히 보이던 찰떡궁합 부부도.

"이것 참... 알다가도 모르겠구나!"

말도 못하고 서운한 맘 품고 사는, 속 터지는 스타들의 속 풀이 프로그램.
스타와 그들의 운명 같은 짝꿍 사이를 들여다 보는 [너와 나] 입장 확인 프로젝트!

"오해하지 말고 소통하자!" 동.상.이.몽 - 너는 내 운명!

불통의 시대! 담아두지 말고 쏟아내자!
스타와 그들 주위의 관계를 관찰하는
"나"와 "너"의 밀착 VCR을 통해 서로의 입장 차이를 확인하고,
건강하게 소통하는 <마음의 거리 좁히기 토크쇼>
스타, 셀럽, 유명인들의 연인, 절친, 동료, 형제, 자매, 부부 사이의 관계를 통해
우리들의 다양한 관계를 돌아볼 수 있는
입장차이 토크쇼 동상이몽-너는 내 운명.

4

동상이몽 제작방향 *program/what*

★ 스타와 그들 주위의 관계 관찰 카메라를 통한 이슈 마케팅

★ 예능 리얼리티 : 너무 무겁지 않은~ 가볍고 유쾌한, 스타 리얼리티

★ 관계의 입장차이 : 스타의 관계를 통해 들여다보는
사람과 사람 사이의 입장 차이 토크쇼

★ 임팩트 있는 버라이어티 구성 : 관찰 카메라를 통한 버라이어티한 예능 구성

★ 보편성 : 보통 사람들과 다를 것 없는
스타의 인간적인 모습과 인간 관계의 고민에 관한 토크쇼

★ 진정성 : 스타의 진정성 있는 리얼 라이프 스토리

5

동상이몽 **출연자 구성방향** *producer/who*

M C

김구라   서장훈

동상이몽 게스트

알고 보면 누구보다 소중한 사이.

하지만, 때로는 누구보다 속 터지게 하는 관계의 스타.

***스타, 셀럽, 문화 예술인의 연인, 절친, 동료, 형제, 자매, 부부 등 유명인 누구라도 *大환영*!

6

동상이몽 **출연 커플의 예** *program/what*

화끈한 남편 이재명 시장 & 달콤한 아내 김혜경 여사

2017년 봄, 현재 대한민국에서 가장 바쁜 남자,
대통령 후보 이재명의 아내로 사는 법!
시골출신의 촌스러운 흙수저 남자와
서울출신 세련된 음대생 여자의 러브 스토리~
화끈하고 유쾌한 남자에게 한 눈에 반했지만
급한 성격, 바쁜 일상에 서운한 게 이만 저만이

아닌 아내 VS 여성스럽고 애교 많은 아내에게 첫 눈에 반했지만, 이제는 대한민국이 더 중해져
버린 남편. 애교는 잠시 넣어둬! 달라도 너무 다른 부부가 함께 사는 이야기.
너무나 특별한 부부의 알고 보면 지극히 평범한 희한 한 러브 스토리!

4차원 AB형 덕선이 혜리 & 소심한 O형 공심이 민아

데뷔8년차 걸스데이의 극과극 혜리와 민아
성격부터 취향까지 모두 반대! 꽉 찬 7년간의 팀 생활 동안 단 둘만의
시간을 가져본 적이 단 한 번도 없을 정도.
민아 : 언니 같은 혜리, AB형은 무서워
혜리 : 항상 손이 가는 민아 언니, 덜렁대는 O형이 답답해
남자들의 우정보다 끈끈하고 따뜻한 여자들의 우정 스토리,
달라도 너무 다른 걸스데이 민아와 혜리의 해피데이!

7

위에서 보듯이 항목들 중 '내용'이 가장 많은 분량을 차지한다. 그리고 제작형식과 방송시간, 출연자는 특별히 '프로그램 개요'라고 해서 따로 묶어서 정리한 것이 눈에 띌 것이다. 기획안의 구성 요소가 8가지이지만 크게 두 가지로 나눈다면 '개요'와 '내용'이라고 할 수 있다. 그래서 '내용' 외에 분량이 적은 나머지 항목은 몇 개씩 묶어서 정리해주면 보기가 참 편하다. 제목, 기획자, 제작형식, 방송/편성시간, 출연자 항목 중 2개든, 3개든, 전부든 '개요'로 따로 정리하면 좋다. 기획의도가 짧으면 이것 또한 '개요'에 포함시켜도 된다.

기획안의 분량이 많은 경우에는 이해의 편리를 위해 별도의 한 장으로 따로 요약 정리해 맨 앞 페이지에 첨가하기도 한다.

중요한 것은 기획안은 읽는 사람을 위해 온갖 정성을 들여야 한다는 것이다. 위에서 사례로 든 〈동상이몽-너는 내 운명〉의 기획안도 한 눈에 보기 편하도록 PPT로 나름 정성과 노력을 들인 것을 느낄 수 있을 것이다.

지금까지 기획안의 작성법에 대해 알아보았다. 예능 기획안은 다양한 장르만큼이나 기획안의 모양새도 참 다양하다. 기획안의 작성법에 대해 소개는 했지만 그 작성에 있어서는 얼마든지 개성을 살려 작성하는 것이 좋다. 본 책에서 소개한 것에 사실 너무 얽매일 필요는 없다. 기본적인 구성 요소를 이해하고 이를 길잡이로만 삼아 실제 기획안을 작성할 때는 다양하게 보기 좋도록 자신의 개성을 살려 작성하면 한다. 놀이란 자유로움에서 나온다. 자유분방함이 넘치는 기획안이 예능에서는 좋은 기획안이다.

4. TV 프로그램의 제작과정

TV 방송 제작은 그물망보다 복잡한 하나의 조직 내에서 다양하고 수많은 스태프들이 제한된 시간과 공간에서 고도의 전문성과 예술성을 발휘해야 하는 매우 힘든 작업이다. 프로그램을 제작하기 위해서 비록 사전에 미리 계획을 짜기는 하지만 실제 제작에 들어가면 그 과정에서는 정리하기 힘든 복잡성과 예기치 못한 사건들도 빈번하게 발생한다.

베커Becker는 TV 프로그램을 단순히 상품으로 보는 대신 총체적인 활동에 의해 역동적으로 생산된 하나의 예술로 본다. 예를 들면 무대 위의 피아노 연주 공연이라는 것은 연주자 개인의 작품이 아니라 그 곡을 만든 작곡가, 연주 소리를 픽업하는 음향 감독, 피아노를 만든 도공, 심지어 공연장 티켓을 배부하는 직원까지도 포함된 분업화된 작품이라는 것이다. 베커는 TV 프로그램도 이와 다르지 않다고 한다. 방송 프로그램이란 과거부터 누적되고 발전해온 기술, 카메라, 음악, 의상, 분장, 세트, CG, 소품, 편집, 편성, 행정, 홍보, 심의, 시청자, 심지어 녹화테이프를 만든 공장 직공의 기술까지 응집된 하나의 예술이라는 것이다.

그래서 TV 프로그램의 제작과정은 매우 복잡하다. 지금부터 여기에 대해 살펴보고자 한다. 하지만 그러기 위해서는 먼저 알아야 할 것이 있다. 그것은 TV 프로그램의 제작과정은 프로그램을 전달하는 방식에 따라 다르다는 것이다. 즉, 과거에 일어난 일을 프로그램으로 제작해 시청자에게 전달하느냐, 아니면 지금 일어나고 있는 일을 실시간으로 그대로 전달하느냐에 따라 그 제작과정은 다르다는 것이다. 그렇다면 TV 방송의 3가지 전달 방식부터 살펴보아야 한다.

1) TV 방송의 3가지 전달 방식

앞서 방송^{broadcasting, 放送}이란 간단히 말해 '널리 보내는 것'이라고 했다. 널리 보낸다는 게 전달이다. 여기에는 3가지 방식이 있다.

첫 번째는 과거에 일어난 사건을 녹화한 후 방송시간의 분량에 맞춰 편집해서 방송하는 것, 즉 녹화방송^{recorded}이다.

두 번째는 지금 발생하고 있는 사건을 실시간 그대로 보여주는 생방송^{live}이다. 이를 실황중계^{play-by-play}라고도 한다.

마지막으로 세 번째는 거의 생방송이나 마찬가지인데 실시간으로 바로 중계하는 것이 아니라 편의상 녹화했다가 일정 시간이 지난 후에 녹화한 그대로 방송하는 것^{live-on-tape}이다. 이를 딜레이 방송^{delay}, 혹은 리모트 픽업^{remote pick up}이라고 한다. 예를 들면, 2010년 3월 1일에 밴쿠버 동계올림픽 폐회식을 SBS가 1시간 늦게 방송한 경우다. 당시 폐회식은 오전 10시에 시작되었지만 마침 3·1절 기념식이 같은 시간에 열리는 바람에 SBS는 이를 먼저 생중계하고 나서 1시간 뒤 밴쿠버 올림픽 폐회식을 녹화해 그대로 딜레이 방송했다. 이처럼 딜레이 방송은 주로 생중계할 상황이 여의치 않을 때 취하는 방식이다. 또 다른 예로는 생방송 도중에 발생하는 돌발적인 사고 때문에 딜레이 방송을 하는 경우다. 몇 년 전 MBC 〈음악캠프〉에서는 생방송 도중에 가수

카우치가 노래를 부르다가 팬티를 내린 충격적인 사건이 발생했었다. 그리고 SBS 〈인기가요〉에서는 가수 씨야의 멤버 한 명이 노래를 부르다가 생방송 도중에 무대에서 갑자기 쓰러지는 사건이 발생한 적이 있었다. 이 사건들을 계기로 생방송 사고에 대한 대비책이 필요하다는 여론이 들끓었는데 그래서 당시 각 방송사에서는 한동안 가요쇼 프로그램들을 10분가량 딜레이 방송하는 방식으로 부랴부랴 바꾸기도 했었다. 비록 단 10분이긴 하지만 돌발 사고에 대비해 응급 처치를 할 수 있는 시간적 여유가 생기기 때문이다.

이처럼 TV가 시청자에게 프로그램을 널리 보내는 방식은 녹화방송recoded, 생방송live, 딜레이 방송delay의 세 가지로 나눌 수 있다. 딜레이 방송은 발생하는 사건을 편집 없이 그대로 보여주기는 하지만 TV로 볼 때는 과거의 사건이기 때문에 엄밀한 의미에서 녹화방송의 한 방식이라고 할 수 있다.

TV 프로그램의 제작과정은 이렇게 녹화방송이냐, 생방송이냐에 따라 차이가 있다. 가장 두드러진 한 가지 차이는 편집과정이 있느냐, 없느냐이다. 과거의 일을 방송하는 녹화방송은 편집과정이 있지만, 지금의 일을 방송하는 생방송은 편집과정이 따로 필요 없다. 녹화방송은 '제작한 것을 전달'한다면 생방송은 '제작하면서 전달'하는 차이가 있다. 보도, 교양, 스포츠, 예능 장르는 녹화방송과 생방송을 모두 활용한다. 특히 보도와 스포츠는 생방송을 많이 한다. 그런데 유일하게 생방송을 하지 않는 장르가 있으니 드라마이다.

2) 녹화방송의 제작과정

녹화방송의 제작과정은 제작production을 기준으로 사전제작preproduction과 사후 제작postproduction으로 나뉜다. 즉 (1) 사전제작단계, (2) 제작단계, (3) 사후제작단계다. 간단히 (1) 기획, (2) 녹화, (3) 편집이라 다시 말할 수 있다.

① 사전제작단계(preproduction)

사전제작단계에서 하는 작업은 ① 아이디어를 구상하는 작업과 ② 아이디어를 설계하는 작업으로 나눌 수 있다.

① 아이디어 구상단계에서는 대략 세 가지 작업을 하는데 그야말로 각종 아이디어와 아이템[19]을 개발하고, 이에 따라 프로그램 기획안을 작성하고, 이후 구성안이나 대본, 큐시트cue sheet[20] 등을 작성하는 일이다. 이러한 작업들은 대개 PD와 방송작가들이 주로 한다.

② 아이디어 설계단계에서는 PD와 방송작가를 포함해 AD(조연출), FD,[21] 카메라,

---

19) '아이디어'는 추상적인 개념이고, '아이템'은 구체적인 개념이다. 아직 머릿속에 머물러 있는 추측 상태가 아이디어이고, 그것을 실현하기 위해 구체적으로 현실 가능성을 조사해본 결과가 아이템이다. 예를 들어, 〈1박2일〉 프로그램에서 가을 여행에 대해 방송하고자 한다면 이것은 아이디어이고, 이를 제작팀이 구체적으로 조사해본 결과 지리산, 속리산, 속초 바다, 제주도 올레길 등이 촬영장소로도 적합하고 출연자들이 놀기에도 재미있겠다고 판정이 나면 이것들은 아이템이다.

20) 큐시트(cue sheet)는 녹화에 대해 스태프들과 출연자들이 함께 공유할 수 있도록 녹화에 필요한 사항들을 요목별로 보기 좋게 정리한 제작가이드이다. 녹화시간 계획, 출연자 동선, 녹화 핵심 내용, 마이크 운용 계획, 소품 등 녹화에 필요한 제반 사항들을 작성한다.

21) FD란 floor director라고 해서 흔히 무대 감독을 말하지만 예능에서는 주로 연출을 보조하는 스태프를 말한다.

사전제작의 핵심은 아이디어 창출과 설계다.
_ 코미디 〈웃찾사〉 아이디어 구상 회의

조명, 음향, 세트, 음악, 분장, 의상, 소품, 자막 등 함께 작업할 팀을 구성하고 이에
대해 설계를 한다. 그리고 제작장소와 제작일정을 정하고, 동시에 홍보[22], 협찬, 예산 등
지원 사항에 대해서도 관련 부서와 협의한다.

② 제작단계(production)

카메라 연출은 두 가지가 있는데 다중카메라 연출multi-camera directing과 단일카메라
연출single-camera directing이다. 다중카메라 연출은 스튜디오나 중계차에서 녹화하는
경우로, 스튜디오 부조정실studio control room이나 중계차 조정실에서 2대 이상의 카메라를
PD가 즉석에서 선택switching하면서 녹화하는 방식을 말한다. 단일카메라 연출은
야외에서 ENG 카메라나 6mm 카메라 등 야외 제작용 카메라로 신scene을 하나하나

---

22) 홍보란 사전 작품발표회, 매체 전략, 프로그램 PR, 프로그램 홈페이지 제작, 홍보책자 제작 등을 말한다.

스튜디오 부조정실(studio control room)은 대개 스튜디오 바로 위층에 위치하는데 PD와 기술 감독, 음향, 음악, 효과, VTR, 비디오, 자막 담당 등의 기술스태프들이 여러 대의 카메라 모니터를 보며 영상과 음향을 선택하면서 모든 제작을 통제하는 곳이다.

나누어서 촬영하는 방식이다.

　제작단계에서 하는 작업은 ① 스튜디오 녹화와 ② 야외 녹화로 나눌 수 있는데, ① 스튜디오 녹화는 다중카메라 연출을 한다. 스튜디오 카메라는 여러 대로 구성되어 있다. PD는 스튜디오 부조정실[23]에서 여러 대의 스튜디오 카메라 그림 중 하나씩 연속적으로 선택[24]하며 녹화를 한다. 그래서 녹화 도중에 NG가 발생하면 안 되기

---

23) TV스튜디오는 크게 4가지 제작센터로 나눌 수 있는데 ① 스튜디오, ② 부조정실(studio control room), ③ 주조정실 (master control room), ④ 스튜디오 지원센터(support areas)다. 부조정실(studio control room)은 대개 스튜디오 바로 위층에 위치하는데 PD와 기술 감독, 음향, 음악, 효과, VTR, 비디오, 자막 담당 등의 기술스태프들이 여러 대의 카메라 모니터를 보며 영상과 음향을 선택하면서 모든 제작을 통제하는 곳이다. 주조정실(master control room)은 각 방송국의 본사 내 한 곳 밖에 없는 방송국의 중추신경으로서 송출을 담당한다. 부조정실이 '제작' 개념의 기능을 한다면, 주조정실은 프로그램 편성표대로 이상 없이 방송을 내보내는 '송출' 개념의 기능을 한다. 부조정실은 스튜디오마다 하나씩 있고, 주조정실은 채널마다 하나씩 있다. 스튜디오 지원센터(support areas)는 스튜디오 제작을 위한 소품, 의상, 세트, 카메라 등을 평소 보관해두는 곳이다.
24) PD가 부조정실에서 여러 대의 스튜디오 카메라 화면 중 하나씩 연속적으로 선택하는 것을 스튜디오 카메라 커팅(cutting) 연출이라 한다.

때문에 대개 사전에 리허설을 한다.

　② 야외 녹화는 두 가지 제작방식이 있다. 하나는 ENG, 6mm 등 야외 카메라로 녹화하는 야외 제작이고, 다른 하나는 중계차 제작이다. 야외 녹화는 다중카메라 연출과 단일카메라 연출 방식을 모두 사용한다. 신scene을 하나하나 나누어서 촬영하기 위해서는 ENG 카메라나 6mm 카메라 등 야외 제작용 카메라로 촬영해야 한다. 이를 야외 제작용 카메라의 대명사인 ENG 카메라의 이름을 따 ENG 제작이라고 한다. 통상 카메라 한 대로 촬영하기 때문에 흔히 단일카메라 연출이라고도 한다.[25]

중계차는 일종의 스튜디오 부조정실(studio control room)과 같은 기능을 한다. PD와 기술스테프들이 영상과 음향을 결집하고 통제하는 곳이다.

---

25) 요즘에는 야외 제작용 카메라도 많이 발달했고 그래서 대부분 여러 대로 동시에 녹화하기 때문에 다중카메라 연출로 볼 수도 있다. 하지만 다중카메라 연출이란 단지 여러 대의 카메라를 사용한다는 의미만 있는 것이 아니라, 여러 대의 카메라가 잡는 그림 중 하나를 PD가 조정실에서 연속적으로 선택하는 카메라 커팅 연출도 포함하는 개념이기 때문에 야외 제작용 카메라로 촬영하는 그 자체는 단일카메라 연출로 보는 것이 더 정확하다.

하지만 스튜디오 제작처럼 야외에서도 여러 대의 카메라 그림 중 연속적으로 하나씩 선택하며 녹화하는 다중카메라 연출을 해야 하는 경우도 있다. 이때 중계차로 제작한다. 중계차는 일종의 스튜디오 부조정실studio control room과 같은 기능을 한다. PD와 기술스태프들이 영상과 음향을 결집하고 통제하는 곳이다. 중계차는 스튜디오 카메라를 여러 대 보유하고 있는데 보통 카메라 2~3대를 보유하는 소형 중계차, 4~5대를 보유하는 중형 중계차, 6~8대를 보유하는 대형 중계차 등이 있다.

③ 사후제작단계(postproduction)

사후제작단계에서 하는 작업은 주로 편집이다. 편집은 ① 가편집, ② 종합편집이 있다. ① 가편집은 촬영한 원본에서 필요한 그림을 고르는 작업이다. 이때 부족하거나 잘못 촬영되었을 경우에는 보충촬영을 하기도 한다. ② 종합편집은 가편집한 그림에 최종 배경음악, 음향효과, 자막, CGcomputer graphic 등을 삽입하거나, 다양한 화면전환

사후제작단계에서 프로그램은 최종 완성된다.
_ 종합편집실 작업

방식으로 영상효과를 주기도 하고, 음향트랙을 모노, 스테레오, 서라운드 등으로 재믹싱^{mixing}하기도 하고, 영상의 상태가 최적화되도록 색을 보정하기도 하는 작업이다. 이렇게 종합편집이 끝나면 이후 최종 방송을 내보낸다.

3) 생방송의 제작과정

생방송의 제작과정도 단계별로 진행된다는 점에서 녹화방송의 제작과정과 비슷하지만, 가장 큰 차이는 사후제작단계가 없다는 점이다. 그래서 ① 사전제작^{preproduction}과 ② 제작^{production/live}의 2단계로 제작된다. 간단히 ① 기획, ② 생방송이라 다시 말할 수 있다.

▌ 생방송 제작과정

사전제작단계 (기획)	▶	제작단계 (생방송)
● **아이디어 구상** – 아이디어/아이템 개발 – 프로그램 기획안 작성 – 구성안/대본/큐시트 작성 등 ● **아이디어 설계** – 제작팀 구성 – 카메라, 미술, 기술 등 설계 – 제작장소 헌팅/제작일정 조율 – 사전 영상물 제작 – 홍보, 협찬, 예산 등 지원 사항 협조 등 ● **생방송 사전준비** – 중계차 장소 헌팅 – 송출 가능성 진단 등		● **리허설** ● **스튜디오 생방송** ● **야외 생방송** – 중계차 제작

① 사전제작단계(preproduction)

생방송의 사전제작단계에서 하는 작업도 녹화방송과 거의 동일하다. 하지만 생방송은 녹화방송을 준비하는 것보다 사전 준비가 더 철저하고 치밀하다. 녹화방송 제작은 사후편집과정이 있기 때문에 사전제작단계에서는 주로 녹화를 위한 준비에 매진한다. 그리고 녹화단계에서도 사후편집과정이 있기 때문에 NG에 대한 별 부담 없이 이것저것 많이 녹화하고 본다. 이에 비해 생방송은 사후편집과정이 없다. 사전에 준비해서 방송시간 분량에 맞춰 바로 생방송으로 내보내야 한다. 그래서 사전제작단계에서는 생방송으로 내보낼 모든 것을 생방송시간 분량에 맞춰 미리 준비하고 그만큼 방송시간 계획도 철저히 짜야 한다.

생방송은 완전 생방송과 부분 생방송으로 나뉜다. 완전 생방송은 프로그램의 처음부터 끝까지 지금 일어나고 있는 일을 실시간 그대로 생방송하는 것이고, 부분 생방송은 과거에 미리 녹화해 편집한 것을 일부 삽입해서 생방송하는 것이다. 완전 생방송의 예로는 광복절, 개천절과 같은 기념식 생중계나 스포츠 경기 생중계가 있다. 부분 생방송의 대표적 예는 뉴스다. 뉴스는 과거에 일어난 사건을 녹화하고 편집해 기사로 만들어 앵커가 스튜디오에서만 생방송으로 진행한다. 이렇게 부분 생방송일 경우에는 생방송할 때 내보낼 영상물VTR을 사전제작단계에서 미리 제작해두어야 한다.

또한 녹화방송과 생방송의 가장 큰 차이는 큐시트에서도 나타난다. 녹화방송의 큐시트는 단지 녹화를 위한 큐시트이지만 생방송의 큐시트는 생방송을 위한 큐시트이다. 그래서 녹화방송의 큐시트는 생방송에 비해 비교적 간단하다. 하지만 프로그램의 방송시간을 실시간으로 맞춰야 하는 생방송의 큐시트는 코너별, 요목별로 방송시간 계획을 분, 초까지 매우 정밀하게 계산해야 하고, 기타 생방송에 필요한 준비 사항들도 빠짐없이 적어야 하기 때문에 복잡하다. 게다가 생방송 도중에 발생할지 모를 방송사고도 대비해야 하기 때문에 그만큼 사전 준비가 철저할 수밖에 없다. 그래서 방송가에서는 이런 말이 있다. "생방송은 방송사고만 안 나면 된다."

② 제작단계(production/live)

이제 생방송하는 단계이다. 사후편집과정 없이 바로 생방송으로 내보내야 하기 때문에 생방송은 사전에 반드시 리허설을 한다. 특히 방송시간을 맞추는 일이 무엇보다 중요하기 때문에 방송시간까지 계산하며 리허설을 하기도 한다.

생방송은 기본적으로 다중카메라 연출을 한다. 다양한 화면을 내보내기 위해서 여러 대의 카메라를 동시에 운용해 PD가 그중에 하나씩 매순간 연속적으로 선택해 내보내야 하기 때문이다. 한편 엄밀한 의미에서 보면 생방송이 사후편집과정이 꼭 없다고만 볼 수는 없다. 생방송 진행과정이란 것이 그렇다. 여러 대의 카메라가 잡는 화면 중 하나씩을 계속 선택하고, 동시에 배경음악, 음향효과, 자막, CG 등도 내보내고, 영상의 상태를 최적화하는 색 보정 작업도 생방송 내내 하는 등 따지고 보면 녹화방송의 사후제작단계에서 최종 종합편집을 하는 것과 다를 바가 없다. 즉, 생방송 자체는 한편 편집이라는 것이다. 그런 의미에서 생방송의 제작단계production/live는 녹화방송의 제작단계production와 사후제작단계postproduction가 합쳐진 것이라 할 수도 있다.

지금까지 TV 프로그램 제작과정에 대해 살펴보았다. 끝으로 이를 정리하면 다음과 같다.

TV 녹화방송의 제작 3단계

1. 사전제작(기획)
2. 제작(녹화): ① 스튜디오 제작
   　　　　　　 ② 야외 제작: ENG 제작, 중계차 제작
3. 사후제작(편집)

TV 생방송의 제작 2단계

1. 사전제작(기획)
2. 제작(생방송): ① 스튜디오 제작
   　　　　　　　② 야외 제작: 중계차 제작

예능은 생방송으로 진행되는 프로그램도 많다. 훌륭한 예능 PD의 자질 중 하나가 생방송 진행 능력이다. 즉, 다중카메라 연출력이다. 음악쇼의 경우, 한 회에 카메라 10~20대의 화면을 동시에 보며 카메라 커팅을 해야 한다. 시상식을 중계할 때도 마찬가지다.

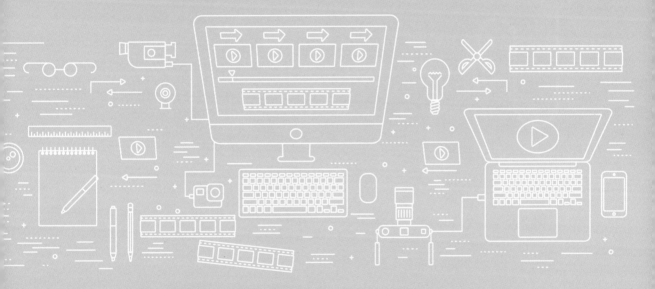

TV Entertainment
Production Guide

TV Entertainment Production Guide

CHAPTER 02

관찰 리얼리티
제작의 실무가이드

"기다리면서 최대한 재밌게 만들어라"

김준수

SBS 예능 PD
SBS 신입 공채 12기(2004년) PD 입사
前 스포츠서울 기자
연세대 신문방송학과 학사

주요 연출 프로그램

〈오! 마이 베이비〉, 〈즐거운가!〉,
〈놀라운 대회 스타킹〉,
〈웃음을 찾는 사람들〉,
〈스타 주니어쇼 붕어빵〉,
〈백종원의 골목식당〉

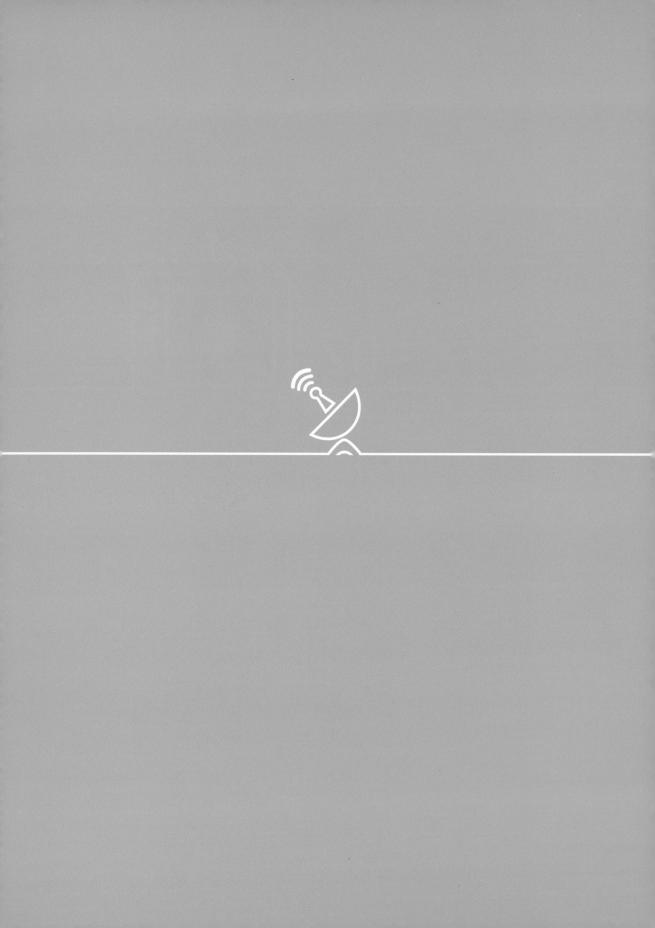

1. 들어가면서

PD는 방송장이다.

회사라는 조직에 속해서, 넥타이 매고, 정해진 출퇴근 시간에 바쁜 업무로 주중을 보내다 주말이면 집에서 가족과 함께 한가로운 시간을 보내는 일반 회사원들과 PD는 분명 다르다. '장이'라는 말 자체가 어떤 분야에 전문적인 기술을 가진 사람을 뜻하는 말이다. PD는 주중, 주말 구분 없이, 기획, 회의, 촬영, 편집을 반복하면서 프로그램 제작이라는 전문적인 업무를 완수해낸다는 점에서 '장이'요, '기술자'라고 할 수 있다. 기술자라고 했을 때, 그 업무는 대개 참고 서적이나 전문 서적이 따로 존재하지 않는 게 보통이다. PD 업무는 장기간 그것을 따로 연구할 만큼 학문적 깊이나 가치가 있기보다는, **PD 개인의 프로그램을 만드는 열정, 감각, 노력에 의해서 그 기술과 내공이 쌓이는 것**이다. 입문서 등의 책이 있어서, 그것을 꾸준히 보고 연구한다고 해서 PD 실력이 느는 것이 결코 아니다. 마찬가지로 방송 현업에서도 PD 업무를 처음으로 익히고 적응할 때, OJT^{on the job training; 종업원 교육 훈련방식} 북^{book}이 따로 있어서 그 매뉴얼에 맞춰서 일하고, 그에 따라 자신의 업무 완성도가 점차 높아지는 것도 아니다.

PD는 도제식^{徒弟式}으로 방송일을 배운다. 프로그램 조연출^{AD; assistant director}의 경우, 촬영 현장과 편집실에서 밤새 일하고, 어깨 너머로 연출 선배의 업무를 보고, 그들의 지시와 명령에 맞춰 방송일을 하면서 시행착오를 반복하다 보면, 자신의 업무가 정해지게 되고 그 업무에 대한 숙련도가 올라가게 된다. 예능 PD의 경우는 대개 한 주에 한 회 차의 위클리^{weekly} 프로그램을 만들기 위해 거의 쉬지 않고, 촬영, 편집 등을 해서 달린다. 연출, 조연출 등 모든 PD들은 자신의 업무만으로도 정신없는 한 주를 보내고, 그 업무들은 PD마다 모두 제각각이다. 따라서 PD 업무는 'A부터 Z까지' 단계별로 업무 수준과 내용이 정해져 있는 것도 아니고, PD 연차가 올라갈수록 무조건 연출 기술과 내공이 쌓이는 것도 아니다. 아마 이런 이유로 지금껏 우리나라에 예능

PD 입문서나 기술서가 특별히 존재하지 않았던 것 같다. 예능 PD 업무는 글을 통해 그 거시적인 연출 이론을 정립할 수 있는 것도 아니고, 단지 열정, 감각, 노력에 의해서 스스로 그 미시적 연출 기술을 터득할 수 있다. 예능 프로그램 제작에 왕도王道란 없다. 단지 PD가 자신의 모든 것을 투자해서 제작하는 것만이 제작의 정도正道라고 생각한다. 왜냐하면, 예능 제작 업무는 분명한 답이 존재하지 않기 때문이다. 그리고 그것을 일일이 글로써 이론화시키는 작업 자체도 쉽지 않다. 그래서 필자는 이 책이 예능 프로그램, 그중에서도 관찰 리얼리티 프로그램에 대해서, 작지만 하나의 OJT북, 참고서가 되기를 바라는 마음으로 글을 쓰게 되었다. 부족하고 미흡하지만 2004년에 SBS 신입 공채 PD로 입사해서 여러 프로그램을 만들어 본 경험과 노하우를 정리한 이 글이 방송사 예능 PD를 꿈꾸고, 막 그 분야에 뛰어든 신입 PD들에게 도움이 되었으면 한다.

2. 관찰 리얼리티란?

1) 들어가기

MBC 〈무한도전〉과 tvN 〈삼시세끼〉의 차이점은 무엇인가?

만드는 사람이 다르다? 김태호 PD와 나영석 PD. 대한민국에서 제일 유명한 두 예능 PD가 스튜디오가 아닌 야외에서 출연자들이 벌이는 일들을 촬영해 만들고, 높은 시청률이 나오는 예능이라는 점에서 두 프로그램은 비슷할 수 있지만, 분명한 차이가 있다. 관찰 리얼리티가 무엇인지 설명하기에 앞서, 그것이 무엇이고 기존 예능 프로그램과 어떤 차이점이 있는지를 알아야 관찰 리얼리티의 정의를 분명히

내릴 수 있다. 쉽게 말해, 〈무한도전〉이 **리얼 버라이어티**라면, 〈삼시세끼〉는 리얼 버라이어티에서 변형 혹은 파생된 **관찰 리얼리티**다.

2) 리얼 버라이어티란?

리얼^{real} 버라이어티는 말 그대로 '실제 같은 예능'이라는 뜻이다. **연예인 MC와 게스트들이 방송사 스튜디오가 아닌 장소에서** 대략적인 스케줄 대본을 갖고, **미션, 게임, 퀴즈 등을 벌이고 그 모습과 과정을 촬영해 만든 프로그램이 리얼 버라이어티**다. 최근 방송하는 것으로는 SBS 〈런닝맨〉, KBS 〈1박2일〉 같은 것이 이에 속한다고 하겠다. 리얼 버라이어티가 유행하기 이전의 야외 예능 프로그램 역시 스튜디오가 아닌 야외를 그 무대로 삼긴 했으나, 이들 대부분의 프로그램은 정해진 게임, 퀴즈, 이벤트, 짝짓기 등을 하고 그 결과만을 보여주는 데 중점을 두고 만들었다. KBS 〈출발 드림팀〉은 리얼 버라이어티와는 다른 예능 장르인데, 이 프로그램은 출연자들이 게임을 펼치고, '누가 1등을 차지할 것인가?'를 보여주는 것이 주된 내용이다. 반면에, 대한민국 인기 리얼 버라이어티 프로그램 〈무한도전〉은 MC와 게스트들이 매회마다 정해진 도전과 미션을 하지만, 도전과 미션의 결과 자체보다는 그 전의 준비 상황, 도전과 미션이 벌어지는 실제 과정 하나하나, 그리고 결과 후의 변화되는 모습 등을 리얼하게 찍어서 보여준다. 리얼^{real} 버라이어티 예능을 리얼리티^{reality} 예능이라고 부르기도 한다.

3) 관찰 리얼리티란?

그렇다면 관찰 리얼리티는 무엇인가? 〈무한도전〉과 같은 리얼 버라이어티와는 무엇이 다른가? 일단 이름에서 그 차이가 있다. 리얼 버라이어티에 '리얼^{real}'이 리얼리티^{reality}의 축약된 말이라고 할 때, 리얼리티에 '관찰^{觀察}'이라는 단어만 추가하면 관찰 리얼리티가 된다. 다시 말해, **리얼 버라이어티에 기초를 두고, 거기에 '관찰'이라는 측면이 강화돼 뻗어 나온 장르가 관찰 리얼리티**라고 하겠다. 리얼하게 찍어서 만드는 예능이라는 것까지는 동일하나, '관찰'이라는 부분이 새롭게 들어간 것이다. 이런 점에서 관찰 리얼리티는 리얼 버라이어티와 그 제작 과정이 유사한 부분이 있으나, 분명한 차이도 존재한다. '관찰觀察'이라는 말은 한자 그대로 "주의 깊게 살펴서 본다"라는 뜻이다. 다시 말해, **관찰 리얼리티는 이전과는 다르게 유심히 지켜보는 예능**이라는 것이고, 반대로 이전의 예능은 지켜보지 않았다는 말이 된다. 그렇다면, 관찰 리얼리티 이전의 예능은 도대체 무엇을 지켜보지 않았다는 것인가? 바로 출연자인 연예인들이 촬영하는 모습을 가만히 지켜보지 않았다는 것이다. 리얼 버라이어티라고 하면, 제일 먼저 떠오르는 장면이 무엇인가? 집단 MC가 일렬횡대로 쭉 서서 "자! 시청자 여러분, 오늘도 ○○○○○ 시간이 찾아왔습니다!"라는 식의 멘트로 시작하는 모습이다. 이 그림을 만들기 위해서는, 촬영 현장에서 출연자들이 모두 와이어리스 마이크^{wireless microphone}를 차고, 조명을 받고, 출연자 수 이상의 ENG^{electronic news gathering}(뉴스를 취재할 때 쓰였던 것이 시초이고, 일반적으로 갖고 다니면서 어깨에 메고

▌ 와이어리스 마이크 수신기

▎와이어리스 마이크 믹서기

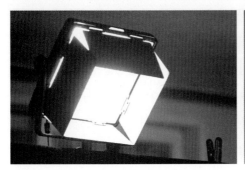

▎야외 조명

찍는 카메라) 카메라, 6mm 카메라(6mm 두께의 비디오테이프에 촬영 영상이 녹화되었으나, 요즘은 메모리에 저장하는 방식으로 촬영된다)들이 출연자들의 맞은편에 부채꼴 모양으로 서서 오프닝 멘트를 기다렸다가, 그것과 함께 촬영을 시작한다. 이것이 리얼 버라이어티 촬영의 전형적인 모습이다.

본 촬영으로 들어가서는 각 카메라들이 출연자 하나하나를 일일이 따라다니면서 그들이 말하고 행동하는 모습을 바로 옆에서 찍는다. 이것을 팔로우follow 촬영이라고 하는데, 뒤에서 다시 설명하기로 하겠다. 때로는 출연자들이 카메라 감독한테 "저쪽 상황은 어떤가요?", "잡혔나요?", "찾았나요?" 등을 물어보기도 하고, 혼잣말하기도 하고 뛰거나 걸어 다니기도 한다. 카메라 감독은 이런 출연자들의 일거수일투족一擧手一投足을 놓치지 않고 팔로우하면서 찍는다. 그리고 촬영 막바지에 가서는 출연자들이 다시 집합해서 그 날의 미션, 게임, 퀴즈, 이벤트 등의 결과를 발표하면서 엔딩 멘트와 함께 당 회 차 촬영을 마무리한다. 관찰 리얼리티는 촬영에서부터 이렇게 익숙하고도 패턴화^{pattern化}된 리얼 버라이어티 촬영과 차이가 있다.

좀 더 쉽게 말하자면, 학창시절 국어 수업의 내용으로 이야기할 수 있겠다. 소설에서 작가의 시점은 크게 4가지라고 배웠다. 1인칭 주인공 시점, 1인칭 관찰자 시점, 3인칭 관찰자 시점, 3인칭 전지적 시점, 이렇게 4가지. **관찰 리얼리티는 이 중에서 3인칭 관찰자 시점이다. 출연자인 주인공들의 모습을 간섭하거나 방해하지 않고 쭉 지켜보는 소설**처럼 말이다. 관찰 리얼리티 촬영은 MC와 게스트들이 쭉 서서 오프닝, 엔딩 멘트를 하는 촬영, 또한 카메라 감독이 출연자 옆을 졸졸 따라다니는 촬영을 되도록 지양한다. 그것보다는 촬영 자체가 언제 시작하는지 모르게 시작돼서 출연자들의 일상 모습을 쭉 찍어 나가다가 정해진 내용과 방송 분량이 나오면 촬영을 끝내는 방식으로 진행된다. 이런 점에서 리얼 버라이어티보다 더 리얼함에 가까워진 예능이라고 할 수 있다. 하지만 CCTV^{closed circuit television; 폐쇄회로 텔레비전} 소스만을 가지고 편집해서 방송하는 것이 아니기 때문에, 때로는 출연자의 옆을 밀착 팔로우^{follow}하면서 촬영하기도 하되, 이 경우에도 출연자가 카메라를 쳐다보고 카메라 감독이나 시청자에게 말하거나 대화하는 것은 피한다. 예능 프로그램 중에는 SBS 〈정글의 법칙〉, 〈자기야-백년손님〉, 〈오! 마이 베이비〉, MBC 〈나 혼자 산다〉, 〈진짜 사나이〉 등이 대표적인 관찰 리얼리티 프로그램에 속한다.

4) 관찰 리얼리티의 시작

대한민국 관찰 리얼리티의 시작이 어느 프로그램부터인가를 분명히 정의 내리기는 힘들다. 왜냐하면 본격적인 관찰 리얼리티가 우후죽순^{雨後竹筍}처럼 생겨나기 전에도, 리얼 버라이어티 프로그램에서도 출연자들을 관찰 형식으로 촬영한 시도는 수없이 있어 왔기 때문이다. '몰래 카메라' 촬영이 지금의 관찰 리얼리티 촬영의 원조격이라 할 수 있다. 일단 거치 카메라를 설치해, 출연자들의 일상을 쭉 찍는 것을 위주로 방송한 리얼 버라이어티가 관찰 리얼리티의 시초라고 한다면, 2011년 10월에 첫 방송한 〈정글의 법칙〉이 관찰 리얼리티 프로그램의 첫 출발점이라고 볼 수도 있다. 또한 찍고 있는 카메라를 전혀 의식하지 않는, 거의 완전한 의미의 관찰 리얼리티의 출발은 2013년 2월 설날 특집으로 파일럿 방송한 〈나 혼자 산다〉라고 하겠다. 그리고 같은 해 6월, 장모와 사위의 일상을 관찰하는 형식으로 촬영하면서 개편한 〈자기야-백년손님〉, 7월 tvN 〈꽃보다 할배〉가 그 뒤를 잇는다. 이 프로그램들을 통해 관찰 리얼리티가 예능의 핫hot 트렌드 장르로 떠오르게 되었다. 〈정글의 법칙〉은 촬영 장소 자체가 워낙 광대하다 보니, 거치 카메라만을 갖고 일정한 장소에서 출연자들의 일상을 지켜본다는 것이 현실적으로 무리다. 그래서 김병만을 비롯한 멤버들이 음식을 만들거나, 야생에서 비박(텐트 없이 밤을 지내는 것)을 하거나 할 때에만 주로 거치 카메라를 사용해서 촬영, 편집했는데 이 방식이 이후 관찰 리얼리티의 주된 제작 기법이 되었다. '함익병 신드롬'을 일으켰던 〈자기야-백년손님〉부터 장모와 사위가 집안에서 벌이는 좌충우돌 상황을 '매직 미러'를 통해 찍기 시작했다. 매직 미러magic mirror는 말 그대로 '마술 거울'이다. 안에서는 밖이 보이지만 밖에서는 안이 보이지 않는 것으로, 이 거울 속에 들어가 촬영을 할 경우 카메라 감독의 모습이 거치 카메라나 다른 카메라에 걸리지 않는다. 다시 말해, 시청자가 이 안에서 촬영하고 있는 카메라 감독의 존재를 인지하지 못한다. 거울 안에서 카메라 감독이 줌인으로 당겨서 출연자들을 찍을 경우에, PD가 원하는 원 샷one shot(카메라로 프레임 안에 한 명만을 화면에 담는 그림, 예를 들어 출연자 한 명만을 잡는 그림), 투 샷two shot(두 명을 잡는 그림) 등의 그림을 자유자재로 찍을 수 있다. 관찰 리얼리티는 거치 카메라 영상도 중요하고, 출연자 개개인의 표정과 행동 또한 놓칠 수 없기 때문에 거치 카메라와 '매직 미러'는 관찰 리얼리티 촬영의 필수품이다.

5) 관찰 리얼리티의 특성

관찰 리얼리티는 찍을 내용을 정해놓고 촬영을 시작하기는 하지만, 촬영의 처음과 끝이 딱 정해져 있기보다는 자연스럽게 촬영이 시작되고 마무리된다. 그리고 그 과정에서 출연자들이 카메라를 쳐다보거나 의식한 채로 촬영이 진행되는 것이 아니고, 카메라를 의식하거나 인지하지 못하게끔, 카메라 감독이 숨거나 거치 카메라로 촬영하는 방식으로 찍는다. 출연자들을 찍는 카메라 감독은 의도적으로 삼각 텐트 안에 들어가서 촬영을 한다. 이렇게 해야, 촬영 중인 카메라 감독의 모습이 거치 카메라에 잡히지 않는다. 또한 출연자들도 촬영이 진행되다 보면, 어느 순간 카메라 감독이 옆에 있다는 것을 인식하지 못하게 된다. 그래서 **출연자들의 리얼한 생활 모습과 상황을 더욱 자연스럽게 보여줄 수 있다.**

삼각 텐트 안에서 촬영하는 카메라

〈무한도전〉과 〈삼시세끼〉의 얘기로 다시 돌아가면, 〈무한도전〉은 MC 등 출연자들이 카메라 앞에서 오프닝, 엔딩을 하고, 촬영 중에도 카메라를 대놓고 의식한 채, 카메라 감독이나 PD와 대화한다. 반면에 〈삼시세끼〉는 출연자들이 카메라를 인식한 채, 미션,

게임, 이벤트 등을 수행하기보다는, 마치 카메라나 카메라 감독이 옆에 없는 것처럼 출연자들끼리 자연스럽게 얘기하고 행동한다. 이런 이유로 관찰 리얼리티는 사건, 해프닝 등이 어느 정도 예상 가능한 채 촬영에 들어가는 것이 아니라, 제작진이 던진 상황에 출연자들이 실제로 어떻게 반응하고 어떤 행동을 하느냐에 따라서 방송 내용 자체가 달라질 수밖에 없다. 예측 불가능하고 어디로 튈지 모르는 촬영 환경 때문에 관찰 리얼리티의 제작방식은 기존의 리얼 버라이어티 예능과 분명 다를 수밖에 없다.

3. 관찰 리얼리티의 기획과 제작

관찰 리얼리티 기획의 핵심은 제약과 조건이다.

촬영 내용 자체에 제약과 조건이 있어야만 시청자의 볼거리가 생긴다. 관찰 리얼리티는 여타 예능 프로그램과는 다르게, 시작과 끝을 딱 정해놓고 촬영하는 것이 아니기 때문에, 자칫하다가는 촬영되는 것들이 그냥 흘러가는 그림이 돼버릴 수 있다. 애초에 기획 단계부터 정확하게 출연자들이 느끼기에 어떤 페널티penalty, 그것이 결국 내용의 조건과 제약인데, 그런 것이 있어야 PD가 촬영과 편집에 있어서 큰 가이드라인을 갖고 제작할 수 있다. 이런 이유로, 문명과 단절되어 있는 자연 속에서의 생존, 여자들의 군대 생활, 솔로로 살면서 겪는 궁핍함 등 이 모든 것이 관찰 리얼리티 프로그램의 좋은 소재가 될 수 있는 것이다.

1) 관찰 리얼리티의 기획

관찰 리얼리티 제작에 있어서 가장 중요한 것 중 하나가 바로 기획이다. 물론 관찰 리얼리티 제작 전^全 과정 중에서 제일 중요한 단계를 꼽으라면 그것은 분명 편집일 것이다. 왜냐면, 편집이 가장 시간도 오래 걸리고, 공이 많이 드는 과정이기 때문이다. 하지만 그 다음으로 중요한 것은 기획이라고 단언할 수 있다. 관찰 리얼리티는 주로 일상을 자연스럽게 찍기 때문에, PD가 시청자에게 보여주고 싶은 그림이 무엇인지가 확실하게 서지 않은 채 그냥 카메라만 돌릴 경우, 최종 결과물 자체가 밋밋해지기 쉽다. 다시 말해서, 기획 자체가 재밌는 그림이 나오기 힘든 것일 경우, 촬영은 촬영대로, 편집은 편집대로 힘들어지면서 프로그램 자체가 큰 생명력을 지니기 힘들어지게 된다. 반대로, 프로그램 기획 자체가 시청자가 보기에 편하고 명확하기만 하다면, 촬영, 편집의 수고를 80% 이상 덜 수 있다. 대자연 속에 들어가 김병만을 비롯한 출연자들이 생존하는 과정을 그린 〈정글의 법칙〉과 같은 프로그램은 그 기획 자체가 쉽기 때문에, 늘 볼거리가 있고 지금도 큰 인기를 얻고 있다. 그러나 관찰 리얼리티 프로그램 중에서 중도 폐지된 여러 프로그램의 사례를 보자. 대개의 경우, 애초에 기획 자체가 모호하고 불명확해서 시청자들의 큰 관심을 끌지 못하는 경우가 많았다. 또한 어떻게든 이를 만회하고자 매번 새로운 내용과 콘셉트로 기존 프로그램의 변화를 시도하다가 결국은 시청자들이 외면해 버리는 경우가 많았다. 따라서 **관찰 리얼리티는 자체 기획이 바로 서 있고, 그 촬영 과정에서의 자체 볼거리, 예를 들어 예측하지 못한 사건과 갈등을 통한 흥미롭고 통통 튀는 전개가 있어야만 그 생명력을 가질 수 있다.** 관찰 리얼리티는 스튜디오 예능이나 리얼 버라이어티와는 달리 분량에 맞는 촬영 시간이 전혀 정해져 있지 않다. 〈놀라운 대회-스타킹〉의 경우를 예로 들어 보겠다. 특수한 기술이나 장기를 가진 일반인이 등장해서 공연과 토크하는 것을 하나의 아이템이라고 하자. 한 아이템으로 2~3시간가량 스튜디오 녹화를 떴을 때, 30~40분 정도의 방송 분량이 나온다. 반면, 관찰 리얼리티는 하루 종일 카메라를 돌려도, 편집했을 때 단 5분짜리 방송 분량도 안 나올 수도 있고, 단 1시간만을 찍었는데도 30분 이상의 방송 분량이 확보될 수도 있다. 촬영 자체가 복불복福不福이요, 비경제적일 수 있다. 중요한 것은 관찰 리얼리티 자체가 리얼함의 극대화를 추구하는 예능 포맷이라는 점이다. 리얼함을 위해 장시간 무작정 카메라를 돌리는 수고를 최소화하기 위해서는, 조건과 제약이 명확한 기획이 정해져 있어야 한다. 또한 매회 촬영하는 아이템 속에서 재미있는 사건과 에피소드들이 터져준다면, 그 관찰 리얼리티 프로그램은 지속적인 시청자들의 사랑을 받을 수 있다.

(1) 관찰 리얼리티의 거시적인 프로그램 기획

필자는 2014년 8월부터 2015년 3월까지 방송됐던 SBS 〈즐거운가!; 에코 빌리지〉의 프로그램 기획 단계부터 참여해서, 프로그램 연출까지 직접 맡았는데, 그때의 실무를 바탕으로 관찰 리얼리티 프로그램의 기획에 관해 설명해 보겠다. 〈즐거운가!; 에코 빌리지〉는 2013년 말부터 프로그램 기획이 시작되었는데, 〈정글의 법칙〉 최고 히어로 김병만의 캐릭터와 '5도2촌(5일은 도심에서, 2일은 농촌에서 사는 생활 패턴)'이라는 당시 트렌드를 살려 김병만이 직접 전원으로 내려가 자신이 살 집을 짓고 그 주변에 가축을 키우고 채소와 과일을 재배하는 일상을 찍어보자는 콘셉트로 기획된 프로그램이다. 그런데 콘크리트로 직접 집을 짓는 과정이 정확히 언제 끝날지 모르는 데다, 가축을 키우고, 채소, 과일을 재배하는 과정 역시 그 시작과 끝이 정해져 있지 않기 때문에, 〈즐거운가!; 에코 빌리지〉는 카메라를 쭉 돌리는 식의 관찰 리얼리티 방식으로 제작하게 되었다. 출연자들이 직접 집을 짓고 전원생활하는 일상을 관찰하다 보면, 예측 불가능했던 사건과 갈등이 발생할 것이고, 그것들을 예능적으로 잘 촬영하고 편집하면 시청자들에게 리얼리티, 정보전달, 그리고 웃음 등 모든 것을 보여줄 수 있다는 발상에서 기획한 것이었다. 대표적인 관찰 리얼리티 프로그램은 〈정글의 법칙〉, 〈자기야-백년손님〉, 〈오! 마이 베이비〉, KBS 〈슈퍼맨이 돌아왔다〉, MBC 〈진짜 사나이〉, 〈나 혼자 산다〉 등이 있다. 이 프로그램들은 다른 게스트가 투입되어 게임, 퀴즈, 이벤트, 토크 등을 벌이면서 방송 내용을 풀어나가는 방식이 아니라,

고정 출연자들의 여행이나 소소한 일상을 객관적인 입장에서 쭉 촬영해서 그 촬영된 내용에서 예능적인 재미를 보여주고, 스토리를 엮어가는 방식으로 제작된다. 위 프로그램들이 인기리에 방송되는 이유는 역시 그 프로그램 기획 자체가 분명하고 시청자들이 이해하기 쉽기 때문일 것이다. 장모와 사위의 어색한 동거, 연예인 부모의 쉽지 않은 육아, 연예인의 엄격한 군대 생활, 노총각, 노처녀의 불쌍한(?) 솔로 생활은 다른 소재들과 비교해서 그 자체에 사건, 갈등 등의 에피소드가 나오기 쉽다. 특히 군대와 같은 극한적 환경하에서의 아찔하고 고된 훈련은 그 자체가 시청자를 몰입하게 하는 볼거리가 된다. 그리고 그 안에서 출연자들이 벌이는 갈등, 화해의 모습 역시 시청자들에게 재밌는 볼거리가 된다. 사실 이전에도 병영 버라이어티는 많이 있어왔으나, 그 결과가 그다지 성공적이지는 못했다. 그런데 〈진짜 사나이〉에 와서야 군대 예능이 그 꽃을 피우게 된 이유가 있다. 출연자들의 병영생활을 주야장천 관찰하면서 카메라를 돌리다 보니, 그 안에서 재밌는 내용이 하나둘씩 자연스럽게 나오고 그것들을 편집한 결과, 리얼하면서도 흥미진진한 군대 버라이어티가 만들어졌기 때문이다. **관찰 리얼리티의 제작 방식이 군대 예능의 콘셉트와 절묘하게 조화를 이루면서, 프로그램 기획의도가 더욱 빛나게 된 것**이라고 하겠다.

(2) 관찰 리얼리티의 미시적인 회 차별 아이템 기획

관찰 리얼리티는 출연자들의 일상을 쭉 찍은 뒤에 그것 중 재미있는 부분을 예능적인 포인트를 살려 편집하는 방식으로 제작된다. 그렇다고 그냥 무작정 벌어지는 상황을 전부 다 담은 다음에, 그것을 시간적 순서로 툭툭 자르기만 한다면, 재미없는 방송이 될 확률이 높다. 또한 출연자들의 집, 숙소 혹은 여행 장소에 무작정 카메라들을 설치해서 그 벌어지는 일들을 빼놓지 않고 전부 다 담으려고 할 경우, 그것을 촬영하고 편집하는 제작 시간과 비용이 어마어마하게 들 것이다. 이런 이유로 **관찰 리얼리티는 일상 속에서의 아이템을 현명하게 잘 선택해서, 정해진 시간과 장소에서 촬영해야 한다.** 그렇다면 재밌게 뽑힐 수 있는 촬영 아이템들은 무엇인가?

첫째, 비포 & 애프터before & after가 확실해야 한다. 관찰 리얼리티 아이템으로 김장을 한다든지, 음식을 만든다든지, 낚시를 한다든지, 농작물을 재배한다든지 등을 선택하는 이유가 있다. 관찰하면서 쭉 지켜봤을 때, 처음과 그 끝이 달라지고 변화가 있어야 시청자들이 볼 이유가 생긴다. 〈오! 마이 베이비〉 출연자인 슈의 쌍둥이 딸 라둥이(임라희, 임라율)의 헤어스타일이 변하는 모습과 과정, 리키 김의 태남매(김태오, 김태린)가 철봉 매달리기에 도전하여 성공하는 모습과 그 과정 등이 관찰 리얼리티의 좋은 아이템이 된다.

둘째, 촬영이 벌어지는 상황 속에서 돌발 변수가 발생할 수 있어야 한다. 방송 용어로 쓰는 말 중에 '니주'('받침대'를 뜻하는 일본어)와 '오도시'('이야기를 털어냄, 다시 말해 끝맺음'을 뜻하는 일본어)라는 말이 있다. 니주는 깔아주는 복선과 같은 이야기고, 그것의 하이라이트가 오도시이다. 깔아주고(니주), 터뜨릴 수 있는(오도시) 소재여야 한다는 얘기다. 안 그러면 재미가 없기 때문이다. 출연자들이 그냥 조용히 불 끄고 자는 모습은 관찰 리얼리티 아이템이 되기 어렵다. 물론 그 장소가 집 안이 아니라 밖이고, 출연자들이 자다가 비바람이 불어 텐트가 날아가든지, 집 안에서 자다가 방바닥이 뜨거워 자지 못하고 집 안팎을 들락날락거리든지 할 경우에는, 자는 모습 자체도 좋은 아이템이 될 수 있다. 육아 관찰 리얼리티에서는 아이들이 태어나서 처음으로 경험하는 모든 것들이 촬영 아이템이 된다. 뭐든지 처음으로 접할 때, 아이들의 반응과 행동이 가장 극적일 수밖에 없기 때문에 그 자체가 시청자들의 볼거리가 된다.

셋째, 시청자들에게 무언가 남는 아이템이어야 한다. 모든 방송 아이템이 시청자들에게 무언가를 남겨야 하는 것은 당연한 말이다. **관찰 리얼리티는 캐릭터를 통한 예능 시리즈물**이다. 드라마와 같이 매주 연속적으로 출연자의 캐릭터를 보는 맛이 있기 때문에, 아무 의미 없는 일회성 해프닝과 게스트 플레이 남발로는 시청자들의 지속적인 사랑을 얻기 어렵다. 관찰 리얼리티 아이템으로 게임, 퀴즈, 이벤트가 잘 활용되지 않는 것이 이런 이유다. 게임, 퀴즈 등은 예능의 전통적 소재다. 게임과 퀴즈의 결과가 나오기 직전에, 출연자들의 표정을 각각 반복해서 보여주는 것(일명, "그림을 쪼아준다"라고 하는데, 출연자 한 명 한 명 얼굴에 슬로우 스피드를 걸어서 한 컷씩 보면서 결과 발표까지 호흡을 주는 편집 방법) 자체만으로도 긴장감과 궁금증을 불러일으키기 때문에 게임과 퀴즈 등은 그동안 예능 프로그램의 좋은 아이템이 되어왔다. 그런데 **관찰 리얼리티는 시청 패턴 때문에 연속적인 아이템이 필수**다. 일상적인 상황을 예능적으로 잘 메이킹^{making}(편집에서 실시간 편집 외에 PD가 포인트를 주고 갖가지 편집 기교를 부려 만드는 것)해서 보여줘도 시청자들이 그 신^{scene}(수많은 샷^{shot}으로 구성된 것으로, 예능 프로그램에서 보통 한 장소에서 한 이야기가 벌어지는 6~7분 정도 분량의 이야기, 예를 들어 다 같이 밥을 먹으면서 얘기 나누는 정도의 분량)을 왜 봤는지를 느껴야 그 다음 이야기가 궁금하고 다음 주에도 계속해서 그 프로그램을 찾아보게 된다. 아이들이 감기에 걸려 병원에 가서 치료받고 집으로 돌아오는 일상도 관찰 리얼리티 소재가 될 수 있는 것은 그 과정 속에서 아이의 변화되는 모습과 표정, 부모의 반응과 표정 하나하나가 시청자들이 궁금해 하는 모습이기 때문이다. 관찰 리얼리티는 그 촬영 아이템이 무엇이냐에 따라서 촬영과 편집의 난이도가 달라질 수 있다. 따라서 매회 촬영의 아이템은 꼼꼼한 사전답사와 충분한 회의를 통해 신중하게 선택해야 한다.

2) 관찰 리얼리티의 제작

(1) 촬영

관찰 리얼리티 촬영의 핵심은 거치 카메라와 매직 미러의 사용이다. 거치 카메라와 매직 미러에 대해 언급하기 전에 예능 프로그램 촬영에 대해 짧게 얘기하자면, 다음과 같다.

예능 프로그램 촬영은 크게 스튜디오 촬영과 ENG 촬영으로 나눌 수 있다. 스튜디오 촬영의 대표적인 예가 코미디, 토크쇼, 퀴즈쇼, 음악 프로그램이다. 구체적으로 말하자면, 일단 방송사 스튜디오 안에는 녹화 무대를 찍는 스튜디오 카메라가 7~10대 있다. 녹화가 진행되는 동안, 녹화 부조정실에 있는 PD는 스튜디오 카메라 감독들이 찍고 있는 모든 영상들을 눈으로 보면서, 실시간으로 스튜디오 카메라 번호를 부르는 콜사인["카메라 원(#1) 컷^cut(cutting의 축약된 말로 스튜디오 카메라가 잡는 영상을 기술 감독이 셀렉팅^selecting하는 것을 뜻함), 투(#2) 컷" 등처럼 부름]을 한다. 이때, PD 옆에 있는 기술 감독이 PD의 콜사인에 맞춰 카메라를 지정하면, 그 지정된 카메라가 촬영하고 있는 무대 영상이 자동적으로 녹화된다. 이것이 바로 스튜디오 촬영이다.

스튜디오 카메라는 꽤 무게가 나가는 덩치 큰 카메라로서, 주로 고정된 샷을 줌인^zoom-in, 줌아웃^zoom-out 하면서 찍는 편이다. 물론 레일 위에 얹는 카메라(대개 동서 혹은 남북으로 무빙하면서 무대 영상을 찍는다)나 지미집에 얹은 카메라(무대의 공간감을 주려는 목적으로 스튜디오의 공중을 무빙하면서 무대그림을 잡는다)는 움직임이 필요하지만, 일반적인 스튜디오 카메라는 MC 샷, 정면 풀 샷, 게스트 샷을 잡는 카메라 원, 투, 쓰리(#1, #2, #3)로 이뤄지고, 이 샷들은 크게 움직이거나 무빙을 주지 않는

▌ 스튜디오 카메라

▌ 스튜디오 레일 카메라와 스튜디오 지미집 카메라

편이다. 그래야 카메라 샷이 안정적으로 찍히고 잘 녹화될 수 있기 때문이다. SBS 〈인기가요〉, 〈웃음을 찾는 사람들〉, 〈놀라운 대회−스타킹〉 등이 대표적인 스튜디오 촬영 프로그램이다. 이 프로그램들은 7대 이상의 스튜디오 카메라로 공개홀 무대를 녹화하고, 이 녹화된 영상들을 편집해서 방송하는 식으로 제작된다.

반면에, ENG 촬영은 스튜디오 촬영과는 다르게 야외 촬영을 하는 것을 뜻하는데, 초창기에 ENG^{electronic news gathering} 카메라를 주로 써서 찍었기 때문에 ENG 촬영이라고 부른다. 하지만 요즘은 예능 프로그램에 출연자, 게스트들이 많아지고 일일이 그들의 원 샷^{one shot}과 그룹 샷^{group shot} 등이 다 필요하기 때문에 몸집이 큰 ENG 카메라만으로는 촬영 현장을 다 커버할 수 없다. 그래서 여러 대의 6mm 카메라와 함께 야외 촬영이 이뤄지고, 시청자들의 눈높이를 맞추기 위해 1~2대의 디지털 카메라를 사용하기도 한다. 제품명 때문에 '5D 카메라'라고 불리는데, 출연자의 정면 원 샷보다는 살짝

▎6mm 카메라로 촬영 중

▎5D 카메라로 촬영 중, 5D 카메라에 관심을 보이는 〈오! 마이 베이비〉 태오

옆에서 투 샷two shot 혹은 그룹 샷group shot을 잡을 때 쓴다. 그리고 영상의 느낌이 일반 ENG, 6mm 카메라와는 다르게 영화 느낌이 나기 때문에 요즘 야외 촬영 때는 꼭 필요한 카메라이다. 광활한 지역의 공간감을 위해서는 드론을 이용한 헬리캠, 그리고 휴대성이 있는 미니 지미집인 폴캠이 동원돼 ENG 촬영이 진행된다.

▌ 6mm 카메라 영상(좌)과 5D 카메라 영상(우)

▌ 헬리캠과 헬리캠 띄우는 중

▌ 바닷가 석양을 폴캠으로 촬영 중

① 팔로우 촬영

리얼 버라이어티의 촬영은 위에서 설명한 ENG 촬영으로 거의 다 커버된다. 〈런닝맨〉처럼 출연자들이 쉴 새 없이 뛰어다니는 리얼 버라이어티의 경우에는 출연자 한 명당 한 명 이상의 카메라 감독이 옆에 따라 붙어서 찍는다. 이렇게 출연자 옆에 붙어 따라다니면서 찍는 촬영을 팔로우follow 촬영이라고 한다. 앞서 말한 ENG 카메라나 6mm 카메라로 이동하는 출연자를 놓치지 않고 찍는 것이다. 관찰 리얼리티 이전에 리얼 버라이어티라고 하면 대개 이런 팔로우 촬영이 주였다. 하지만 제대로 된 관찰을 위해서는 팔로우 촬영처럼 대놓고 옆에서 찍어서는 안 됐고, 출연자가 인지하지 않게끔 숨어서 카메라를 돌려야 했기 때문에 관찰 리얼리티만의 독특한 촬영 방식이 등장하게 되었다.

② 관찰 촬영

관찰 촬영은 말 그대로 출연자들이 카메라 존재를 잊고서 자연스럽게 행동할 수 있도록 숨어서 촬영하는 방식이다. 리얼 버라이어티의 몰래 카메라 촬영이 이런 방식이었는데, 관찰 리얼리티 장르에 와서야 비로소 관찰 촬영이 정립되었다. 이 **관찰 촬영 기법을 위해서 크게 두 가지가 필요한데, 그것이 거치 카메라와 매직 미러**다.

● 거치 카메라

관찰 리얼리티가 생기면서, 기존의 ENG 촬영에 쓰였던 카메라 외에 촬영장에 주로 등장하게 된 카메라가 있다. 그것이 바로 거치 카메라이다. 거치 카메라는 기존의 가정용으로 사용된 핸디캠을 활용한 것인데, 촬영이 이뤄지는 공간 전체를 커버하는 풀 샷full shot을 찍기 위해 일정한 장소에 핸디캠을 거치시켜서 그 신scene을 이 카메라 하나로 설명할 수 있게끔 장시간 쭉 녹화하는 것이다. 물론 전체 풀 샷full shot만 잡는 것은 아니고 부분 부분의 풀 샷도 잡는다. 그런데 이 거치 카메라는 카메라 감독이 직접 들고 찍는 것도 아니고, 트라이포드에 올려서 찍는 것도 아니다. 마치 CCTV처럼 일시적으로 고정시킨 카메라여서, 카메라 감독이 옆에 있을 필요도 없고, 단지 거치

| 거치 카메라용 핸디캠과 거치 카메라가 설치된 모습

카메라 감독이 이것을 설치하고 수시로 잘 작동하고 있는지 확인만 하면 된다. 많이 쓰일 때는 한 신이 벌어지는 장소에 거치 카메라가 20대 이상 활용되기도 한다.

출연자들이 카메라를 의식하지 않고 자연스럽게 행동해야만 하거나, 장소가 비좁아서 카메라 감독이 함께 할 수 없는 상황에서는, 카메라 감독을 모두 배제시키고, 거치 카메라만으로 그 신을 찍은 뒤 편집해서 방송한다. 쉬운 예로, 차 이동 신에서 이런 방식을 많이 쓴다. 운전자석, 운전자 옆 좌석, 그리고 뒷좌석에 각각, 또 여유가 되면 앞좌석들의 풀 샷, 뒷좌석의 풀 샷까지 모두 거치 카메라를 설치해서 거기서 나오는 재미있는 상황을 거치 카메라의 그림만으로 편집해 방송하기도 한다. 사실 거치 카메라는 리얼 버라이어티 예능에도 수없이 사용되었으나, 리얼 버라이어티 거치 카메라와 관찰 리얼리티 거치 카메라를 결정적으로 구분시키는 것이 있는데, 그것이 바로 모니터 룸monitor room의 존재 유무다. 다시 말해서, **관찰 리얼리티 거치 카메라의 핵심은 바로 모니터 룸**이다. 모니터 룸은 바로 수대의 거치 카메라의 비디오 라인video line을 모니터와 연결해서 PD, 작가 등이 출연자들이 벌이는 상황을 실시간으로 지켜보고, PD가 인터컴을 통해 카메라 디렉션direction을 주는 장소다. 리얼 버라이어티는 출연자들이 벌이는 상황을 연출진이 카메라 옆에서 지켜보다 이렇게 저렇게 카메라 디렉션을 준다. 반면에 관찰 리얼리티 장르부터 출연자나 카메라 옆이 아닌 모니터 룸이라는 '제3의 장소'에서 PD가 카메라, 연출 디렉션을 주는 신개념이 생긴 것이다. 더 나아가 설치된 거치 카메라 중에 1~2대 정도는 리모트 컨트롤로 작동이 가능하다.

모니터 룸의 모니터를 보면서 해당 거치 카메라 자체를 상하좌우로 이동시킬 수 있고 줌인, 줌아웃을 할 수 있다. PD가 모니터를 보고 직접 카메라를 원하는 각도와 사이즈로 원격 조종해서 촬영하는 것까지도 가능한 것이다. 하지만 광활한 장소에서 벌어지는 야외 촬영의 경우에는 비디오 라인을 연결해서 모니터 룸을 만드는 것 자체가 힘들기

모니터 룸과 거치 카메라들에 찍히는 모니터 영상

PD와 카메라 감독, 혹은 감독끼리 연락하는 인터컴

원격 조종 거치 카메라와 그걸 움직이는 리모트 컨트롤러

때문에 리얼 버라이어티 촬영 때와 마찬가지로 출연자, 카메라 옆에서 디렉션을 준다.

그렇다면 이런 거치 카메라 영상, 다시 말해 ENG, 6mm, 5D 카메라보다 출연자를 널찍하게, 즉 루즈^{loose}하게 잡고, 화질이 뛰어나지 않는, 속된 말로 후진 이런 그림을 우리나라 시청자들이 용인하고 받아들일 수 있을까? 관찰 리얼리티 프로그램이 보편화돼서인지, 우리나라 시청자들은 CCTV 같은 거치 카메라 영상도 많이 익숙해진 모양이다. 요즘은 거치 카메라 영상만을 가지고 편집하고, 메이킹^{making}(편집에서 실시간 편집 외에 PD가 포인트를 주고 갖가지 편집 기교를 부려 만드는 것)하고, CG^{computer graphics}로 꾸며서 방송해도 시청자들이 전혀 어색해하거나 이상해하지 않는다. **관찰 리얼리티의 경우에는 거치 카메라 영상이 ENG 촬영 영상보다 훨씬 리얼하고, 효과적**일 때가 많다.

● 매직 미러

매직 미러^{magic mirror}는 '마술 거울'이라는 뜻으로 한쪽 면은 거울로 보이고 반대쪽 면은 유리로 보이는 거울이다. 따라서 매직 미러 안쪽에서 카메라 감독이 촬영을 할 경우, 출연자는 카메라 감독을 볼 수 없고 거울만 보게 된다. 하지만 안쪽에 있는 카메라 감독은 유리를 투과해서 출연자를 찍게 되어 평소와 같은 영상을 찍을 수 있다. 이러한 매직 미러가 관찰 리얼리티에서 절실하게 필요한 이유가 있다.

첫째, 매직 미러가 있어야 카메라 감독들이 거치 카메라에 잡히지 않기 때문이다. 거치 카메라 영상은 정해진 위치와 각도에서 주어진 신의 풀 샷과 부분 풀 샷을 커버하는 게 보통이다. 그런데 그 안에 카메라 감독이 들어가 있을 경우, 시청자가 보기에 리얼리티를 떨어뜨릴 수 있고, 방송 영상에 카메라 감독이 노출된다는 점에서 방송 영상 문법에도 맞질 않는다. 따라서 카메라 감독은 거치 카메라 컷^{cut}(카메라가 잡은 모습)에 걸리지 않게끔 숨어야 되는데, 매직 미러가 촬영 장소의 한쪽 모서리에 설치될 경우, 그것이 촬영하는 카메라 감독을 감춰주는 역할을 한다. 시청자들은 관찰 리얼리티 프로그램을 보면서, '카메라 감독이 도대체 어디서 숨어 찍길래, 저렇게 출연자들을 잘 따라가면서 행동과 표정을 잘 잡을 수 있을까?'라는 의문을 갖는다. 근데 알고 보면, 이런 매직 미러가 촬영 장소에 설치된 것이고, 카메라 감독은 그 안에서

▎매직 미러를 밖에서 본 모습과 안에서 본 모습

▎매직 미러 안에서 촬영 중

평소와 마찬가지로 출연자 하나하나를 놓치지 않고 잡고 있는 것이다. 실례로, MBC 〈진짜 사나이〉를 보면 내무반, 즉 생활실의 모서리 곳곳에 매직 미러가 설치되어 있다. 그런데 매직 미러가 마치 관물대처럼 보이도록 정교하게 제작되어 있어, 시청자가 매직 미러의 존재를 알아채기 어렵다.

둘째, 매직 미러가 있어야 출연자 원 샷을 찍을 수 있다. 관찰 리얼리티 예능이라고 CCTV 영상과 비슷한 거치 카메라 그림만으로는 방송을 제작할 수 없다. 지상파 방송용 영상을 위해서는 출연자 한 사람, 한 사람의 표정이나 리액션reaction; 표정, 행동 등의 반응 등이

▌카메라 감독이 삼각 텐트에 숨어서 촬영을 하고 있다.

제대로 확보되어야 정상적인 제작이 가능하다. 매직 미러 안에서는 카메라 감독이 출연자들의 원 샷을 평소처럼 잘 찍을 수 있다. 출연자의 원 샷이 꼭 필요한 이유는 출연자의 행동, 표정, 리액션 등이 모두 관찰 리얼리티의 스토리를 이끌어 나가는 중요한 편집 포인트가 되기 때문이다.

셋째, 출연자들도 매직 미러를 보면 그냥 거울로 보이기 때문에 카메라 감독이 자신을 찍고 있다는 생각을 어느 순간 잊어버리게 된다. 따라서 평소와 다름없이 자연스럽게 행동하게 되고 여기서 리얼함이 그대로 나오게 된다.

● 그 외의 촬영 장비: 액션 카메라, 셀카봉 등

거치 카메라와 매직 미러 외에도 관찰 리얼리티에 많이 쓰이는 촬영 장비가 고프로Gopro와 같은 액션 카메라이다. 액션 카메라는 정해진 장소나 도구에 부착시킬 경우, 카메라 감독 없이도 실시간으로 렌즈 범위 안에 있는 모든 것을 찍을 수 있다. 식탁, 차량, 운동기구 같은 것에 부착해서, 리얼하고도 타이트tight하게 출연자들과 그 상황을 담아낸다. 이런 이유로 관찰 리얼리티에서 요긴하게 쓰인다. 또한 액션 카메라는 출연자와 상황뿐만 아니라, 출연자의 시선까지 영상으로 다 담을 수 있다는 점에서 좋은 촬영 장비가 된다. 예를 들어, 달리는 차에는 거치 카메라를 설치해서 차 안의 출연자와 상황을 다 담을 수 있고, 차 밖에는 차가 전진하는 방향으로 고프로를 설치해서 달리는 차의 시선까지도 찍을 수 있다.

| 고프로와 셀카봉에 매달린 고프로

또한 tvN 〈꽃보다 청춘〉에서 주로 쓰였던 셀카봉도 관찰 리얼리티의 좋은 촬영도구가 된다. 심지어 2014년 대한민국 히트 상품으로 '셀카봉'이 뽑힐 정도였다. 요즘도 해외여행을 떠나는 사람이면 누구나 이 셀카봉 하나 정도는 꼭 챙겨가, 언제 어디서나 자신을 포함한 배경을 찍는 셀카 촬영용 도구로 활용하고 있다. 이 셀카봉을 통한 영상은, 출연자 본인들이 카메라 감독이 돼, 그 상황을 촬영하기 때문에 그 어느 카메라보다도 직관直觀적으로 영상을 담을 수 있다. 고프로나 셀카봉이나 모두 카메라 감독 없이 영상을 찍을 수 있다는 점에서 관찰 리얼리티 촬영에 필요하긴 하지만, 영상 화질이나 촬영의 안정감 면에서 아직 카메라 감독들의 영상을 따라가지는 못한다.

(2) 연출

관찰 리얼리티 연출의 키워드는 PD의 노[no] 개입이다.

① 모니터 룸 연출

거치 카메라에 대해 말하면서 잠깐 설명했는데, **모니터 룸 연출이 관찰 리얼리티 연출의 핵심**이다. 기존 리얼 버라이어티는 MC를 비롯한 게스트들이 모여서 토크, 게임, 퀴즈 등을 펼치는 모든 전 과정을 PD, 작가를 비롯한 제작진이 바로 옆에서 보면서 웃고, 연출 디렉션을 주는 방식으로 촬영했다. PD의 연출 자체가 바로 출연자들 옆에서 그들과 아이 콘택트eye contact하면서 이뤄진 것이다. 그런데 관찰 리얼리티에서는 이 기존 연출 개념이 바뀌었다. **PD가 출연자들 옆에서 벌어지는 상황을 지켜보면서 연출하는 것이 아니라, 모니터 룸에서 수대의 거치 카메라 영상을 실시간으로 지켜보면서 원격 연출**을 하게 되었다. 이럴 경우 몇 가지 단점과 장점이 생기는데, 그럼에도 불구하고 기다리는 연출을 하게 된 것은 관찰 리얼리티 제작의 장점을 극대화시키고자 함이다.

먼저 단점은, 첫째, 출연자들과의 즉각적인 교감이 어렵다는 것이다. 베테랑 출연자들은 PD의 리액션만 봐도 촬영이 잘 되는지, 안 되는지 바로 안다고 한다. 그런데 카메라 뒤에 이런 제작진이 보이지 않을 경우, 제작진과 출연자 사이의 무언의 교감이 불가능해진다. 느낌, 눈치 등의 의사소통에 제한을 받는 것이다. 결국 출연자들이 알아서 잘 촬영해 주기만을 기대할 수밖에 없다.

둘째, 예상한 대로 촬영이 진행되지 않을 경우 바로 잡는 데 시간이 걸린다. PD가 물론 인터컴을 통해 출연자 옆에 있는 카메라 감독에게 촬영 진행에 대해서 지시할 수 있다. 또한 촬영이 잘 안 풀릴 경우에는 카메라 감독의 입을 통해 출연자와 소통할 수도 있지만 분명한 한계가 있다. PD는 촬영 전에 이런저런 사건과 상황이 벌어질 것으로 예상했지만, 그냥 순조롭고 밋밋하게 촬영이 진행될 수 있다. 이 경우 PD가 개입해서 촬영 분위기의 반전을 꾀하기도 쉽지 않을뿐더러, 한다고 하더라도 시간이 걸린다. 그러나 PD 등 연출진이 출연자 옆에 없어서의 장점도 분명 있다. 이 장점 때문에 어쩌면 관찰 리얼리티가 나름의 힘을 얻을 수 있고, 다른 예능 장르보다 더 재밌는 포인트가 생길 수도 있는 것이다. 그 장점은 다음과 같다.

첫째, 출연자들이 촬영이라는 인식을 버리고 자연스럽게 촬영에 임한다. 연출진이 모니터 룸에 가 있고 옆에 없기 때문에, 촬영에만 충실하고, 벌어지는 상황에만 집중할 수 있다.

둘째, 연출진끼리 모니터 룸에서 자유롭게 촬영 방향을 얘기할 수 있다. 때로는 PD와 출연자 사이에서 발생하는 무언의 교감이 촬영을 방해하는 경우도 있다. 제작진이 재미없어 하면, 베테랑 출연자들은 현장에서 그것을 바로 감지하고 의식하게 된다. 이 경우 자연스럽고 리얼한 행동이 나오기 어렵다. 또한 연출진 옆에 출연자가 있으면,

현재 진행되고 있는 촬영의 성패成敗와 그 방향에 대해 연출진끼리 툭 터놓고 얘기할 수 없게 된다. 모니터 룸 연출을 하게 되면 촬영 진행이 잘 안될 경우, 연출진끼리 의논해서 빨리 그 촬영을 접든지, 잘 돼서 방송 분량이 많이 나올 것 같을 경우, 즉석에서 촬영 계획을 수정해 그 신을 더 길게 찍을 수도 있다.

셋째, 모니터 화면만으로도 편집 방향의 아웃라인outline을 짤 수 있다. 거치 카메라에 연결된 모니터 화면으로 이미 4대 이상의 카메라 영상을 실시간으로 볼 수 있다. 때문에 미리 머릿속으로 어떤 그림을 써서 어떻게 편집할 것인지를 구상할 수 있다. 단, 모니터 룸 연출은 집 상황이나 실내 상황에서 가능하고, 야외 촬영에서는 아직도 기존 리얼 버라이어티 방식의 촬영이 이뤄지는 게 보통이다.

② 있는 듯, 없는 듯 연출

모니터 룸 연출로 인해 PD들은 출연자들에게 계속적인 디렉션을 줄 수 없고, 촬영 신이 시작하기 전과 끝난 후에만 출연자들과 의사소통이 가능하다. 그렇기 때문에 **즉각적인 연출이 아닌 기다리는 연출**이 필요한 것이다. 관찰 리얼리티의 독특한 연출 방법은 크게 세 가지다.

첫째, 출연자들에게 상황만을 던진다. 리얼 버라이어티 촬영도 물론 상황을 던지고 시작하지만, 어디서 웃기고, 어디서 재밌는 내용이 나올지는 촬영 전에 어느 정도 예측이 가능한 편이다. 반면 관찰 리얼리티는 촬영 전까지 어떤 상황이 어떻게 펼쳐질지 아무도 예측하지 못한다. 물론 아주 큰 웃음 포인트는 어느 정도 예상할 수 있지만, 그 과정과 결론이 어떻게 될지는 예상하지 못한 채 촬영이 진행된다. PD는 그냥 계획된 내용대로 촬영을 진행할 뿐, 거기 개입하거나 조작할 수 없다. 단지 편집을 통해서 벌어진 상황 중에 가장 재밌는 것을 잘 조합해서 만들어야 한다.

둘째, 최대한 디렉션을 아낀다. 관찰 리얼리티는 촬영 중간에 끊는 법이 거의 없다. 촬영 전후에 출연자와 PD가 얘기를 나눌 뿐이지, 촬영이 잘 진행되지 않는다고 해서 중간에 끊고 출연자에게 무리한 디렉션을 요구할 수 없다. 있는 그대로 지켜보다가, 정 내용이 안 풀릴 경우, 그 상황을 포기하고 다른 상황을 찍을 수는 있어도 처음에 계획된 촬영 결과물을 위해서 촬영 과정과 결론을 무리하게 이끌지는 않는다.

셋째, 촬영된 그대로에서 편집 포인트를 찾는다. 관찰 리얼리티는 촬영이 잘 되건 못 되건 이미 나온 그림에서 편집 방향을 찾는다. 관찰 리얼리티는 앞에서 서술한 대로 거치 카메라 영상만 갖고도 편집이 가능하다. 물론 조금은 그림이 답답할 수 있겠지만 신의 모든 상황이 수대의 거치 카메라로 커버가 가능하기 때문에 거기에 BGM^{background} music; 배경음악을 잘 입히고 재밌는 메이킹을 곁들일 경우, 그것으로도 충분히 재밌는 방송 영상을 만들 수 있다. 오히려 망한 촬영을 평균 작품 이상으로 만들 수 있는 게 관찰 리얼리티 편집의 묘미이기 때문에 촬영이 잘 안되었다고 해도 방법이 없는 것은 아니다.

(3) 편집

관찰 리얼리티 편집의 핵심은 무조건 재밌게 만들어야 한다는 것이다. 재미있다는 것은 무조건 웃음이 터진다는 뜻은 아니다. 웃기는 내용도 재미있는 것이요, 감동시켜 울리는 것도 재미있는 것이다. 한 마디로 보는 맛이 있어야 된다. CCTV에 찍힌 한 아파트 단지 놀이터의 영상이 있다고 하자. 거기에 아이들이 귀엽게 노는 모습이 담겨 있으면, 그것을 갖고 아이들의 해맑은 동심에 초점을 맞춰서 편집할 수 있다. 거기에 담배를 피우고, 친구 돈을 뺏는 청소년들의 영상이 담겨 있으면, 그것을 갖고 심각한 비행 청소년 문제에 초점을 맞춰서 편집할 수 있다. 또한 수다 떠는 아줌마들의 모습이 담겨 있으면, 젊은 미시들의 일상에 초점을 맞춘 편집물이 나올 수도 있는 것이다. 세 가지 내용 모두 재미있게 편집만 되면, 시청자들에게 모두 다 큰 의미를 줄 수 있다. 귀여운 아이들의 모습에서 예측 불가능한 예능적 웃음 포인트를, 비행 청소년의 모습에서 교양적 심각한 아이템을, 아줌마들의 수다 떠는 모습에서 드라마적 스토리텔링을 찾을 수 있다. 이 모든 것이 재미고, 볼거리다. **모든 방송 프로그램을 재미있게 만들어야 되는 것이 당연한 얘기**지만, 관찰 리얼리티가 더욱 재밌게 편집되어야 한다는 것은 자칫하면 촬영된 영상들이 극도로 따분하고 지루한 그림

모음이 될 수 있기 때문이다. 미지의 대자연을 가든지, 극한적 집단 생활을 하든지의 소재거리는 그 자체에 볼거리, 사건, 갈등이 많이 내포되어 있지만, 일상생활을 그대로 보여주는 촬영의 경우에는 그 그림들 자체가 평범하고 밋밋해지기 쉽다.

그렇다면 관찰 리얼리티에서 편집은 어떤 의미가 있는가? 똑같은 기획으로 촬영한 소스source가 있다고 할 때, 그것을 누가 어떻게 편집하느냐에 따라 최종 제작물이 천양지차로 달라진다. 스튜디오 예능 편집의 경우, 소위 편집 기교로 본 촬영의 내용을 뒤집기는 어렵다. 녹화 자체가 잘 풀리고 재밌었다면 편집으로 더 재밌게 만들 수 있지만, 녹화가 정말 재미없게 되었다면 그것을 편집으로 만회하기가 어려운 편이다. **또한 스튜디오 편집은 대개 2차원적 편집**이 많다. 재미있으면 붙이고, 재미없으면 빼면 되는 가감적加減的 편집인 것이다. 물론 편집 자체가 쉽고 수고가 덜 들어간다는 의미는 결코 아니다. 자료화면을 제대로 넣고, CG 등의 효과를 넣는 등 메이킹에 공을 들이면 스튜디오 편집 역시 끝도 한도 없는 시간과 노력이 필요하다. 단지 재미있는 부분은 극대화시키고, 재미없는 부분은 과감에게 덜어내도 시청자들은 그 방송을 충분히 재미있다고 느낄 수 있다는 얘기다. 한편 리얼 버라이어티도 편집으로 재미없었던 촬영을 소생시킬 수 있다. MC들이 끊임없이 진행 멘트와 농담을 하기 때문에, 멘트만 웃기고 빵빵 터지면 찍힌 그림이 전체 내용과 상관없거나 재미없어도 그 부분을 살리면서 재밌게 편집할 수 있다. 그러나 이렇게 살릴 수 있는 오디오audio(MC들의 멘트나 대사)가 없고, 그 그림마저 재미없다면, 편집만으로 그 촬영 영상을 재밌게 만들기는 힘들다. 반면 관찰 리얼리티는 죽은 그림을 편집으로 되살릴 수가 있다. 반대로 편집이 제대로 되지 못하면, 아무리 잘된 촬영도 재미없어지는 결과를 낳고 만다. 편집 하나만으로도 촬영 원본의 성공과 실패를 뒤바꿀 수 있는 것이다.

① 3차원적인 편집

관찰 리얼리티 편집은 그 자체가 3차원적인 편집이 되어야 한다. 스튜디오 예능 편집은 재밌는 것은 살리고, 재미없는 것은 날리는 2차원적인 편집이라고 했다. 3차원적인 편집이라는 것은 재밌는 것은 살리고, 재미없는 것은 날려버리는 것 외에,

재미없는 것도 어떻게든 재밌게 포장에서 살려 넣고, 아무리 재밌어도 전체 내용을 해치면 **빼**버려야 하는 편집을 말한다. 관찰 리얼리티는 보는 시청자들이 대개 연속성을 갖고 시청을 한다. 군대에 간 연예인들의 험난한 도전과 그 성장을 보기 위해서 군대 예능을 챙겨보는 것이고, 매회 커 나가는 연예인 아이들의 모습을 보기 위해서 육아 예능을 시청하는 것이다. 그런데 그러한 것들을 무시하고 매회 촬영 분량에서 재밌는 것들만 모아서 방송하고, 재미없는 것들은 다 날려버릴 경우, 시청자들이 그 프로그램에 지속적인 관심과 애정을 가질 수가 없게 된다. 한마디로 꼭 챙겨 볼 이유가 없어진다는 얘기다. 재미없게 촬영된 부분을 그냥 날려버리는 편집을 할 경우, 방송을 볼 때 신별로 얘기가 딱 딱 끊기게 된다. 꾸준히 이어지는 연속성이 없어져버리고, 그저 일회성으로 웃기는 이야기들만 난무하게 된다. 흔히 방송용어로 시바이('배우의 연기'를 뜻하는 일본어)만 있게 된다. 관찰 리얼리티 시청자는 그런 잔웃음에 매력을 느끼고 보는 것이 아니기 때문에 거시적, 장기적 안목을 갖고 재미없는 촬영분도 잘 살려내는 편집이 필요하다. 관찰 리얼리티 편집에 있어서, 재미있게 촬영된 내용 자체를 잘 선별해내지 못하는 편집은 하수下手의 편집이다. 그렇다고 재미없게 촬영된 내용이라고 무조건 날려버리는 편집은 중수中手의 편집이다. 재미없는 촬영 내용을 어떻게든 재미있게 만들어 내는 편집이 고수高手의 편집인 것이다. 촬영이 아무리 재미없게 됐다고 하더라도, 그걸 BGM과 CG를 활용해 짧지만 임팩트impact 있게 만들어서 전체 내용에 연결이 되도록 하는 것이 고수의 편집인 것이다. 관찰 리얼리티는 단지 1, 2회 방송하고 끝나는 게 아니라, 쭉 스토리를 갖고 가는 것이기 때문이다.

② 캐릭터를 잡는 편집

관찰 리얼리티는 초반부에 출연자 캐릭터를 잡는 편집이 필요하다. 캐릭터라 함은, 그 프로그램에서 그 출연자가 갖는 스테레오타입stereotype; 정형화된 고정 관념이다. 관찰 리얼리티의 출연자가 캐릭터가 아예 안 잡히거나 잡혀도 이상하게 잡힐 경우, 대개 그 프로그램은 오랜 생명력을 갖지 못한다. 〈삼시세끼-어촌편〉 차승원의 캐릭터 가 '차줌마'가 되어 화제가 되었다. 평소에 요리와 살림을 주부보다 더 잘한다는 차승원의 실제 모습이 그 프로그램의 안 사람, 부인 역할을 하는 캐릭터와 정확하게 맞아 떨어져서 '차줌마'라는 캐릭터가 탄생한 것이라고 한다. 뒤에서 다시 한번 얘기하겠지만, 〈오! 마이 베이비〉의 백도빈 역시 마찬가지다. 실제로 부엌에 살다시피 하면서 요리와 살림을 누구보다 꼼꼼하게 하는 백도빈이 이 프로그램에서 '백집사'라는 캐릭터로 불리게 되었다. 이것은 방송적인 필요에 의해서 만들어진 것이 아니다. 실제 그의 모습을 편집을 통해 반복하다 보니 시청자들이 그의 행동 일거수일투족에 관심을 갖게 되었고, 그 모습들을 '백집사'라는 캐릭터로 일치시키면서 그 인물에 대한 몰입도가 강화된 것이다. 백도빈이 요리와 살림을 집중해서 할 때, BGM으로 가수 배치기의 '마이동풍'을 깔아줬다. 이 노래 자체가 굉장히 자극적인 멜로디를 갖고 있는데, 그 멜로디와 백집사가 비장하고 진지하게 집안일을 하는 모습이 묘하게 맞아 떨어지면서 그의 캐릭터를 극대화시키는 데 일조했다. 이렇듯 **관찰 리얼리티 편집에서 가장 중요한 것이 출연자의 캐릭터를 잘 잡아가는 것**이다. 그래서 프롤로그와 같은 첫 회에서는 보통 출연자들을 한 명씩 보여주고, 뒤에 나올 그림을 미리 요약적으로 쓰면서 그 사람의 캐릭터를 잡는 것이 보통이다. 그렇지만 이렇게 편집한다고 하더라도 만약 그 캐릭터 자체가 그 출연자와 맞지 않거나, 맞다 하더라도 재밌는 포인트가 전혀 없다면, 그 캐릭터는 시청자들의 호응을 얻지 못한다.

③ 메이킹 등의 편집 기교

예능 편집에서 메이킹making이라 함은, 한마디로 예능적 편집 기교를 뜻한다. **시간적인 편집을 벗어나 갖은 편집 기교로 예능적 포인트를 만들어주는 것**이다. 다시 말해, 그림에 양념을 치는 것이다. 이것은 교양, 드라마, 영화 편집에서는 거의 없는 것으로 예능 편집 고유의 독특한 편집 기법이라고 하겠다. 쉬운 예를 들어보겠다. 출연자 남녀가 손이 스친 다음에, 후니아의 '여자로 보여'와 같은 음악이 BGM으로 깔리면서 남자, 여자의 원 샷을 한 컷씩 슬로우slow에 디졸브dissolve를 걸어서 편집할 수 있다. 이것이 바로 남자가 여자에게 이성적 감정을 갖기 시작했다는 것을 보여주는 가장 단순하고 전형적인 메이킹이다. 예능 편집은 교양, 드라마 편집과 다르다.

교양은 논리적, 사실적으로 편집하면 되고, 드라마는 영상미를 갖고 스토리가 강한 편집을 하면 된다. 그러나 예능 편집은 일단 재밌는 포인트가 있어야 한다. 용산역부터 서울역까지 걸어가는 편집을 한다고 하자. 교양 편집은 출연자가 때로는 걷기도, 때로는 뛰기도, 때로는 버스를 타기도 하면서 시간적 흐름에 따라 영상을 이어붙이면 된다. 드라마 편집은 출연자의 한 컷, 한 컷을 예쁘게 편집하고 때로는 계절감이나 출연자의 옷맵시를 살리면서 붙이면 된다. 예능 편집은 다른 편집보다 편집의 굴곡과 재미가 있어야 한다. 걷다가 혼잣말을 하다 주위 눈치를 살피다든지, 뛰다가 잘못해서 넘어질 뻔한다든지, 마음에 드는 이성을 보고 혼자 의식한다든지의 메이킹을 넣어서 액센트^{accent} 있게 만들어야 한다. **편집의 액센트 역할을 하는 것이 바로 메이킹**인 것이다. 예능 편집 중에 관찰 리얼리티 편집에서 이 메이킹이 가장 필요한 이유가 있다. 스튜디오 편집은 위에서 얘기한 대로 이분법적으로 자르면 되고, 리얼 버라이어티의 경우도 메이킹이 필요하지만, 출연자들의 퀴즈, 게임, 혹은 토크 멘트 위주로 결과를 쪼아주는 편집을 하면 된다. 관찰 리얼리티는 일상적 소재거리를 갖고 무작정 카메라를 돌리는 방법으로 촬영하기 때문에, 촬영 자체가 임팩트^{impact}가 있거나, 웃음이 빵빵 터지기는 어렵다. 그렇다고 웃기는 촬영 분량만 방송을 낼 수도 없고 재미없게 찍힌 것도 잘 포장해서 만들어야 하기 때문에 예능적인 화술인 메이킹이 필수인 것이다. 메이킹의 기법은 편집하는 사람마다 각양각색이고 굳이 나누지는 않는다. 대략적으로 나누면 영화 장면, CF 등을 패러디하는 방법, CG를 사용하는 방법, 분할, 패스트, 슬로우 모션 등으로 단순 이펙트^{effect}를 쓰는 방법, 플래시백^{flashback} 효과를 낸 후에 회상으로 넘어가는 장면, 그 외 BGM이나 효과음으로 기교를 부리는 방법 등 수천, 수백 가지가 있다.

첫째, 분할, 패스트, 슬로우, 더블 등 단순편집 기교가 있다. 예능을 편집할 때 많이 쓰는 편집 프로그램이 파이널 컷 프로다. 이 편집 프로그램으로 웬만한 효과들^{effects}은 쓸 수 있는데, 디졸브^{dissolve}와 같은 화면전환용 트랜지션^{transition} 외에 많이 쓰는 게 화면 분할, 무빙, 패스트^{fast}(재생 속도를 빠르게 하는 것), 슬로우^{slow}(재생 속도를 느리게 하는 것), 더블^{double}(같은 동작을 다른 카메라 컷으로 두 번 반복해서 보여주는 것으로, 주로 두 번째는

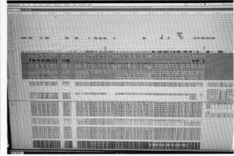

▌'파이널 컷 프로' 편집 프로그램

슬로우를 준다), 디지털 줌인^{digital zoom-in}(찍힌 영상을 화면상 확대한 것), 디지털 줌아웃^{digital} ^{zoom-out}과 같은 단순편집 효과이다. 이런 기본적인 효과들로도 충분히 재미있는 메이킹이 가능하다. 특히 관찰 리얼리티는 일상적인 그림이 많기 때문에, 때로는 시간을 빨리 지나가게 하거나, 같은 동작이 나올 때는 패스트로 돌리고, 때로는 패스트로 돌렸다 슬로우로 푸는 식의 속도 조절, 컷컷컷(짧게 하이라이트로 그 장면들을 모아서 보여주는 것)으로 상황을 빨리 진행시킨다든지, 과연 어떻게 될 것인가를 보여줄 때는 원 샷에 슬로우를 줘서 그림을 쪼은다든지 식의 기초적인 편집 기교가 더욱 필요하다.

둘째, 영화 장면이나 CF를 패러디하는 방법도 있다. 때로는 촬영 상황이 너무나도 영화나 CF의 한 장면과 묘하게 일치하거나, 상황을 코믹하게 풀게 하기 위해서 자료화면을 활용한 메이킹이 가능하다. 죠스 흉내를 내는 출연자의 모습 다음에 영화 〈죠스〉의 영상을 두세 컷 붙인다든지 하는 수법을 말한다.

셋째, CG를 활용하는 방법이 있다. CG를 활용한 편집은 기본적으로 예능에서 많이 쓰는 편집이다. 토크쇼에서도 많이 사용한다. 출연자가 멘트로 "얼굴이 꼭 돼지 같아요"라고 하면 그 출연자 얼굴에 돼지 CG를 입힌다든지 해서 많이 쓴다.

넷째, 플래시백 기법을 쓰기도 한다. 플래시백은 과거 방송 장면을 화면색을 돌려서 다시 한번 보여주는 기법이다. 이렇게 과거 방송 장면을 보여줘서 출연자 캐릭터를 잡을 수 있다. 그 외에도 출연자가 반복적으로 웃긴 행동을 보여준다면, 과거에 똑같이 했던 모습을 붙여서 그 웃음 포인트를 극대화시킬 수 있다

다섯째, BGM이나 효과음을 쓰는 방법이 있다. KBS 〈개그 콘서트〉에서 인기를 끌었던 '니글니글'이라는 코너가 있다. 이 개그 코너는 제이슨 데룰로^{Jason Derulo}라는 팝가수의 'Wiggle'이라는 곡을 BGM으로 사용하는 코너다. 이 노래 자체가 굉장히 뇌쇄적인 멜로디인데, 개그 코너에서도 두 개그맨이 레슬링 복장에 여장을 하고 나와 뇌쇄적인 춤을 춘다. 니글니글한 분위기 자체를 갖고 개그 코너화시킨 것이다. 이 얘기를 하는 이유는, 개그 코너 하나도 BGM과 효과음 하나만으로도 그 완성도를 높이고, 개그 수준을 높게 만들 수 있다는 말을 하고 싶어서다. **예능 편집에서 BGM 활용의 중요성은 아무리 강조해도 지나치지 않다.** 드라마 편집에서도 BGM 활용은 대단히 중요하다. 법정 드라마의 한 장면을 떠올려 보자. 법원에서 한 무고한 피의자가 검사와 다툴 때, 긴박한 음악 없이 출연자들의 대사로만 이야기가 진행된다고 해보자. 아마도 굉장히 분위기가 어색하고 하나도 재미없을 것이다. 예능 편집에서도 메이킹을 위해서 BGM을 자주 활용한다. 대체로 예능 프로그램에서 자주 사용하는 BGM은 한 60~70% 정도 정해져 있다. 주로 영화나 드라마의 OST^{original sound track}가 많이 쓰인다. 예능 BGM의 단골 메뉴로는 영화 〈키친〉, 〈냉정과 열정 사이〉, 〈김씨 표류기〉, 〈관능의 법칙〉, 〈여교수의 은밀한 매력〉, 〈연애술사〉, 〈고령화 가족〉, 〈좋은 놈, 나쁜 놈, 이상한 놈〉, 〈도둑들〉, 〈범죄와의 전쟁〉, 〈국가대표〉, 〈광해, 왕이 된 남자〉,

〈싸이보그지만 괜찮아〉, 드라마 〈미생〉, 〈냄새를 보는 소녀〉, 〈괜찮아 사랑이야〉, 〈킬미힐미〉 등 수천, 수백 가지가 있다. 기쁨, 환희, 슬픔, 좌절, 화남, 심각, 위험, 공포, 러브라인, 욕심, 코믹, 웃음, 먹방(먹는 방송), 반복 등을 표현할 때 각각 그에 걸맞은 전형적인 예능 BGM들이 정해져 있다. 좌절, 절망을 표현할 때 쓰는 것으로는 영화 〈냉정과 열정 사이〉의 '1997년 봄', 〈대부〉의 '러브 테마곡', 교양 〈인간극장〉 BGM, 드라마 〈시크릿 가든〉의 '상처만', 사라사테의 '찌고이네르바이젠Zigeunerweisen 바이올린 연주곡', 바흐의 '토카타와 푸가 d단조' 등 전형화된 BGM이 있다. 기쁨, 환희 등을 표현할 때는 '상투스Sanctus'나 영화 〈과속 스캔들〉의 '기동의 사랑스런 그녀', 〈플랜맨〉의 '플랜맨의 하루', 드라마 〈최고의 사랑〉의 '두근두근' 등을 쓰고, 음식 만드는 장면을 표현할 때는 영화 〈키친〉의 '샌드위치', 드라마 〈파스타〉의 'Lucky Day', 드라마 〈식객〉의 '운암정의 아침', '경합' 등이 쓰인다. 그러나 정말 BGM의 고수高手는 이런 정해져 있는 전형적인 음악 외에 자신만의 고유 BGM을 찾아 깔고, 지금 이 시대에 유행하고 트렌디한 노래나 음악을 찾아 편집의 적재적소에 반영시킨다. 현재 미국 빌보드Billboard 차트 상위권 노래라든지, 멜론을 비롯한 음원 사이트 100위 안에 들어 있는 노래에 늘 민감하게 귀 기울여, 그 노래들을 BGM으로 잘 활용해서 편집의 완성도를 높여야 한다. 이렇듯 BGM이 패턴화되어 있다는 것은 시청자들이 그 음악이 그 상황에 제일 잘 어울린다고 느끼는 것이다. 시청자들의 상황 이해와 공감을 위해 BGM이 사용된다. 관찰 리얼리티 편집에서 BGM이 중요한 메이킹이 되는 것은 가뜩이나 밋밋한 화면에 액센트와 양념이 되기 때문이다. 또한 출연자 캐릭터에 걸맞은 BGM을 반복해서 깔아서 그 캐릭터의 테마송처럼 쓸 수도 있다. 똑똑하고 머리를 잘 쓰는 캐릭터가 있다면, 영화 〈셜록홈즈〉의 'My mind never rebels at stagnation' 같은 BGM을 써서 똑똑한 행동을 하기에 앞서 출연자 원 샷에 슬로우를 주면서 그 패턴을 만들어줄 수도 있다. 다시 말해 BGM 하나만으로도 출연자 캐릭터를 극대화시킬 수 있는 것이다.

효과음도 매우 중요한 요소인데, 우리가 일반적으로 아는 효과음은 귀여운 아가가 걸을 때, 효과음을 넣어서 '뿅뿅뿅' 소리가 나도록 하는 것 같은 것이다. 1차원적인 효과음으로 아이가 혀를 날름날름거릴 때, 눈을 계속해서 깜빡거릴 때, 거기에 효과음을 입힐 수 있다. 또한 2차원적인 효과음으로 메이킹의 수단으로 쓸 수 있다. 긴장된 순간에 출연자 원 샷에 슬로우 주면서 '쿵쾅쿵쾅' 심장 박동 소리를 넣는다든지, 아니면 스틸 화면 주고 편집자 관점에서 '뚜웅', '뜨억', '또옥' 같은 효과음을 줄 수 있다. 이런 것은 그 상황의 감정을 더욱 극대화시킬 수 있는 기능이 있다. tvN 드라마 〈응답하라〉 시리즈는 드라마인데도 출연자가 어이없어 하는 장면이 나오면 그때마다 '양 울음' 소리를 넣어 예능 메이킹처럼 효과음을 잘 활용하기도 했다. 또한 출연자의 중요한 멘트에 오디오 효과인 '에코echo'를 넣어서 더블double, 트리플triple로 반복해 멘트가 나오도록 하는 편집 기교도 많이 쓴다.

(4) 내레이션, 스튜디오 토크, 그리고 인터뷰

관찰 리얼리티에서 **내레이션과 스튜디오 토크는 시청자가 화면과 내용에 좀 더 몰입하고 집중하게끔 하는 감초 역할**을 한다.

① 내레이션

관찰 리얼리티에서 내레이션은 편집과 자막으로 다 설명 못하는 부분을 제3자의 목소리를 통해 들려줌으로써, 시청자가 좀 더 완벽하게 프로그램의 내용을 이해하게끔 하는 효과가 있다. 관찰 리얼리티는 일상을 쭉 보여주는 경우가 많아서 사실 편집되는 그 그림만 갖고는 PD가 의도한 방향, 전체 내용, 전개되는 흐름을 명확하게 이해 못하는 경우가 많다. 이때 내레이션을 통해 부족한 부분을 설명할 수도 있고, 시청자가 미처 생각하지 못했던 부분을 콕 집어줄 수도 있고, 더 나아가 PD가 요구하는 방향으로 전체 내용을 이끌 수도 있다. 〈정글의 법칙〉은 가수 윤도현이 내레이션을 한다. 파워풀한 가수로서 가사 전달이 분명한 윤도현이 내레이션을 하는 덕분에 〈정글의 법칙〉의 재미를 배가시키고 시청자들에게 그 내용을 명확하게 이해시킬 수 있는 것이다. 필자는 〈즐거운가!; 에코 빌리지〉 제작 당시, 래퍼 매드 클라운에게 내레이션을 맡긴 적이 있다. 가사 전달이 분명한 래퍼에게 내레이션을 하게 해서 시청자들에게 새로운 느낌을 주고 싶어서였다. 그것을 '랩레이션RapRation'이라고 명명하기도 했다. 일각에서는 내레이션 내용이 잘 안 들린다고 비판하기도 했지만, 젊은 취향에 맞게 시도한 만큼 나름 새롭고 신선한 도전이었다고 판단한다.

② 스튜디오 토크

관찰 리얼리티에서 내용 보충을 위해 활용되는 것이 또한 스튜디오 토크다. 주로 VCRvideo cassette recorder(스튜디오에서 MC와 패널들이 함께 보는 관찰 리얼리티 편집 원본으로, 대개 스튜디오 녹화 부조에서 비디오테이프로 재생하기 때문에 VCR로 불린다)에 등장하지 않는 MC나 패널들이 그 영상을 보면서 반응(리액션reaction)하고 이야기를 하는데, 〈자기야-백년손님〉의 경우가 대표적으로 스튜디오 토크를 활용한 관찰 리얼리티 프로그램이다. 단순히 VCR을 지켜보기만 하는 것이 아니라, 스튜디오에 있는 MC와 패널들이 끊임없이 실시간으로 추임새를 넣고, 감정 이입을 한다. 그리고 그 모습들이 PIPpicture in picture 화면으로 시청자들에게 보여져서, 그 VCR 장면에 대해 훨씬 더 잘 이해하게끔 도와준다. 또한 VCR이 끝나고 아예 스튜디오로 넘어와서 그들끼리 펼치는 토크도 이미 본 VCR을 정리하고 자신의 경험담을 푼다는 점에서 시청자들에게 재미있는 볼거리를 제공한다.

③ 인터뷰

관찰 리얼리티에서 인터뷰는 편집 구성의 꼭 필요한 부분이다. 그런데 가장 바람직한 인터뷰의 역할은 구성의 연결 매개체로서가 아니라 출연자들의 속마음과 의도를 자연스럽게 드러나게 하는 것이다. 인터뷰가 내용 연결을 위해 기계적으로 붙는 경우가 많은데, 너무 많은 경우에는 내용의 흐름을 오히려 방해하기도 한다. 인터뷰는 '양날의 검'처럼 잘 다뤄줘야 한다. 너무 많으면 자연스러운 이야기 전개를 방해하지만, 출연자의 속마음 인터뷰가 적재적소에 잘 들어가면 전체 내용과 촬영 의도를 시청자가 보다 쉽게 이해하게 된다.

(5) 종편 작업

종편이란 종합편집을 말한다. PD가 개인편집실에서 편집한 것에 음악, 자막 등을 입혀서 완성된 방송본을 만드는 편집이다. 종편을 위해서는 따로 마련된 종합편집실에 PD 콜사인에 의해 자막을 넣어주는 기술 감독, 음악, 음향 감독 등이 총동원된다.

① 자막

관찰 리얼리티 자막의 핵심은 내용 유도이다. 시청자들을 PD가 원하는 방향으로 잘 이끌기 위해서는 재밌고 정확한 자막이 뒷받침되어야 한다. 따라서 자막은 그 내용이 정확하면서도 통통 튀는 재미가 있어야 한다. 정확하다 보면 자막이 딱딱할 수 있고, 통통 튀다보면 자막이 지적인 느낌보다는 감성적인 느낌이 강할 수 있다. 어떻게 보면 모순된다고 볼 수도 있지만, 정확성과 참신함, 이 둘을 모두 만족시키는 자막이 가장 좋은 자막이라고 하겠다. 관찰 리얼리티는 앞에서도 계속 언급했듯이, 편집된 영상만으로는 PD가 전달하고자 하는 내용이 잘 드러나지 않는다. 이때 자막질(?)을 통해 시청자들이 편집 방향을 정확히 인지하게 하고, 전체 이야기를 더 흥미진진하게 따라오게끔 할 수 있다. 따라서 자막은 무뚝뚝하고 불친절해서는 결코 안 된다. 가장 안 좋은 자막의 예가 "○○하고 있는 ○○"식의 자막이다. 여기에는 아무런 느낌도 감동도 없다. 보는 시청자들도 이런 자막에는 전혀 눈길이 가지 않는다. 예를 들어, 겨울철 감나무에 하나 남은 감을 따먹으려고 막대기를 뻗는데도 감에 닿지 않는 때, "이게 바로... 언감생심馬 ●生心"이라는 자막을 넣었다고 하자. 이 자막은 먹는 감을 못 따는 상황과 사자성어(馬敢生心; 감히 어찌 그런 맘을 품을 수 있으랴…)를 절묘하게 조화시킨 예라고 할 수 있다. 그렇다고 영상과 전체 흐름과 전혀 관계없이 최신 유행하는 코미디 유행어나 CF 문구를 카피해 쓰는 것도 좋지 않은 예이다. 전체 내용을 관통하는 친절, 정확한 자막이면서도 요즘 유행, 트렌드에 민감한 엣지^{edge} 있고, 맛깔나는 자막이어야 한다.

② BGM과 효과음

편집에 대해 논할 때 이미 BGM과 효과음에 대해 얘기했지만, 여기서 말하고자 하는 BGM과 효과음은 PD가 미처 다 못 채운 음악과 효과음을 음악, 음향 감독이 보충하고 그들만의 전문적인 감각으로 추가한다면 프로그램의 완성도를 보다 더 높일 수 있다.

4. 관찰 리얼리티의 힘: 연출의 핵심 키워드

필자가 생각하는 관찰 리얼리티 연출의 핵심 키워드는 **"시간을 두고 지켜보면서 최대한 재밌게 만들자"**는 것이다. 기획은 일상 속 주제 중에 조건과 제약이 있는 의미 있는 아이템이어야 하고, 촬영은 어떻게 편집할지를 구상하면서 참고 기다려야 하며, 편집은 갖은 기교와 새로운 감각으로 무조건 재밌게 만들고, 내레이션, 자막 등의 종편 작업을 통해 프로그램의 완성도를 최대한 높여야 한다.

5. 관찰 리얼리티 제작 사례: 〈오! 마이 베이비〉

1) 〈오! 마이 베이비〉 기획

〈오! 마이 베이비〉는 2013년 추석특집 파일럿 방송으로 시작되었다. 2009년 시작한 연예인 2세들의 스튜디오 예능 프로그램 SBS 〈스타 주니어쇼 붕어빵〉이 큰 인기를 얻다가, 2013년 MBC 〈아빠! 어디가?〉를 시작으로 연예인 2세들의 리얼 버라이어티 예능이 시작되었다. 〈스타 주니어쇼 붕어빵〉이 스튜디오에서만 연예인 2세를 보여주는 한계가 있었기 때문에, 2014년 관찰 리얼리티 육아 예능을 선보이게 되었는데 그것이 바로 〈오! 마이 베이비〉이다. 〈오! 마이 베이비〉는 3년 남짓 총 126부작으로 방송된 프로그램으로서 여러 연예인과 아이들을 스타로 배출하였다. 뮤지컬 배우 김소현, 손준호 부부와 손주안이 졸업을 했고, 그 외에도 가수 김정민, 김태우 등이 이 프로그램을 거쳐 갔다. 또한 S.E.S.의 슈, 임효성 부부와 임유, 임라희, 임라율 그리고 백도빈, 정시아 부부와 백준우, 백서우 등도 출연했다. 첫 기획의 동기는 '**연예인과 그 자녀들의 좌충우돌 공동육아기를 관찰 리얼리티 형식으로 만들어보면 어떨까?**' 였고, 그러면서 출연 가족들은 계속 바뀌었다. 분명한 것은 **이 프로그램의 주인공은 연예인 부모가 아니라 그 아이들**이라는 점이다. 따라서 촬영과 편집 자체가 어른들보다는 아이들에 무게 중심이 가 있고, 무조건적으로 웃고 떠드는 내용보다는 부모들이 아이들을 어떻게 돌보는지의 육아 방법과 그 아이들이 어떻게 커 나가는지의 성장기에 초점이 맞춰져 있다. 촬영과 편집의 포인트도 어른들만 출연하는 관찰 리얼리티와는 다르다. 시청자들이 이 프로그램을 보고 아이들과 육아에 대해 무언가 남게끔 만들어야 한다. 매회 촬영 아이템도 이러한 고민을 갖고 접근해서, 출연 가족들의 일상 중에서 의미 있고 재미있는 소재들을 선별해내려고 노력했다.

2016.4.19 회의자료
백도빈♥정시아 – 준우 & 서우

▶ 우남매 진행상황 – 촬영 및 방송 일정

방송 / 시사 날짜	일정		주제 및 아이템 세부 내용
5/21 방송 (5/14 시사 예정)	촬영 예정 (4/24)	서우네 나무 심는 날	(1) 10단 소풍 도시락 싸기 – 나무도 심을 겸 자연체험도 할 겸 서울 근교로 소풍을 떠나기로 한 백가네 – 가마솥 없이 소풍 갈 생각에 신난 엄마! – 아침부터 10단 도시락을 싸며 아이들과 행복한 소풍을 꿈꾸는데 (2) 양재 화훼단지 가족 묘목 구입하기 – 집 근처 화훼단지에서 각자 심고 싶은 묘목을 구입하는 백가네 식구들 (3) 나무 심기 자연학습 – 부푼 기대를 안고, 양평으로 출발! – 1시간을 달려 백집사가 준비한 자연학습장에 도착한 백가네 식구들! – 하지만, 막상 목적지에 도착하니… 어마어마한 스케일의 민둥산이?! – 스케일도 남다른 백집사표 자연학습!!

4월 24일 (일) 촬영 아이템

〈백가네 나무 심는 날〉
· 산림청 협조하에 진행

봄을 맞아 아이들에게 자연학습 겸 나무 심기를 제안하는 백집사!
하지만, 백집사가 심으면 스케일도 남다르다?!

나무도 심을 겸 꽃놀이 가는 줄 알았더니... 목적지에 웬 민둥산이?!
백집사가 준비한 나무 심기 자연학습 대공개! (= 나무 심기 노동)

#1. 소풍 도시락을 싸요~!
– 아침부터 들떠 보이는 우남매와 엄마 시아(오늘은 가마솥 없이 소풍 가는 날)
– 각자 역할 분담해 10단 소풍 도시락 싸기
– 한편, 산림청 담당자와 통화하는 백집사

#2. 나무 심으러 소풍 가는 길
– 묘목 사러 양재 화훼시장부터 들른 백가네
– 각자 사고 싶은 나무 구입하는
– 나무 심을 장소로 출발! 오늘의 여행(?) 목적지는 과연 어딜까?!

#3. 나무 심기... 우리 또 일하러 온 거야?!
– 백집사가 준비한 자연학습 장소 도착(산림청에 직접 연락해 허가받은 산자락)
– 슬슬 지친 정시아 vs 자연의 소중함을 일깨워주려는 백집사
– 열심히 싸온 예쁜 10단 도시락... 산자락에 돗자리 펴고 먹는 백가네
　나무 심을 장소: 양평(산림청 추천)
– 산벚나무, 구상나무, 전나무 심기 가능

#4. 4월 19일 서우의 생일 이벤트
　다섯 살 생일을 맞은 서우
　서우를 위해 백집사가 따로 준비한 5년생 묘목(서우의 특별한 생일 선물)
　서우나무 이름표 달아주는

　위의 자료는 〈오! 마이 베이비〉 출연 가족이 한 회 차에 찍을 아이템에 대해 팀 전체가 공유하는 회의록이다. 팀 전체 회의는 주당 하루 열리고 다음 회의 전까지

있을 촬영에 대해 각 팀이 회의록을 준비해온다. 그러면 팀 전체가 이에 대해 의견을 교환하고, 중점적으로 촬영할 내용과 그 방향에 대해 의논을 한다. 〈백준우, 백서우네 촬영 회의록〉(참고적으로, 준우와 서우는 그들의 이름 뒷글자를 따서 흔히 '우남매'라고 부른다.)을 보면 알겠지만 촬영의 기본 틀이 철저하게 아이들에게 맞춰져 있다. 사전 촬영 리스트를 보면 휴일을 맞아 온 가족이 산에 가서 묘목을 심는 내용이 나와 있다. 아무리 관찰 리얼리티라고 해도 '오늘 촬영은 우남매가 산에 가서 나무 심는 촬영으로 진행합니다'만 정해 놓는다면, 정말 무책임한 촬영 기획안이 될 것이다. 또한 무계획으로 찍을 경우, 관찰 리얼리티 촬영의 특성상 촬영 내용이 밋밋해지기 쉽기 때문이다. 따라서 육하원칙에 의해 치밀하게 촬영할 내용을 미리 준비해 놓아야 한다. 묘목 심는 날로 정해서 집에서 이동하고, 산에 가고, 심고 돌아오는 식의 그림은 누구나 예상할 수 있는 촬영 내용이다. 그것만 생각하면 촬영 자체가 성공적으로 뽑히기 힘들 것이다. 촬영 기획 단계부터 제작진은 이 촬영을 통해 출연자가 어떤 사건과 갈등을 일으킬 가능성이 있고, 그것이 대략 어떻게 진행되고 잘 화해, 마무리될 것이며, 그 과정에서 시청자들에게 어떤 교훈을 줄지에 대해 철저하게 예상을 하고 촬영을 준비해야 한다. 도시락 싸는 과정에서도 부모와 아이들 사이, 혹은 아이들끼리 어떤 사건과 갈등이 발생할 수 있는 것이고, 나무를 심으러 산에 가서도 출연자들 사이의 어떤 에피소드가 발생할 수 있다. 일상을 무작정 쭉 따라가면서 집 안에서는 거치 카메라를 주구장창 돌리고, 나와서는 팔로우하면서 무작정 카메라로 찍는 것은 올바른 관찰 리얼리티 촬영이 아니다. 나무 심는 기획 자체가 우남매 육아와 그들의 성장에 어떤 좋은 영향을 미치고 그것을 본 시청자들도 어떤 남는 것이 있어야 한다는 말이다. 동시에 나무를 심을 때 아이들의 행동과 반응, 그리고 다른 예능에서는 볼 수 없는 아이들의 순수한 마음이 프로그램 내용에 고스란히 담겨져야 한다. 그래야 시청자 자신도 다시 한번 동심의 세계로 빠져볼 수 있고, 자신의 육아에 있어서도 그 내용들을 한 번쯤 고민해서 적용해 볼 수 있다. 이런 이유로 〈오! 마이 베이비〉의 매회 아이템은 단순히 웃기고 재미있는 것을 벗어나 의미 있는 것이어야 한다.

2) 〈오! 마이 베이비〉 촬영

〈오! 마이 베이비〉는 프로그램 자체가 관찰 리얼리티이기 때문에 촬영 대본이라는 것이 따로 존재하지 않는다. 단지 촬영 스케줄표가 있어서 그 타임 테이블에 맞추어 각 가족이 매주 하루 정도 촬영을 하고, 그것을 한 회 분량으로 만든다. 출연자 중에는 어른도 있지만 주로 아이들을 찍는다는 점에서 이 프로그램은 다른 프로그램들과 다르게 출연자들을 더욱 배려하고, 촬영할 때도 더 세심하고 주의 깊은 촬영이 필요하다. 또한 아이들을 대상으로 한 촬영이기 때문에 장시간 촬영도 쉽지 않고 장시간 찍는다고 해도 많은 방송 분량을 확보할 수 없는 경우가 많다. 다음은 〈오! 마이 베이비〉 한 가족의 하루 촬영분 스케줄표 및 촬영 내용이다.

▎우남매네 촬영 스케줄표

〈준우 & 서우〉 14번째 촬영 스케줄표 – 소풍 도시락 만들기 & 실내 소풍 & 약속 지키기 –	
촬영 일정	· 2016년 4월 24일 (일) 오전 8시 30분 ～
촬영 장소	· 우남매 집

시간	이동 경로	소품 및 비고
08:30 ～ 10:00	회사 ▶ 서우네 집 이동 – 카메라 거치 및 촬영 준비	[비고] – 목동 SBS 출발 / 　AM 09:00 전 도착
10:00 ～ 11:30 도빈, 시아, 준우, 서우	집: 10단 소풍 도시락 만들기 – 백가네 소풍가는 날! 신난 우남매! – 서우의 소풍 패션 고르기 – 소풍 도시락 직접 싸기로 한 가족들 – 엄마 3단, 아빠 3단, 우남매 각 2단씩 – 책임지고 도시락 싸기!!! – 서우는 2단 도시락을 채울 수 있을까?	[비고] – 서우 직접 옷 고를 수 있게 　옷장 세팅 [소품] – 도시락 찬합 X 2, 소풍 바구 　니, 돗자리 등 소풍 소품들 – 아이들 조리도구, 안전한 제 　품들로

시간	이동 경로	소품 및 비고
11:30 ~ 13:00	집: 실내 소풍 & 묘목 심기	[소품] – 5년생 묘목, 화분 & 받침, 모종삽, 흙 – 나무팻말, 유성매직 색깔별
도빈, 시아, 준우, 서우	– 집에서 소풍 기분 내는 백가네 – 서우나무, 준우나무 화분에 묘목 심기 – 아빠의 실내 소풍놀이(놀이체육)	
13:00 ~ 15:00	휴식 및 식사시간	
15:00 ~ 17:00	집: 생활 실험카메라 〈약속 지키기〉	[비고] 세팅되어 있지 않은 관찰 카메라 형식 엄마, 아빠가 상황을 지켜보지 않아도 됨 생활 속에서 있을 법한 상황들 속에서 우남매의 색다른 반응 이끌어 볼 예정
준우, 서우	※ 아빠는 미리 나가 있는 상황 – 백가네 자유 시간 & 여유로운 일상 – 장난감 가지고 놀다 방 어지르는 우남매 – 갑자기 급히 나갈 일이 생긴 엄마 시아 – 우남매에게 해야 할 일들을 알려주고 – 잠시 집을 비우는데	
15:00 ~ 17:00	집: 생활 실험카메라 〈약속 지키기〉	[소품] – 서우 준우 학습지 or 숙제거리 준비 – 화과자 or 선물용 간식거리
준우, 서우	– 생활 속 실험카메라 〈약속 지키기〉 ① 서각자 어지른 거 치우기 ② 서우 숙제 도와주기 & 준우 숙제하기 ③ 낯선 사람 문 열어주지 않기 ④ 할아버지 화과자 먹지 않기 – 엄마 돌아와 약속 지키기 확인	
17:00 ~ 18:00	인터뷰: 엄마 & 아빠	
	– 後인터뷰	

※ 이날 촬영은 미세먼지 주의보로 야외에서 실내 촬영으로 대체합니다.

위에서 보면 〈오! 마이 베이비〉의 촬영은 크게 집 촬영과 야외 촬영으로 나뉜다. 집 촬영이 바로 위에서 얘기한 전형적인 관찰 리얼리티 촬영이다. 마루와 부엌, 그리고 각 방에 거치 카메라를 설치해놓고, 모니터 룸에서 제작진이 그 찍히는 영상을 실시간으로 보면서 동시에 촬영 실시간 평가, 다음 신 촬영 회의, 편집 방향 논의를 동시에 하는 것이다. 거치 카메라에 대해 말하자면, 먼저 마루, 부엌만을 볼 때도 마루에는 4면에 4대, 마루 부분 부분을 커버하는 4대, 원격 조종 1대, 부엌에는 2대, 부엌 부분 부분을 커버하는 2대 등 총 13대 이상의 거치 카메라가 동원되고, 더 나아가 베이비 트라이포드에 놓인 핸디캠만 해도 곳곳에 6~7대가 쓰인다. 이 숫자만 따져보면, 카메라 감독이 직접 맡아서 찍지 않는 카메라만 해도 20대가 넘는 것이다. 거기에 출연자들을 그룹 내지는 개인으로 따라다니는 카메라가 가족 수에 플러스 1~2대 되므로 전부 다 하면 25대가 넘는 카메라가 실시간으로 한 신을 커버하고 있는 것이다. 25대 분량을 편집 프로그램 위에 올려놓고 편집할 때, 많은 시간이 걸리는 것은 당연한 얘기다. 야외 촬영은 물론 이보다는 적다. 일단 야외 한 신을 찍을 때 거치 카메라는 3~4대가 쓰이고, 베이비 트라이포드 핸디캠이 3~4대, 그리고 직접 들고 찍는 팔로우 카메라가 4~5대 해서 12~13대 정도가 동원된다. 그리고 위의 스케줄대로 촬영이 잘 진행되는지와, 제작진이 구상하고 계획한 내용들이 잘 찍히고 있는지를 체크하면서 촬영한다. 그리고 촬영이 잘 진행되지 않을 때는 무리하게 촬영을 강행하기보다는, 제작진이 기획한 방향을 출연자와 한 번 더 의논해보고, 정 촬영이 진행되지 않을 경우에는 해당 촬영을 접고 그 다음 촬영으로 넘어간다. 관찰 리얼리티 〈오! 마이 베이비〉에는 이 프로그램만의 독특한 촬영 특징이 있다.

첫째, 아이들을 위한 휴식 및 식사 시간이 반드시 있다는 것이다. 이 프로그램은 아이들이 주인공이다. 그래서 모든 촬영도 아이들 위주로 맞춰야 한다. 휴식 시간은 결국 아이들의 낮잠 시간을 말한다. 아이들의 컨디션과 건강에 절대 무리가 가지 않게 촬영 스케줄을 짜야 한다. 또한 아이들을 대상으로 한 촬영이어서 긴 시간을 무작정 찍을 수 없다. 특히 아이들이 어릴 경우, 그들의 밥 시간과 낮잠 시간, 컨디션 등이 매우 중요하다. 그래서 2시간 정도 찍으면, 1시간 정도는 휴식을 취하는 게 필요하다.

둘째, 모든 촬영 계획이 수시로 변경될 수 있다. 〈백준우, 백서우네 촬영 회의록〉과 〈우남매네 촬영 스케줄표〉를 비교해 보면 본 촬영 내용이 확연히 달라진 것을 볼 수 있다. 회의 자료에서는 분명 차를 타고 산에 가서 묘목을 심는 것이었으나, 촬영

| 베이비 트라이포드에 놓인 핸디캠(거치 카메라)

당일 미세먼지 주의보가 발표되었다. 그 결과, 모든 야외 촬영을 전격 중단하고 오직 집에서만 촬영이 진행됐다. 스케줄표 맨 하단에 그 내용이 적혀 있다. 이 모든 것은 아이들을 배려한 이유였다.

셋째, 아이들의 원 샷이 꼭 필요하다. 〈오! 마이 베이비〉의 주인공은 아이들이다. 아이들 한 명 한 명의 그림이 있어야 얘기가 매끄럽게 뽑힐 수 있다. 편집할 때도 아이들의 원 샷 위주로 그림이 모아져야 한다. 더 나아가 편집 방향도 아이들 위주로 수렴되어야 한다.

넷째, 모든 소품들은 아이들의 안전을 생각한 것들로만 준비한다. 함께 도시락을 만들 때 아이들이 다치지 않게 안전 도구를 이용하는 것도 다 이런 이유 때문이다. <u>〈오! 마이 베이비〉 촬영은 결국 아이들의, 아이들에 의한, 아이들을 위한 촬영이 되어야 하는 것</u>이다.

3) 〈오! 마이 베이비〉 편집

　작가들은 촬영과 동시에 현장 프리뷰 노트를 실시간으로 만든다. 물론 이것은 편집할 때 참고용이다. **편집은 눈으로 그림을 보고 하는 것이지 글로 보고 머릿속으로 하는 것이 아니다.** 그럼에도 불구하고 여기 프리뷰 노트를 첨부한 이유는 이런 식으로 상황이 찍힌다는 것을 이해하기 쉽게 하고, 이런 촬영 내용을 어떻게 편집할 수 있는지를 구체적으로 설명하기 위해서다. 실제로 편집에 들어가기 앞서서는, 실시간으로 찍힌 영상들을 쭉 본 다음 개략적인 편집 구성을 짠 후에 편집을 시작한다. 이날 찍힌 내용은 대략 이렇다. 우남매가 아침에 도시락을 싸고, 인근 꽃시장에서 묘목을 사 갖고 차를 타고 산에 가서 나무를 심고 온다는 내용이었다. 그런데 이날, 하필 일기예보에서 미세먼지 지수가 '매우 나쁨'이고, 야외 활동을 자제해 달라고 하였다. 그래서 촬영 계획을 전격 수정하게 되었다. 집에서 도시락을 싸고, 그걸 집에서 먹으면서 집에 화분을 심는 내용으로 바뀐 것이다. 촬영 프리뷰 노트를 보면 아이들이 집 밖으로 못나간다는 사실을 뒤늦게 알게 되고 실망했으나, 이내 인정하고 온 가족이 재미있게 화분을 심는다는 것이 나온다.

❙ 우남매네 본 촬영 프리뷰 노트

순서	상황	내용
		우남매네 14번째 촬영 (2016.4.24.)
1	소풍을 가요♬ (도시락 싸기)	**# 도시락 싸기 오전 10시 이후~** – 도시락 싸는 백가네 – 서우 유부초밥 & 과일꼬치 만듦 　시아 "무슨 일이 있어도 12시까지만 하고 가자" – 백집사와 준우는 꼬마김밥 만들기 – 서우와 시아는… 　서우 "입이 없는 토끼는 어디 갔지?"

순서	상황	내용
1	소풍을 가요♬ (도시락 싸기)	– 준우 혼자서 김밥 만들고 있는 　　도빈 "폭풍 설거지네…" – 음식은 안 만들고 설거지를 하는 도빈 　　준우 "아빠 너무 어렵잖아~" 　　도빈 "아빠가 알려준 대로 하면 되는데" 　　도빈 "서우는 엄마 도와주는데 준우는 안 도와줄거야?" – 시아가 만든 거 서우가 들고 가서 도빈에게 보여주는 – 서우 토끼 찾으러… – 토끼 찾은 서우 – 토끼한테 치마 입혀주겠다는 서우 – 서우 인형에 수건으로… – 서우는 가방에다가 토끼 인형이랑 옷 & 수건 챙김 – 준우는 호크아이로 변신 (화살놀이) – 준우 거실 정리 중 – 서우는 빨리 가고 싶어서 가방 싸고 현관 앞으로 　　서우 "밖에 나가고 싶어.. 더워" – 창 밖 쳐다보는 서우…? 　　서우 "가족들이… 끌고 가고 있어" – 준우가 서우 가방 뒤져보는데… 　　준우 "얘네 답답할까봐" 　　서우 "안 답답하다고!!" – 우남매 진짜 신남. 엄청나게 들뜸 – 시아 마요네즈로 마무리~!! 　　서우 "카메라가 나를 따라와" – 준우도 카메라 앞에서 귀염 귀염 – 따라다니는 카메라 앞에서 장난치는 우남매 　　준우 "이제 그만 하자" ㅋㅋㅋㅋㅋㅋㅋㅋㅋㅋㅋㅋㅋㅋㅋ – 준우, 거치캠에 뽀뽀하는 – 준우가 서우 비행기 태워주는, – 서우가 가니까 준우가 붙잡으면서 　　준우 "너 계속하고 싶다고 했잖아~" – 드디어 도시락 완성. 피크닉 바구니에 도시락 쌀 준비 – 도시락 싼 거 하나씩 확인하는

순서	상황	내용
1	소풍을 가요 ♫ (도시락 싸기)	- 밖에 날씨 확인해보고... (도빈) 　준우 "햇님이 반짝. 햇님이 반~짝" - 기상청에 전화해서 날씨 확인하는 　기상청 "미세먼지 많이 나빴다가... 보통으로 떨어져 있는" 　기상청 "그 외의 지역에는 나쁨 상태.." 　기상청 "날씨는 좋은데 ... 장시간 외출은 삼가주셔야..." 　서우 "안 돼~~~~~!!" 　도빈 "날씨는 좋은데 미세먼지가..." - 준우 넋 나감. 서우 히잉... - 준우 좌절 OTL 　준우 "마스크 쓰고 가자" 　서우 "미세먼지 때문에 소풍 못간대" 　서우 "나 나빠, 기분 나빠!" - 준우는 벌써 김밥 먹..음? 　서우 "나 가고 싶었는데 ㅠㅠ" 　준우 "집에서 돗자리 깔고~!!"
2	집에서 소풍	**# 소풍 & 나무 심기 오후 1시** - 집에서 돗자리 깔고, 도시락 놓고 - 도빈은 화분 가지고 오는 　도빈 "이거 원래 다른 거 심으려고 한 건데..." 　시아 "소풍 오니까 어때 얘들아?" 　준우 "좋아요~" 　시아 "여기는 숲속이라 공기가 맑다 어때 서우야?" 　서우 "여기는 집이잖아~" 　서우 "왜 숲속에 있니?" - 서우 가방 싼 거, 준우 가방 싼 거 뭔지 보는 - 준우 가방 확인하는데, 이불이 잔뜩 - 서우 가방에서 짐 꺼내는데, 　시아, 모자 쓰고 　서우 "엄마 선글라스~~" 　시아 "여기는 소파가 아니고 산이야~ 여기는 풀밭이야~

순서	상황	내용
2	집에서 소풍	에어컨 바람은 숲속의 바람이야~" – 도빈, 서우 모자 쓰는데 　서우 "아빠, 사막의 아저씨 같다" 　시아 "숲속에 오니까 어때?" 　서우 "조오~~치!" 　서우 "감기 걸린 사람 이거 먹기" – 장기자랑 제안하는 시아, 그런데 .... **# 나무 심기** – 나무 설명하는 도빈 　도빈 "얘는 서우랑 똑같은 5살이래, 저거는 8년 된 거고" 　시아 "나무를 많이 심으면 어떻게 되지?" 　준우 "공기가 좋아지지" 　서우 "사다리도 만들 수 있고, 꽃이 필 수가 있고" – 서우 나무 심는, 준우 엄청 집중해서 나무 심는 　준우 신나서 노래 부르면서 흙 담는 "개울가에~ 올챙이 한 마리~" 　도빈 "준우야 나무가 휘었는데?" 　준우 "아빠가 그랬잖아~" 　준우 "얘~ 생일이 언제야? 나하고 똑같은 거 아니야?" – 서우도 완전 집중 　준우 "나무 심장 소리 들어봤다~" 　시아 "서우가 말하면 얘가 다 듣는다~" 　서우 "안녕?" 　준우 "얘 진짜 들었어! 친구야 안녕? 넌 생일이 몇 월이니?" 　도빈 "뭐래?" 　준우 "아무 말도 안하는데... 아! 들었어 7월 15일이래" 　서우 "안녕 친구야~ 넌 아주 귀엽다~" – 이름 짓자~~ 　서우 "아주 고마워~" – 팻말에 이름 쓰기~ 　서우 "킹콩" 쓰는~ 　준우 "오빠가 써줄게~" 　서우 "아니야 됐어~"

순서	상황	내용
2	집에서 소풍	준우 "캡틴 윈터~" 서우 "보바 펫..??" – 현상금 사냥꾼이라고...(스타워즈..) 　도빈 "생일하고 다 써줘~" – 스타워즈 인형 이름 맞추기 게임(서우 엄청 잘 맞힘) – 팻말, 화분에 꽂는 　서우 "배고파!" 도시락 싼 거 먹는 – 다같이 도시락 먹는~ 　시아 "나무 심으니까 어때?" 　준우 "공기가 좋아~" 　서우 "바람도.." – 서우 아직도 기분이 안 풀렸다는... 　시아 "나중에 같이 가자~" 　서우 "나 그래도 서운해.." 　서우 "나 서운한 것 같아"

　그렇다면, 이 내용을 어떻게 편집할 것인가? 도시락을 싸는 과정에서 일어나는 일들, 아이들이 한껏 기대했다가 밖에 못 나가면서 생기는 가족 내 갈등, 집이 놀러간 산이라고 가정해서 돗자리를 펴고 즐기는 상상 소풍의 모습, 화분을 심으면서 생기는 일들이 이날 촬영된 내용의 큰 축이다. 그러면서 큰 축은 아니지만 서브^{sub}로 서우가 단짝 친구인 토끼 인형과 노는 모습, 서우와 준우가 원격 조종 카메라를 쳐다보면서 노는 모습, 준우가 좋아하는 스타워즈 장난감을 갖고 노는 모습이 있다. 이 내용을 그냥 시간적 순서로 딱딱 붙일 경우 재미가 없다. 예능 편집은 병렬식으로 각 신을 하나씩 붙이는 것이 아니다. 물론 모든 편집이 시간적, 병렬적으로 붙여나가면 어떠한 재미도 없게 된다. **편집 구성은 울퉁불퉁해야 한다.** 큰 사건과 갈등이 중점적으로 붙고, 그 주변의 얘기는 불필요할 경우 생략하거나 빠른 속도로 전개시켜야 한다. 위 프리뷰에서 보면, 가장 큰 갈등은 미세먼지 주의보로 인한 야외 소풍의 취소다. 이것이 극대화되기 위해서는 나들이 취소가 아이들에게 청천벽력과 같은 일로 받아들여져야 되고, 그것이

잘 드러나기 위해서는 안 나가는 것이 결정났을 때의 아이들의 표정과 행동이 잘 잡혀야 한다. 또 그것을 통해 아이들의 심리가 잘 드러나야 한다. 그러면서도 도시락 쌀 때, 집에서의 상상 나들이를 할 때, 집에서 화분 심을 때의 재밌는 내용들이 살아야 한다. 〈오! 마이 베이비〉의 편집의 관건은 아이들의 모습이 잘 보이고, 그 아이들의 모습을 시청자들이 지속적으로 찾아보게끔 하는 데 있다. 〈오! 마이 베이비〉는 이 프로그램만의 편집상 특징이 몇 가지 있다.

첫째, 사건과 갈등 속에서 아이들의 순수한 모습이 잘 드러나야 한다. 아무리 화나는 일이 있어도 금방 잊어버리고 해맑게 변하는 게 아이들이고 그들을 보여주는 것이 〈오! 마이 베이비〉의 목표다. 아침부터 일어나 10단 도시락까지 준비했는데 소풍이 취소되자, 처음에는 좌절, 절망하다가 다시 훌훌 털고 집에서 흥겹게 화분을 심는 모습이 드러나야 한다. 그게 한층 성장하는 아이들의 모습이고, 동심이다. 이런 것들이 편집으로 잘 살아날 때 시청자들이 매주 이 프로그램을 찾아보게 된다.

둘째, 아이들 개개인의 캐릭터를 살려줘서 아이들의 행동과 표정 하나만으로도 그들의 캐릭터를 시청자들에게 각인시킨다. 여기서는 준우가 도시락을 싸다 몰래 김밥을 계속 먹는 게 찍혔다. 이렇게 늘 시도 때도 없이 먹을 걸 찾는 것이 준우만의 캐릭터다. 그동안 준우는 엄마가 아빠가 열심히 요리할 때 옆에서 몰래 그것들을 집어먹어 왔다. 여기서 플래시백으로 그랬던 준우의 모습을 '컷컷컷'으로 보여주면 준우의 잘 먹는 캐릭터를 극대화시킬 수 있다. 또한 서우는 역시 이 집의 '해피 바이러스'로 해맑은 동심을 갖고 있다. 수제 토끼 인형을 단짝 친구라고 하고, 늘 인형과 대화하고 얘기한다. 인형을 위해 노래를 불러주기도 한다. 소풍을 간다고 하니까 마음이 들떠서 인형에게 옷을 입히고, 대화하고 좋아하는 것이 바로 서우의 캐릭터인 것이다. 그러면서도 준우 오빠와 같이 있다 보니, 어떨 때는 이 또래의 여자 아이들과는 다르게 스타워즈, 마블, DC캐릭터를 좋아하고 그것에 정통한 모습을 보여주기도 한다. 이렇듯 성격과 환경에 따라 드러나는 아이들의 변화무쌍한 모습이 관찰 리얼리티 촬영을 통해 면밀히 드러난다. 이 프로그램에서는 늘 아이들의 캐릭터 편집이 중요하다. 예를 들어, 먹태오, 힘라율, 똑라희처럼 그 일관된 캐릭터를 편집에

▍집에서 상상 소풍을 즐기는 우남매네

▍집에서 화분을 열심히 심는 우남매네

잘 녹여주어야 한다. 개별 BGM으로도 그 캐릭터를 강화시킬 수 있다. 가수 김태우의 딸 김지율은 먹는 것을 하도 복스럽게 먹어서 '먹지율'로 불리었다. 그런데 가끔씩 모두가 예상치 못하게 지율이가 똑똑한 말과 행동을 하기도 했다. 이런 캐릭터를 살리기 위해서, 의외의 천재적인 행동을 보이기 전에 지율이 원 샷 표정에 슬로우를 주면서 영화 〈셜록 홈즈〉의 'My mind rebels at stagnation'을 깔았고, 자막도 '찌니어스'라고 계속 넣어줬다. 이렇게 편집하다 보니까, 지율이는 잘 먹으면서도 비상함과 명석함을 갖는 캐릭터로 자리 잡게 되었다. 이 프로그램의 주인공은 아이들이다 보니, 자막도 이처럼 아이들 위주로 뽑혀야 하겠다.

셋째, CG나 분할 등 갖은 편집 기교를 사용하여 최대한 재미있게 편집하는 것이 필요하다. 〈오! 마이 베이비〉도 결국 예능이다. 예능 프로그램은 원래 시청자에게 웃겨야 한다. 때로는 눈물 나는 감동도 주지만, 예능 프로그램의 주된 사명은 웃기는 것이다. 이날 촬영된 것 중에서 메이킹을 통해 살릴 수 있는 내용은 상상 소풍을 CG를 활용해서 표현하거나, 〈스타워즈〉에 나오는 인물을 놓고 퀴즈를 할 때는 〈스타워즈〉 음악을 BGM으로 깔면서 재미있게 만들 수 있다. 이렇듯 관찰 리얼리티는 갖은 기교로 최대한 웃기고 재미있게 만들어야 한다.

6. 관찰 리얼리티 그 이후

1) 관찰 리얼리티를 통해 본 우리나라 예능과 일본 예능

우리나라 예능 프로그램은 과거에 일본 예능 프로그램을 참고해서 만들던 시절이 있었다. 이 시기에 일본 예능의 대표적 장르는 리얼 버라이어티였다. NTV 〈철완 대쉬〉,

TBS 〈링컨〉, TV아사히 〈황금전설〉 등이 대표적인 일본 리얼 버라이어티 프로그램이다. 일본 아이돌 그룹 출신 출연자들이 초고속 열차 신칸센과 달리기 경주 등을 펼치고, 머리에 오토바이 헬멧을 착용한 후, 몸에 오일을 바르고 쭉 미끌어져 내려가 큰 볼링핀들을 머리로 넘어뜨리는 인간 볼링을 하고, 무인도에게 가서 일주일 동안 먹을 거 없이 생존하는 등의 리얼 버라이어티가 위 프로그램들의 내용이다. 우리나라 역시 2012년 이전까지만 해도 이러한 리얼 버라이어티가 대세였고, 대부분의 예능 프로그램이 이 장르였다. 그러다 어느 순간부터 방송인 사이에서 일본식 리얼 버라이어티 예능이 식상하고, 재미없어졌다는 말이 나오기 시작했다. 그 시기가 우리나라 리얼 버라이어티 프로그램들이 최고의 인기를 누리기 시작한 시기와 맞아 떨어진다. 〈무한도전〉, 〈1박2일〉, 〈런닝맨〉 등이 차례로 나오면서부터 우리나라 시청자들이 체감하기에 우리나라 예능과 일본 예능의 재미와 제작 수준이 거의 차이 없게끔 느껴지기 시작했던 것이다. 그러다 2012년 10월, 일본에서 두 개의 이색적인 포맷의 방송이 등장했다. TBS 〈인간관찰 모니터링〉과 후지TV 〈테라스 하우스〉다. 이 두 프로그램은 기존의 리얼 버라이어티와 비교해 제작방식에서 차이가 있었다. 제작진이 거의 개입하지 않는 식의 관찰 리얼리티 프로그램이었던 것이다. 먼저 〈인간관찰 모니터링〉은 기존의 몰래 카메라 형식에 거치 카메라 대 수를 늘려서, 일반인과 연예인 모두를 대상으로 쭉 관찰한 것을 편집해서 방송한다. 그 아이템의 예로 딸이 공부를 그만하고 도쿄로 올라가 아이돌 연습생이 되겠다고 할 때, 아버지와 딸이 대화를 나누는 모습을 관찰 형식으로 쭉 찍어서 편집해 방송하는 것이 있었다. 또한 〈테라스 하우스〉는 연예인을 비롯한 셀러브리티 남녀들이 한 집에 임의로 모여 살면서 일어나는 일을 관찰 형식으로 찍어서 방송한 것이다. 이 두 프로그램이 일본 예능에 등장하고, 이듬해인 2013년부터 우리나라도 본격적인 관찰 리얼리티 프로그램들이 속속 등장했다. 그런데 이상하게도 일본에서는 이 두 프로그램이 나온 이후에도 관찰 리얼리티 장르가 그다지 인기를 누리지 못하고 아직도 리얼 버라이어티 장르가 대세다. 반면에 우리나라는 2013년부터 관찰 리얼리티 프로그램이 대세가 되었고, 지금까지도 관찰 리얼리티가 많이 제작되고 있다. 이런 이유는 우리나라와 일본 시청자들의 차이에서 나오는 것이고, 결정적인 이유는 리얼리티를 더 좋아하는 우리 국민

성에 있다고 하겠다. 우리나라 시청자는 리얼하지 않으면 아무리 재미있어도 그것을 기다려주지 못한다. 반면에 일본 시청자들은 아직도 리얼 버라이어티를 꾸준히 좋아하고 환호한다. 거치 카메라, 매직 미러 없이, 카메라 단 4~5대만을 갖고 찍어도 시청자들이 그것을 성의 없다고 생각하지 않고 잘 봐준다. 일본보다 상대적으로 냉정하고 까다로운 우리나라 시청자들이 있기에, 우리나라 예능이 해를 거듭할수록 발전해 온 것이 아닐까 싶다. 이런 이유로 우리가 카피해 만들던 일본 예능 프로그램보다도 훨씬 고퀄리티의 우수한 우리나라 예능 프로그램이 나오고 있는 것이다.

2) 다양한 관점의 프로그램들

지금까지 관찰 리얼리티에 대해 살펴보았다. 이제 이러한 리얼리티 장르를 기반으로 하여 향후에는 어떻게 발전해 나갈지 마지막으로 몇 가지 덧붙여 보고자 한다.

첫째, SNS 시대에 시청자가 카메라 감독 겸 연출자가 되는 프로그램의 출현이 기대된다. 요즘 폰카로 제작한 영상들은 과거의 단순한 UCC 영상 수준을 훨씬 뛰어넘는다. 시청자가 제작자가 되는 프로슈머prosumer; 생산자와 소비자가 하나라는 의미의 신생어의 시대가 도래했다.

둘째, 시점이 변화된 장르의 예능이 등장할 수 있다. 액션 카메라를 활용해서 출연자를 찍는 것이 아니라, 출연자의 시선에서 찍힌 영상들로 제작되는 프로그램이 나올 수 있다. 심지어 360도 카메라를 활용한 VRvirtual reality 영상의 프로그램도 나올 수 있다.

셋째, 개인 인터넷 방송이 강화된 장르의 예능 프로그램이 나올 수 있다. 1인 인터넷 방송을 넘어서서, 1인 홈쇼핑 채널이나 1인 인터넷 강의를 활용한 프로그램들이 나올 수 있다.

넷째, 모바일 환경용 웹 예능, 웹 드라마의 제작이 더욱 가속화될 것이다. TV라는 매체보다는 모바일이나 태블릿을 통해 방송이 시청되는 세상이다. 따라서 지상파를 비롯한 기존 미디어들은 시청률의 저하, 광고 판매의 부진 등 각종 위기를 겪고 있다. 이런 상황에서 모든 콘텐츠들이 모바일 매체를 통해 소비되고 있다. 그렇다면 매체에 맞는 콘텐츠들이 제작될 필요가 있을 것이고, 그것들이 많이 등장할 것이다.

3) 맺는 말

우리나라 시청자들은 매우 냉정하고 눈이 높다. 전 세계에서 가장 새로운 것과 재밌는 것을 추구하는 수준 높은 시청자일 것이다. 새로운 프로그램이 시장에 나오면 단 3회만에 그 프로그램의 운명이 결판난다고들 한다. 2049(20~49세) 시청자들은 3회 안에 앞으로 그 프로그램을 계속 볼지, 안 볼지를 결정한다고 한다. 광고주들 역시 딱 3회 만에 해당 프로그램에 CM을 붙여야 할지 안할지를 결정하는 추세다. 이런 의미에서 새 프로그램의 첫 화면, 첫 회는 넘나(?) 중요하다. **프로그램의 성공을 결정짓는 세 요소가 있다. 시청률, 광고 판매율, 이슈**다. 과거에는 시청률만 잘 나오면 장땡(?)이었다. 그러나 광고 판매율이 계속 떨어지는 시대가 도래하다 보니 시청률보다는 광고가 잘 팔리는지가 프로그램을 평가하는 중요 요소가 되었다. 또한 프로그램이 이슈가 되는지 안 되는지가 프로그램의 성패를 결정짓는 중요한 요소가 된다. 시청률이 나와도, 광고가 잘 팔려도, 방송 다음날 관련 기사가 포털사이트 연예 메인에 하나도 안 오른다면 그 프로그램은 무조건 좋은 프로그램이라고 할 수 없다. 이 세 요소를 만족시키면서, 젊고 트렌디한 프로그램을 만드는 것은 쉬운 일이 아니다. 우리나라 시청자들의 유행은 정말 빠르다. 불과 2~3개월 전에 섭외 1순위에 잘나가던 스타도 시간이 조금 지나면 이내 그 인기가 사라지는 시대다. 시대 자체가 정말 빠르고 변화무쌍한 시기다. 이런 시기에 예능 프로그램을 만든다는 것은 힘들고 어렵기도 하지만, PD로서 큰 도전 정신을 갖게 만든다. 우리나라 시청자들이 계속 새로운 것을 추구하고 진화, 발전하는 만큼, 우리 PD들, 방송장이들도 거기에 발맞춰서 계속 진화, 발전, 성장해야만 하겠다.

TV Entertainment Production Guide

버라이어티 제작의 실무가이드

"삼장법사를 모시는 손오공처럼"(傷官佩印)

유윤재

SBS 예능 PD

서울대 화학과 학사
연세대 언론홍보대학원 석사
변화무쌍한 프로그램 흥망사로 인해 주역,
명리학, 정신분석학에 관심

주요 기획, 연출 프로그램
〈힐링캠프〉, 〈정글의 법칙〉,
〈콜럼버스 대발견〉, 〈사랑의 위탁모〉,
〈백종원의 3대 천왕〉 연출
〈백종원의 푸드트럭〉, 〈백종원의 골목식당〉 기획

1. 버라이어티란?

"버라이어티 프로그램은 예능 프로그램 그 자체다!"

버라이어티 쇼variety show의 사전적 의미는 어느 하나의 형식에 연연하지 않는, 다채로운 포맷과 내용을 담은 예능, 오락 장르를 말한다. 실제 TV 프로그램 중 가장 넓은 범위를 포괄하는 장르로, 토크쇼, 코미디, 음악쇼, 퀴즈쇼, 게임쇼, 서바이벌 오디션 프로그램, 시트콤 등을 제외한 모든 오락 장르가 버라이어티에 포함된다고 볼 수 있다. 특히 장르 간의 이합집산이 지금도 계속되고 있다는 점을 감안하면 예능 프로그램 장르 자체가 버라이어티화하고 있다고도 볼 수 있겠다. 프로그램 간의 융합으로 기존 장르의 경계가 허물어지면서 SBS 〈호기심천국〉과 같은 정보와 오락이 결합된 '인포테인먼트쇼infortainment show'나, MBC 〈이휘재의 인생극장〉, SBS 〈반전드라마〉처럼 드라마와 코미디가 결합된 '드라미디dramedy' 프로그램이 등장하게 되었다.

대한민국 텔레비전의 버라이어티는 방송의 태동기인 1962년부터 개국과 동시에 시작한 장르이다. TBC의 〈쇼쇼쇼〉, KBS의 〈젊음의 행진〉, MBC의 〈일요일 밤의 대행진〉 등을 필두로 다양한 형식으로 개발되어 왔다. MBC 〈토요일 토요일은 즐거워〉, 〈일요일 일요일 밤에〉 등 버라이어티적 요소가 강했던 초기 주말 예능 프로그램들은 점차 리얼리티적인 요소를 강화하여, MBC의 〈무한도전〉, KBS의 〈1박2일〉이나 SBS 〈패밀리가 떴다〉, 〈런닝맨〉 등과 같은 연예인 중심의 한국적 리얼리티 장르로 발전했다. 이처럼 지금 유행하고 있는 거의 모든 예능 프로그램 장르의 뿌리는 버라이어티라고도 볼 수 있다.

장르의 혼종이 대세가 되면서 드라마, 교양 프로그램에 예능의 요소를 적극적으로 접목하기 시작하여 전방위적인 프로그램의 예능화가 진행되었다. 특히 일반인의 재능을 활용한 SBS의 〈진실게임〉, 〈호기심천국〉, 〈콜럼버스 대발견〉, KBS의 〈스펀지〉 등 정보와 결합된 인포테인먼트쇼가 인기를 끌면서 다양한 장르의 혼종을 통한 버라이어티의 전성시대가 펼쳐졌다. 현재 리얼리티와 오디션, 음악쇼의 강세로 전성기의 인기에 비해 주춤하긴 했으나 여전히 SBS 〈집사부일체〉, 〈백종원의 골목식당〉 등 다양한 장르의 버라이어티 프로그램이 계속 나오고 있다.

2. 버라이어티의 기획과 제작

"버라이어티 프로그램의 완성 과정을
사전제작(기획), 제작, 사후제작으로 나눠 알아보자"

1) 버라이어티의 사전제작 – 버라이어티 기획, 새로워야 산다!

버라이어티는 실제로 소재의 제한이 없다. 프로그램을 구성하는 기본 요소를 내용(콘텐츠)과 형식(포맷)으로 본다면 버라이어티는 제작 문법이 너무나 다양하고, 내용 또한 세상의 모든 것을 포함한다. 즉, 버라이어티 장르는 내용과 형식의 두 요소 모두에서 무한한 변주가 존재한다는 얘기다. 내용을 중시하는 교양 프로그램과는 달리 예능은 내용을 풀어가는 규칙을 개발하는 것이 더 중요할 때가 많다. 이 규칙을 우리는 포맷이라 부르는데 실제 전 세계적으로 형성돼 있는 포맷 시장은 거의 예능 버라이어티 프로그램이 장악하고 있다. '잡종', '혼종'의 의미인 버라이어티variety라는 단어가 말해주듯 버라이어티 기획은 자연스럽게 탈장르화를 지향한다. 즉, TV 5대 장르의 경계를 가로질러 새로운 프로그램을 탄생시키는 것이 버라이어티 기획의 본질이다. 그러므로 훌륭한 버라이어티 기획자가 되려면 막내 조연출 시기부터 기존의 문법을 비트는 연습을 계속해야 한다. MBC 〈무한도전〉의 경우 매번 다양한 내용과 형식의 시도를 통해 장수 프로그램이었음에도 젊은 층의 사랑을 놓치지 않았는데, 이러한 〈무한도전〉의 무한한 변주가 버라이어티 기획의 모범답안이라고 할 수 있다.

"머릿속에 있는 것을 뭐든지 다 할 수 있다"

이런 마음으로 기존 프로그램과 핫한 트렌드를 매의 눈으로 관찰하고 창조적으로 변주하는 능력이 버라이어티 연출자의 가장 큰 덕목인 것이다.

그렇다면 창의력이 풍부한 천재만 참신한 기획이 가능할까? 그렇지는 않다. 모방은 창조의 어머니라는 말이 있듯, 새로운 프로그램을 창조하기 위한 첫 단계로 이전의 히트 프로그램을 참고하는 경우가 많다. 방송이 아닌 다른 분야에서도 기존 아이템의 교집합을 통해 새로운 아이템이 탄생하는 경우가 많은데, 광고 제작자들이 개발한 SCAMPER 기법[1]이란 것이 있다.

"성공한 것을 결합하거나 변형하거나 대체하거나 재배열하라"

번뜩이는 창의성이 무엇보다 강조되는 광고판에서조차 성공했던 과거의 아이템이 새

---

1) SCAMPER란 오스본(Alex F. Osborn)의 체크리스트를 더 발전시킨 방법이다. SCAMPER는 다음의 약자이다.
   S: 대체(substitute)-기존의 요소를 다른 요소로 바꿈
   C: 결합(combine)-두 가지 이상의 요소를 결합
   A: 응용(adapt)-다른 조건에 맞게 응용
   M: 변형(modify)-특성을 변형, 확대 또는 축소
   P: 다르게 활용(put to other use)-다른 용도의 가능성
   E: 제거(eliminate)-어떤 것의 일부분을 제거
   R: 뒤집기(reverse)-순서나 모양 등을 거꾸로 함

로운 아이디어의 모태로 활용된다는 얘기다. 필자의 경험으로도 창의성이란 없는 것에서 새로운 것을 만들어 내는 것이 아니라 기존에 있던 것을 창의적으로 변형해서 업그레이드하는 것에 가깝다고 보인다. 따라서 가능한 선에서 최대한 프로그램을 많이 보고 참고하는 것은 창의적 기획을 위해 반드시 필요한 단계이다. 그러나 오해는 하지 말자!

"창의적 '플러스 알파'가 없다면 모방이고 카피일 뿐이다!"

히트작을 변형해서 새롭게 탄생한 웰메이드 프로그램은 사실 지금도 어렵지 않게 찾을 수 있다. 일례로 MBC 〈복면가왕〉은 〈나는 가수다〉의 복면판 업그레이드 버전으로 볼 수 있지 않을까? 그러나 어느 누구도 두 프로그램을 비슷하다 이야기하지 않는다. 그 이유는 기존 프로그램의 장점에 새로운 창의적 요소가 녹아들어가 폭발적인 시너지를 일으켰기 때문이다.

이러한 창의적 요소는 시나리오 할리우드 제작자들 사이에 통용되는 훅과도 일맥상통한다. 여기서 훅은 간결하게 정리된 영화의 핵심 문장을 말한다. 영화 관련자들이 시나리오를 읽어보고 싶다는 흥미를 확 느끼게 하고, 관객 또한 영화를 보고 싶어하게 만드는 '기발한' 아이디어를 말한다. 이러한 기발함이 없는 혼종 작품은 어디서 본 듯한 지루함만 줄 뿐이다.

마찬가지로 버라이어티 프로그램의 기획에 있어 다른 무엇보다 중요한 것도 기발함(새로움)이다.

"새로움"이 있는가? SBS 예능본부 출입문 바로 옆에 붙어 있던 글귀다. 이제 더 이상 시청자는 지상파를 편애하지 않는다. 다양한 매체에서 쏟아져 나오는 콘텐츠는 시청자의 기호를 더욱 까다롭게 만든다. 어디서 본 듯한 그림, 들었던 이야기는 바로 외면당하는 것이 지금의 현실이다.

'새로움'은 프로그램의 생명이자 존재의 이유다.
_ SBS 본사 예능본부 입구 출입문에 있던 '예능 기획의 모토'

"새롭고 기발한 것을 찾아라!"

얼마 전까지만 해도 좋은 프로그램의 여러 요소 중 하나일 뿐이라 생각됐으나, 이제는 가장 중요한 요소이자 생존의 조건이 되어 버렸다. 버라이어티 PD는 '죽느냐, 새로워지느냐, 그것이 문제'인 시대에 맞닥뜨리게 된 것이다.

그렇다면 '어떻게' 기발해 질 수 있을까? 전문가들은 선입견을 버리는 것이 창조적 사고의 처음이 되어야 한다고 입을 모은다. 필자는 창조적 아이디어를 위해서는 많은 프로그램을 보고 참고해야 한다고 했다. 그런데 아이러니는 주변을 자세히 관찰하고 많은 프로그램을 보면 견문이 넓혀져 기획의 소재를 찾는 데는 도움을 주지만, 다른 한편 기존의 선입견을 넘어선 아이디어를 만드는 데는 오히려 방해가 될 수도 있다는 것이다. 선입견과 고정 관념이 창조적 사고를 저해하는 문제의 핵심이라면 어떻게 이로부터 벗어날 수 있을까? 김주환이 쓴 〈회복탄력성〉이란 책에는 이런 구절이 있다.

코넬 대학의 앨리스 아이센 교수는 학생들을 두 그룹으로 나눠서 한 그룹에게는 5분 동안 재미있는 코미디 영화를 보여주었다. 학생들은 깔깔대며 즐겁게 영화를 봤다. 다른 그룹에게는 별다른 감정을 불러일으키지 않는—하지만 논리적 사고를 자극하는—수학적 내용에 관련된 영화를 보여주었다. 그리고는 이들에게 각각 10분을 주고 던커의 촛불 문제를 풀어보게 했다. 과연 어느 그룹이 잘 풀었을까?

결과는 놀라웠다. 깔깔대며 즐겁게 코미디 영화를 본 그룹은 75%가 10분 내에 문제를 풀었다. 그러나 논리적 사고를 자극하는 영화를 본 그룹은 단 20%만이 문제를 풀었다. 물론 두 학생 그룹 사이에 지능이나 학력 수준에 차이가 있었던 것은 아니다. 다만 코미디 영화를 보면서 잠시 웃었다는 사실, 즉 긍정적 정서가 유발되었다는 사실이 이처럼 큰 차이를 가져온 것이다.

역설적이게도 사안 집중적 사고를 하는 것보다 코미디 프로그램과 같은 사안에 무관한 경험 속에서 창의적인 아이디어가 나올 확률이 많다는 것이다. 이 책은 여기에 대한 설명으로 '코미디 프로그램 시청으로 인해 유발된 긍정적 정서(긍정사고)가 도파민 레벨을 향상시켜 확장된 연상작용을 일으키기 때문에 창의적 사고에 도움을 준다'고 주장한다. 따라서 훌륭한 버라이어티 PD가 되기 위해서는 문제 해결을 위한 과도한 집중력보다 긍정적 사고를 유지하는 마음가짐이 더 중요할지도 모른다. 물론 고정관념과 선입견을 깨기 위한 기술적 방법으로 여러 분야에서 활용되는 브레인스토밍brain storming을 응용할 수도 있다. 실제 브레인스토밍은 필자도 기획 단계에서 여러 번 시도했던 방법이다. 그런데 결과는? 그리 잘 나왔던 것 같지 않다. 오히려 '쓸데없는' 잡담을 즐기던 '느슨한' 술자리에서 더 많은 아이디어를 얻었던 것이 사실이다.

요약하면 경험상 기발함을 기르는 특별한 왕도는 없다. 다만 엄격함보다 느슨함이 창조성과 연관이 있다는 어렴풋한 결론뿐이다. 이는 구글의 펀fun 경영이 보여준 최고의 성과에서도 증명되고 있다. 바로 '놀다가 일하는' 느슨함의 힘이 생각보다 강하다는 것. 이유는 다음과 같기 때문이다.

"치열함이 문제 해결의 열쇠라면, 느슨함은 창조 행위의 열쇠이다"

사실 이러한 긍정 사고의 장점은 여러 책과 방송 프로그램을 통해 널리 알려져 있다. 다만 치열한 환경에서 느슨함을 유지하는 것은 '광화문 한복판에서 참선하는 것만큼 어려워서 실천하기 쉽지 않을 뿐'이다.

그래도 기발함에 목매야 하는 것이 버라이어티 PD의 숙명!

"많이 보고 많이 고민하되, 계속 웃고 계속 딴짓하라!"

2) 버라이어티의 제작–천화동인(天火同人䷌)의 마음으로!

버라이어티 기획이 완료되면 본격적인 제작의 단계로 접어든다. 제작은 어떤 마음가짐으로 해야 할까? 필자는 〈주역〉에서 해답을 찾았다. 주역은 주周나라의 역易이라는 말이며 주나라 때 조정에서 정치 변화를 점칠 때 썼던 내용을 정리한 것으로, 고대 국가기관이 전쟁 등의 위기상황에 대한 해석을 위해 발전시킨 점법 책이다. 주역은 사서삼경의 하나로서 유교의 공식 교과서이도 했다. 수천 년 전 조상의 지혜가 집적된 주역 64괘 중 필자는 특별히 13번째 괘卦에서 혜안을 얻었다. 바로 천화동인天火同人 괘이다. 황태연의 〈실증주역〉에 의하면 천화동인의 괘사卦辭; 괘의 뜻는 다음과 같다.

> 天火同人 同人于野 亨 利涉大川 利君子貞
> 광야(온 누리)에서 뭇사람을 모으니 형통하리라. 큰 내를 건너는 것이 이로우리라. 군자가 주간하는 일은 이로우리라.
>
> '동인同人'의 '동同'은 무리를 취합하는 것, 합동케 하는 것, 함께 하는 것을 말하고

> '인人'은 뭇사람(들)을 말한다. 따라서 '동인'은 뭇사람을 함께 하도록 하는 것 또는 '뭇사람과 함께 하는 것', 나아가 '함께 하는 뭇사람들'을 뜻한다.

이 말이 강조하는 것은 바로 이것이다.

팀워크!

주목해야 할 것은 천화동인 괘의 뜻이 '뭇사람과 함께 하는 것, 사사로운 친근감이 아니라 대의명분으로 이루어지는 대동의 일, 대의로 뭇사람의 지지를 얻는 것'으로 '공익'과 연관이 있다는 것이다. 즉, 사사로움을 버리고 함께 하나의 목표로 매진해 나가라는 의미로 여러 사람이 함께 팀워크를 이루어 나갈 때 길한 괘다. 필자는 이 괘를 항상 염두에 두고 팀원과 소통하려 노력하는데(마음처럼 잘 되지는 않지만…), 큰 규모의 버라이어티 제작에 있어 성공의 키워드는 무엇보다도 팀워크이기 때문이다.

왜 그럴까? 일반적으로 프로그램 한편이 만들어지기 위해서는 '사전제작단계preproduction'인 기획, 구성, 섭외와 '제작단계production'인 리허설(드라이dry리허설, 카메라 리허설), 녹화, 그리고 마지막 '사후제작단계postproduction'인 사전편집(가편집)과 종합편집 등의 작업이 필요하다. 프로그램이 대형화되면서 각 단계마다 적게는 20명, 많게는 수백 명의 제작 스태프가 하나가 되는 작업이 필요하다. 이렇다 보니 연기자 캐스팅 못지않게 유능한 스태프의 캐스팅 역시 프로그램의 성패에 큰 역할을 한다. PD와 상호 소통이 가능한 유능한 스태프를 우군으로 두는 것은 백만 대군을 거느린 장군만큼 든든한 일이다. 그렇다면 지휘자로서의 자질이 필요하다. 그것은 바로,

소통!

예외 없이 소통에 능한 PD만이 훌륭한 작품을 만든다. 대동의 마음으로 모두가

공감할 수 있는 프로그램을 만드는 것. 이 천화동인의 정신이야말로 버라이어티 PD가 꼭 품어야 할 보석과 같은 마음이다. 이제 제작의 각 단계별로 버라이어티 PD의 소통은 어떻게 이루어지는지 구체적으로 살펴보겠다.

① PD는 프로그램의 지휘자다 — 지휘는 카라얀처럼!

천화동인의 마음으로 팀을 이끌려면 PD는 어떤 사람이 되어야 할까?

연출팀에는 기획총괄자인 CP[chief producer]와 기획과 예산을 담당하는 프로듀서[producer], 메인 PD,[2] AD[assistant director](조연출), FD[floor director], 외주 제작사 등이 포함된다. 이들이 프로그램의 녹화와 편집의 전 과정을 책임진다. 그중에서도 메인 PD(이하 PD)는 프로그램 제작의 시작과 끝이다. 제작과 관련된 모든 단계(사전제작에서 사후제작까지)에 다 관여한다는 의미다. PD는 '프로그램이라는 오케스트라의 지휘자'이다. '구성은 작가가, 편집은 편집 감독이, 촬영은 카메라 감독이 한다면 PD는 과연 무엇을 하는 거지?'라는 말은 마치 '연주는 연주자들이 하는데 지휘자는 무엇을 하는 거야?'라는 말과 같다. 전체를 조율하고 지휘하는 일, 그것이 PD가 하는 일이다. 버라이어티 PD를 특별히 오케스트라의 지휘자에 비유하는 이유는 대형 프로그램이 유달리 많은 버라이어티의 특성상 수많은 스태프들이 모인 '대형 오케스트라의 대장이기도 하면서 끼 많은 예술가'여야 하기 때문이다. 그렇기 때문에 카리스마 넘치는 지휘자 카라얀의 이미지는 이상적인 PD의 모습과 너무도 비슷해 보인다.

버라이어티 촬영은 일반적으로 '스튜디오 녹화'와 '야외(VCR) 촬영'으로 구성된다. 두 가지 구성 요소의 비율에 따라 SBS 〈콜럼버스 대발견〉, 〈놀라운 대회—스타킹〉과 같은 스튜디오 녹화 위주의 프로그램과 〈호기심천국〉[3]으로 대표되는 야외(VCR) 촬영

---

2) PD는 program director 혹은 producer & director의 의미를 가지며, 방송의 프로그램 감독을 말한다. 우리나라 방송 현장에서 주로 쓰는 표현으로 기획, 예산을 담당하는 프로듀서와 연출을 담당하는 디렉터의 영역이 명확히 구분되지 않아 PD라는 모호한 표현이 쓰이게 된 듯하다.

3) '국내 최초의 지적 버라이어티'를 표방했던 SBS 프로그램(종영). 호기심이 담긴 질문을 과학적 실험을 통해 해결하는 구성의 프로그램이다.

위주의 프로그램으로 나뉠 수 있다. SBS 〈좋은 세상 만들기〉[4]나 〈백종원의 3대 천왕〉은 두 가지 요소의 비중이 거의 비슷한 경우이다. 버라이어티는 제작방식뿐 아니라 소재 역시 매우 다양하므로 각 프로그램마다 고유한 제작 노하우를 필요로 한다. 따라서 제작팀을 구성할 때 소재와 제작방식에 보다 더 적합한 인력을 섭외하게 된다. 이때 PD는 다양한 개성의 스태프로 구성된 오케스트라를 잡음 없이 이끌어야 한다. 버라이어티 프로그램은 최근 들어 더욱 대형화되고 있는 추세여서 예전과 같은 가족적 팀워크는 거의 불가능하다. 따라서 유능한 스태프를 구하는 것만큼 그들과의 효율적인 커뮤니케이션 능력도 필수다. 다른 스태프와 진심으로 공감하며 소통해야 한다는 말이다. 그러기 위해 PD는 단지 연출팀 중 한 명이 아닌 작가이자 편집 감독이자 카메라 감독이 되어야 한다.

시청률 경쟁의 전쟁터에서 효율적으로 대군을 호령하되 소통하며 팀을 이끄는 존재!
PD는 카리스마 넘치는 매력인, 프로그램의 카라얀이 되어야만 하는 것이다!

② PD는 선택하는 사람이다 – 알파고처럼 선택하라!

'혼자서 북 치고 장구 친다'라는 속담처럼 일부 PD는 영상감각, 편집능력이 월등히 뛰어나고 심지어 유머감각도 풍부해 다른 PD들을 주눅 들게 한다. 하지만 필자의 경험상 훌륭한 PD의 기본 덕목은 이러한 다재다능함보다 선택을 하는 능력이라고 생각한다. 사람은 저마다 재미있다고 생각하는 포인트가 다르므로 PD마다 선택이 달라질 수밖에 없다. PD는 촬영의 매순간, 편집점 하나하나마다 선택의 순간에 직면하게 된다. 수많은 촬영과 장시간 편집의 결과물인 버라이어티 프로그램 속에는 수천, 수만 번의 선택이 녹아 있다는 말이다. 그러므로 매 순간 가장 승률 높은 선택을 하는 능력, 바둑돌 하나하나에 최선을 다하는 프로기사와 같은 능력이 PD에게는 더 필요하다고 본다. 특히 다양한 요소가 섞여 복잡다단한 데다 점차 대형화가 진행되고

---

4) 농촌의 어른들에 대해 다시금 생각하게 했던 SBS 히트 프로그램(종영). 시골에 사는 할아버지, 할머니의 진실한 모습이 담긴 '고향에서 온 편지'(야외 촬영) 코너가 큰 인기를 끌었다. 스튜디오에서 진행된 '장수퀴즈' 역시 인기였다.

있는 버라이어티의 경우 순간의 선택이 프로그램의 운명과 직결될 수도 있다.

이세돌 9단과 세기의 바둑 대결을 벌였던 알파고! 알파고는 어떻게 세계 최고 프로기사를 이길 수 있었을까? 바둑 전문가에 의하면 '바둑이란 축적된 여러 가지 변화를 비교한 후 최선을 미리 계산해서 선택하는 것'이 전부인데, 알파고가 바로 그런 기능에 특화된 인공지능으로 보인다. 알파고의 기능 즉, 수많은 사전 데이터를 기초(정책망)로 가장 승률 높은 선택(가치망)을 하는 것은 프로기사의 사고과정과 거의 동일하다. 나아가 이것은 경험과 학습을 통해 사고 능력을 발전시켜 나가는 인간의 기본 사고과정과도 매우 유사하다. 다만 알파고의 자료 수집 능력이 인간에 비해 월등히 뛰어나고 처리속도도 빨라 작업 능력 면에서 인간과는 비교도 안 되는 효율성을 보인다는 사실이다. 거의 무한대의 사전 데이터에 접속할 수 있는 데다 선택의 속도도 무한대에 가까운 알파고와 거의 대등한 시합을 벌인 이세돌 9단의 지적 능력이 대단할 수밖에 없는 이유다.

알파고가 인간과 비슷한 사고과정을 가지고 있다는 말은 전문용어로 '인간 두뇌와 유사한 알고리즘을 갖고 있다'는 말로도 표현된다. 여기서 '알고리즘'이란 쉬운 말로 '최선을 선택하는 행위'이다. 버라이어티 프로그램 제작과정에서 알파고와 같은 알고리즘 수행자(어떤 상황에서도 최선을 선택해야만 하는 자)가 곧 연출자다. 선택의 딜레마에 빠져 머리를 쥐어짜게 하는 스트레스는 프로그램 기획 때 극대화된다. 버라이어티 기획과정에서 PD는 하루에 수십 명의 담당자와 수백 통의 통화를 하는 경우가 다반사다. 왜? PD는 선택을 하는 사람이기 때문이다. 그 하나하나의 선택이 모여 프로그램의 모양새를 결정한다.

혹자는 '연출자 하나 바뀐다고 프로그램이 얼마나 바뀌겠어?'라고 생각할 수도 있겠다. 실제로는? 엄청나게 바뀐다! 바둑처럼 프로그램 제작에서도 경우의 수가 무한대에 가깝기 때문에 그러할 것이다. 그래서 우리는 항상 놀란다. 연출자 한 명 바뀌었다고 프로그램이 이렇게나 바뀌다니!

선택의 승부사, 프로그램의 알파고가 되라!

바로 버라이어티 PD의 모토이다.

③ 버라이어티의 스토리텔러(storyteller)이자 섭외 전문가, 작가

버라이어티에서 작가는 PD와 함께 구성을 담당한다. 구성은 쉽게 말해 이야기, 스토리텔링이다. 따라서 이야기꾼이 되어 재밌는 내러티브를 구성할 수 있는 능력은 작가의 가장 중요한 덕목이 된다. 버라이어티의 경우 상황대본[5]인 경우가 많아 연기자의 애드리브ad-lib에 상당 부분 의존한다. 따라서 대본보다 현장에서의 즉각적 개입을 더 필요로 하는데 보통 작가는 프롬프터[6]를 이용해서 촬영이 원하는 스토리텔링으로 진행될 수 있도록 한다. 이렇듯 버라이어티의 스토리텔링은 현장에서 구현되는 부분이 많기 때문에 버라이어티 작가에게는 상당한 순발력과 재치가 필요하다.

작가의 또 다른 영역은 섭외다. 포맷이 다양한 버라이어티 성격상 프로그램에 따라 전혀 다른 섭외가 필요한데, 일반인이나 전문가 섭외가 중요한 프로그램에서 특히 작가의 능력이 크게 발휘된다. 예를 들어, 일반인이 주인공인 SBS 〈진실게임〉과 같은 프로그램들은 끼 있는 일반인을 섭외하는 것이 성공의 관건이다. 이때 권위적으로 보일 수 있는 PD보다 대인 커뮤니케이션 능력이 좋은 작가가 섭외를 담당하는 경우가 많다. 당사자가 출연을 두려하는 경우가 생각보다 많아 인간적인 친밀감을 통해 공포감을 없애주어야 하기 때문이다. 보통 담당 작가가 출연 예정자와 1대1로 밀접히 접촉하며 관계 맺기에 올인해야만 섭외에 성공하게 된다.

법률, 요리 등 전문 영역을 다루는 프로그램인 SBS 〈솔로몬의 선택〉, 〈백종원의 3대 천왕〉의 경우는 해당 전문가의 섭외가 중요하다. 이 경우 PD, 작가가 인적 네트워크와 지극한 정성을 총동원하여 최고의 전문가를 섭외하는 것이 프로그램의 시청률과 직결된다. 〈백종원의 3대 천왕〉의 경우 작가 십여 명이 전국 방방곡곡 맛집을 직접 찾아가 섭외를 하는데, 단번에 승낙을 하는 명인은 거의 없다. 수차례에 걸친 설득과

---

5) 상황대본이란 정해진 대사가 없이 단지 상황만 정하고 구성한 대본을 말한다. 이를 한편 비대본(non-script)이라고도 한다. 비대본 프로그램으로는 대부분의 예능 프로그램이나 다큐멘터리가 그 예다. 이에 비해 드라마나 시트콤은 정해진 상황과 대사가 있기 때문에 대본(script) 프로그램이라고 한다.
6) 프롬프터(prompter)란 방송에서 원고 또는 노래 가사 등을 띄워주는 장치를 말한다.

눈물 어린 호소 끝에야 야외 촬영과 스튜디오 녹화에 참여하겠다는 승낙을 받게 된다. 이렇듯 버라이어티 프로그램의 일반인 섭외는 작가들의 피나는 노력의 결과로 이루어지는 경우가 대부분이다.

연기자 섭외의 경우 작가의 역할이 상대적으로 적은 경우다. 스타 캐스팅이 중요한 포맷의 경우 기획사와의 협상 능력이 매우 중요하므로 섭외는 대개 연차가 높은 CP나 PD가 담당하게 된다. 이때 연예 제작사 매니저와의 커뮤니케이션이 절대적으로 필요하다. 과거에는 단순히 PD와 매니저의 친분 관계만으로도 섭외가 가능했다면, 이제는 프로그램이 연기자에게 어떤 메리트를 줄 수 있는지 정확히 전달해야만 캐스팅이 가능하다. 연기자에게 지극한 정성을 보여야 하는 것 역시 섭외에서 빼놓을 수 없는 부분이다. 이제 PD에게 연인들처럼 '밀고 당기는 협상 능력'도 필요한 시대가 온 것이다.

④ 녹화 현장 – 비주얼의 예술가, 카메라 감독

"태초에 카메라 1대로만 촬영했던 시대가 있었다."

이렇게 표현할 수 있을 정도로 1대의 카메라로 촬영을 하는 프로그램은 거의 사라졌다. 이전 한 대의 카메라로 피사체를 촬영할 때는 담당 카메라 감독의 예술적 역량에 모든 것이 달려 있었다. 그러나 프로그램이 점점 대형화되고 시청자의 눈높이가 높아짐에 따라 카메라의 숫자가 과거에 비해 기하급수적으로 늘었는데, 버라이어티의 경우 20대 이상의 카메라를 사용하는 프로그램도 적지 않다.

현재 많은 버라이어티 프로그램에서는 수십 명의 카메라맨이 자율적으로 각자 독립된 자신의 역할을 맡아 촬영을 진행해야 한다. 따라서 서로의 역할이 충돌하지 않도록 유기적으로 촬영 현장을 지휘하는 카메라 (총)감독의 능력이 매우 중요하다. 카메라 감독은 PD를 도와 카메라맨 한명 한명의 촬영을 지시하며 현장 진행에 핵심 역할을 담당한다.

또한 카메라 감독은 PD와 함께 기획 단계부터 긴밀한 협의를 해야만 하는데, 그 이유는 카메라 포지션과 추구하는 미장센에 따라 세트의 위치와 크기, 조명의 운용

카메라 감독이 20여 명의 카메라팀을 총지휘하고 있다.
_〈백종원의 3대 천왕〉 스튜디오 녹화장

등이 크게 변화하기 때문이다. 원하는 영상을 얻기 위해서 촬영 현장 전체를 조율해야
하는 버라이어티 카메라 감독은 순수한 영상미를 추구하는 고독한 예술가라기보다
프로그램의 영상 부분을 총괄하는 비주얼 디렉터에 가깝다고 볼 수 있다.

3) 버라이어티의 사후제작

예능은 편집의 예술이다. 촬영 파일이 동일해도 편집자에 따라 천차만별의 완성품이
나오기 때문이다.
크게 편집은 가(假)편집과 종합편집으로 나뉜다.

① 가편집 – 사후제작의 주연, 편집 감독
예능 프로그램이 대형화되며 나타난 대표적 현상은 촬영하는 카메라 대수가 크게

늘어난 것이다. 20대가 넘는 카메라로 촬영하여 엄청난 분량의 영상을 찍어내기 때문에, 편집의 양은 과거에 비해 폭발적으로 증가했다. 이에 따라 편집 감독의 중요성은 더욱 중요해졌는데 방송국의 자체 인력만으로는 정해진 시간 내에 편집을 완료할 수 없게 되었기 때문이다. 물론 방송국 소속의 PD, AD(조연출)도 주요 편집자로 참여하지만 프로그램이 점점 대형화하면서 편집 감독의 숫자는 계속 증가하는 추세이다. 편집 감독은 대부분 독립 외주 제작사에 소속되어 있는데, 촬영 원본을 흐름에 맞게 편집하여 가편집 파일(자막이 입혀지기 직전 파일)을 만드는 역할을 맡는다.

대부분의 편집 감독들이 몸에 하나씩 지병을 달고 사는 현실에서 알 수 있듯 편집은 너무나도 고된 작업이다. 편집자들에게는 '편집은 끝내는 것이 아니라 그만 멈추는 것!'이라는 일종의 경구警句가 있다. 이는 편집이 고시 공부만큼의 시간과 인내력을 요구한다는 것을 의미한다. 편집은 결국 촬영된 영상과 오디오를 골라내서 배열하는 예술인데, 앞서 언급했듯 버라이어티의 경우 수십 대의 카메라로 촬영하므로 오케이OK 컷의 순서를 정하는 경우의 수는 무한에 가깝기 때문이다.

필자가 항상 느끼는 것은 '버라이어티 편집에 있어 영상문법이 과연 존재하는가?'하는 점이다. 물론 기초적인 편집문법은 존재한다. '촬영이 이루어지는 장소를 전체적으로 보여주는 마스터 숏, 혹은 이스태블리싱 숏establishing shot이 있어야 한다'거나, '비슷한 사이즈의 숏은 병치하지 않는다'는 것 등등이다. 그러나 지금 방송되는 야외(VCR) 촬영 편집을 보면 이러한 최소한의 원칙도 파괴되는 경우가 많다. 심지어 보수적인 스튜디오 편집에서도 비슷한 사이즈의 숏이 병치되어 시각적으로 튀어 보이는 경우를 제외하고는 편집법칙에 구애받지 않고 있다. 그렇다면 잘된 편집의 기준은 무엇일까? 그것은 보는 데 무리가 없고 이해가 쉬운 편집이다.

따라서 '연출의 의도'에 가장 부합하는 편집이 잘된 편집이다.

② 종합편집

(가편집으로 불리는) 1차 영상편집이 끝나면, PD는 자막작업에 곧바로 들어간다.

현재 예능 프로그램에 있어 자막은 영상편집만큼이나 중요한 역할을 한다. 특히 한국과 일본의 예능 프로그램은 자막을 매우 중요시하기 때문에, 묵음인 상태에서조차 프로그램의 이해가 어렵지 않은 정도다. 연예인 리얼리티쇼의 경우 위트 있고 트렌디한 자막이 필수라면, 버라이어티는 다양한 전문 분야를 다루기 때문에 감각적 자막과 더불어 시청자의 이해를 돕는 자막이 특히 중요하다. 예를 들어, 맛집이나 요리 관련 버라이어티의 경우 일반 시청자에게 생소한 정보가 종종 나오기 때문에 시청자의 눈높이에 맞춰 내용을 정확하게 전달할 수 있는 자막이 필수다. 자막은 일반적으로 편집을 한 PD들이 직접 쓰지만, 연출팀의 숫자가 적은 팀의 경우 메인 PD와 작가가 협업으로 쓰기도 한다. CG실에 의뢰된 자막은 담당 PD의 교정 작업을 거쳐 종합편집실에서 인서트 파일로 삽입된다.

이 인서트 파일에 음악과 음향효과를 넣어 오디오 믹싱과 상단 자막 작업을 완료하면 비로소 우리가 TV에서 보는 최종 편집본이 완성된다. SBS의 경우 대부분의 사후제작 과정은 파일의 형태로 진행된다.

3. 버라이어티의 힘: 연출의 핵심 키워드

필자처럼 평범한 PD가 연출론을 펼친다는 것은 낯 뜨거운 일이다. 다만 관찰자적 입장으로 그동안의 경험을 정리해 보았으니 연출을 시작하는 분들에게 조금이라도 도움이 됐으면 한다.

앞 장에서 제작을 지휘하는 리더로서의 PD를 다뤘다면, 이제부터는 창작자로서의 PD를 다루고자 한다. 앞에서도 강조했듯 PD는 리더이기 전에 예술가여야 하기 때문이다. 그렇다면 예술가의 면모를 가진 이상적 버라이어티 PD는 어떤 사람일까?

1) 버라이어티 연출자는 '삼장법사의 미덕을 가진 손오공'?
- 자유롭고 또 자유로운, 그리고 따뜻한!

PD는 이상한 사람이다. 무엇 하나 전문적으로 담당하지 않으면서 모든 것을 참견한다. 시청자 눈치를 항상 살피면서도 자기의 구미대로 작품을 만들려 한다. 프로그램을 연출할 때 PD는 감정을 극한적으로 밀어붙여야 하는데다 시청률의 예측도 힘들기 때문에, 예능 프로그램의 PD들은 심리학, 사주명리학에 유달리 관심이 많다. 사주명리학을 미신으로 치부하면서도 프로그램을 시작할 때는 영험하다는 명리학자를 찾아 전국을 돌아다니기도 한다. 운명론을 믿는다기보다 심리적 안정을 찾는 것이 더 큰 목적으로 보인다.

그렇다면 버라이어티쇼 연출자에게 어울리는 사주는 어떤 것일까? 필자의 생각에는 상관패인傷官佩印; 상관이 발달되고 인성이 뒷받침해주는 형상을 이루는 사주가 좋다고 생각한다. 개인적 경험으로 연예인, 특히 개그맨들의 사주가 상관패인의 형상을 이루는 경우가 많다. 여기에 핵심이 되는 글자는 상관傷官인데, 그것이 무엇인지 간단히만 설명해 보겠다. 사주팔자를 분석하는 명리학에는 호기심 많은 성격을 의미하는 식상食傷이라는 성분이 있다. 이 식상은 식신食神과 상관傷官으로 나뉘는데, 상관의 성격은 상대적으로 보수적인 식신에 비해 총명하며 창의적이지만, 권위에 저항하고 제멋대로인 모습도 보여 자유분방한 제천대성 손오공에 비유된다. 고리타분한 성향과는 상극인 파격적 창의성을 의미하는 상관은 연예인과 버라이어티 연출자에게 더없이 필요한 성분이다. 그러나 이것만 있다면? 제어되지 않은 PD의 작품이 방송인의 가장 큰 덕목인 '공익성'을 해칠 수도 있다. 다른 성분을 적절히 제어해야 한다는 말이다. 고맙게도 사주팔자의 성분에는 그러한 손오공을 잡을 수 있는 성향을 의미하는 인성印星이 있다. 인성은 학문적 성향과 모성, 영적 감성을 의미하여 교육, 종교, 예술적 직업에 필요한 성분이다. 서유기에서 '삼장법사'가 보여주는 모습이 바로 인성의 미덕이다. 요약하면 상관패인의 형상이란 상관이 발달된 사주에 인성이 적절히 조화를 이루는 형상으로, 삼장법사의 엄격함 속에 욕망을 절제하며 요괴를 물리치는 서유기 속 손오공의 모습과 딱 들어맞는다.

서유기의 주인공이 삼장법사가 아닌 손오공인 것처럼, 버라이어티 PD의 가장 중요한 덕목도 창의성이라는 것은 이론의 여지가 없다. 새로움을 만들어 내지 못하면 프로그램은 생존하지 못한다. 특히 변화가 빠른 정보사회에서 대중의 기호는 거의 초 단위로 바뀌며 계속 새로운 것을 열망하고 있다. 보수적 기호를 가지고 변화하지 못하는 사람이 적응하기 힘든 직업이 된 것이다. 그래서 버라이어티 프로그램의 수장은 우직한 곰보다 손오공이 되어야 한다.

물론 마냥 멋대로 날뛰는 손오공이 아니라, 삼장법사의 덕까지 갖춘 손오공이어야 한다. 대중은 과유불급, 지나친 것을 부담스러워하기 때문이다. 또한 이제는 많이 희석된 감이 없지 않으나, 많은 대중에게 영향을 미치는 방송 PD는 '공익성에 대한 책임'을 잊어서는 안 되기 때문이다. 특히 버라이어티 PD는 사회 트렌드와 밀접한 소재를 다루는 경우가 많기 때문에 여기에 더욱 민감해야 한다. 사회적 이슈에 둔감하면 시청자의 비난에 휩싸일 위험성이 항상 존재하는 영역이 버라이어티다.

삼장법사의 심성을 지닌 손오공, 즉 자유롭고 호기심 많은 본성에 기획력과 따뜻함까지 가진 인간형! 딱 예능 버라이어티 PD에 적합한 인성이 아닌가?

2) 버라이어티 PD는 아수라 백작? – 여성성이 더 중요하다!

앞서 버라이어티 PD는 지휘자이자 예술가여야 한다고 했다. 이는 역설적인 두 가지 덕목이 동시에 필요하다는 말이기도 하다. 남성적인 덕목과 여성적인 덕목이 그것이다. 따라서 버라이어티 PD는 두 얼굴이 되어야 한다. 기획이나 구성을 할 때는 여성적 섬세함을, 촬영 현장에서는 리더로서의 남성적 추진력을 발휘해야 한다. PD의 덕목 중 하나로 언급했던 카리스마 지휘자적 성향은 전형적인 남성성의 특징이다. 프로이트S. Freud에 의하면 남성의 사랑 선택 방식은 강박증의 구조와 비슷하게 나타나는데 모든 것을 장악하려 하는 완벽주의로 발현되기도 한다. 그렇다면 여성성의 덕목은 왜 필요할까? 버라이어티 PD는 트렌드를 선도해야 하는 창조적 예술가여야 하기 때문이다.

장르별로 PD는 이상하게도 많이 다르다. 물론 기본 소양은 동일하다. 호기심 많고 트렌드에 민감하다는 사실 등등. 어느 장르의 PD든 업무량에 비해 책도 많이 보고 정보에 대한 욕구가 크다. 다만 깊이와 보는 관점은 많이 다르다. 예능 PD는 깊이보다는 넓이를 추구한다. 정통적인 것보다는 트렌디한 것을 선호한다. 음악, 예술에 관심이 많아서 학창시절에 전문가 수준의 예술 활동을 한 사람도 많다. 둘러보면 다른 장르에 비해 유달리 예능 PD가 더 섬세해 보이는 것이 사실이다.

그래서 그런지 예능본부 주변엔 유달리 감정 기복이 심하고 조울증세를 보이는 PD가 많다. PD는 매주 한 번씩 시청률 성적표를 받아야 하는 극심한 스트레스의 직업이기 때문이다. 대학교에서 매일 시험 성적을 받는다고 상상해 보라. 그리고 그 시험 성적에 따라 자신에 대한 평가가 극단적으로 변한다면? 아마 매일 매일이 엄청난 스트레스의 연속일 것이다. 버라이어티 PD는 여기에 출연자 섭외, 아이템 선정, 구성, 편집, 예산까지 매일 셀 수 없는 선택의 기로에 서 있다. 이러한 스트레스가 예민한 예능 PD를 더욱 예민하게 만든다.

그러나 이러한 감수성이야말로 예능 버라이어티 PD의 필수다. 왜일까? 첫째, PD라는 직업의 성격이 예민한 감수성을 요구하기 때문이다. 변덕스러운 대중의 요구에 맞추기 위해 새로운 감성에 자신을 열어야 한다. 이러한 성향은 프랑스 정신분석학자 라캉 J. Lacan의 히스테리 해석과 일맥상통하는 것 같다. 히스테리라 말하니 병이 아닌가 생각할 수 있으나, 그는 프로이트와는 달리 '히스테리, 강박증과 같은 신경증'을 병의 측면이 아니라 정신의 일반 구조[7]로서 다루고 있다. 다시 말해 히스테리와 강박증의 구조를 인간 정신이 공유하고 있으며, 그 정도가 심해질 때만 병으로 나타난다는 것이다. 또한 프로이트가 히스테리의 분석을 통해 '과연 여성이란 무엇인가?'라는 질문을 던지고 있다면, 라캉은 이에 대해 '보편성에 대해 질문을 던지고 거기로부터 벗어나려고 하는 것',

---

7) 라캉에 의하면 인간의 정신 구조는 정신병, 신경증, 도착증의 세 가지로 나뉘며, 말하는 존재인 인간은 결국 신경증 환자로 남을 수밖에 없다고 한다.

이것을 여성성의 특징이라고 답한다. 잡으려 해도 잡히지 않는, 항상 벗어나려는 존재! 그러고 보니 바로 시청자들 아닌가? 그렇다. 특히 소비에 까다롭고 트렌드에 민감한 도시 시청자들은 남녀노소 할 것 없이 이런 의미에서 여성성을 보이고 있는 것이다. 그렇다면 이러한 시청자들과 소통에 필요한 PD의 성향도? 바로 여성성이다!

PD는 항상 시청자와 공감하고 소통하지 않으면 안 된다. 특히 버라이어티 PD는 온 국민이 공감할 수 있도록 까다로운 소재도 쉽게 풀어내는 능력을 가져야 한다. 한류드라마의 성공은 시청자와의 소통 때문이라는 말이 있는데, 이는 작가가 매주 시청자 반응을 탐색해 다음 회의 제작에 반영하기 때문인 듯하다. 이러한 소통 과정이 시청자와 공감의 폭을 넓히고 있는 것이다. 공감은 방송뿐 아니라 모든 분야에서의 화두인데, 일부 과학자들은 '공감하는 두뇌를 통해 인간이 사회적 지능을 발달시키고 세계를 지배했다'고까지 주장한다. 합리적 두뇌보다 공감하는 두뇌가 지능에 있어 더 중요하다는 얘기다. 특히 20세기 후반부터는 여성, 게이 등 다양한 소수자 운동이 활발해지면서, 공감하는 두뇌가 '인류문명사적 변화'를 추동하고 있다. '투쟁의 문화에서 공감 공존의 문화'로, '사냥의 문화에서 채집의 문화'로 거대하게 이동하고 있는 것이다. 경험적으로 당연히 알고 있는 사실이지만, 이러한 공감 능력은 여성에게 특히 더 발달되어 있다는 사실이 여러 실험을 통해 증명되었다. 그러므로 시청자에 공감하라는 말은 '여성적으로 사고하라!'라는 말로도 표현될 수 있겠다. 오해는 말자. 남성이 다 남성적이지 않은 것처럼 여성이라고 무조건 다 여성적이지는 않다. 여기서 여성적이라는 말은 여성의 생물학적 특징이 아닌 '모성, 따뜻함, 공감의 덕성'을 의미하는 것이다. 다양한 문화적 요소가 혼종된 특성을 가진 버라이어티를 제작하는 PD는 어쩌면 더욱더 여성적 감수성을 가져야만 한다. 버라이어티 콘텐츠는 성격상 트렌드에 민감해서 기대 수명이 매우 짧기 때문이다. 아이를 돌보는 엄마의 마음으로, 혹은 핫한 신상품을 향유하는 숙녀의 마음으로 프로그램을 만드는 게 필요하다.

그렇다면 버라이어티 PD는 강박증과 히스테리 사이에서 오락가락한다는 말일까? 필자가 보기엔 맞다. 강박증적 집중의 능력과 히스테리적인 이완의 능력은 PD에게 다 필요하기 때문이다. 출연자와 스태프가 많고 단시간에 완성품을 내야 하는 대형 버라이어티 제작에 있어 PD에게 카리스마적 리더의 덕목은 당연히 필수적이다. 다만 경험상 지금 버라이어티 PD에게는 여성적 감수성과 공감 능력이 더 필요하다고 생각한다. 다양한 플랫폼에서 영상콘텐츠 개발 경쟁이 격화될수록 감수성이 발달한 예술가적 PD가 더 요구되기 때문이다. 알파고와 이세돌 9단의 대결에서 우리는 인간 계산 능력의 한계를 목도했다. 점차 인간의 지적 능력이 인공지능으로 아웃소싱되면서 추상적 사고가 발달한 계산형 인간보다 거울신경세포가 발달한 소통·공감형 인간이 사회에 더 필요하게 될 것이다. 하물며 여성적 감수성과 시청자와의 공감 능력이 필수적인 버라이어티 PD에게는 더 말해 무엇할까?

남성성과 여성성, 너무도 상반된 이 두 가지 성격을 동시에 가져라!? 자칫 정신분열적 말처럼 들릴 수도 있겠다. 그러나 이제 시대가 변했다! 지금과 같은 감성의 시대에 섬세함이 없는 작품은 도무지 매력이 없다.

지성과 직관이, 남성성과 여성성을 동시에 지닌 아수라 백작 같은 매력이 지금 버라이어티 PD에겐 필요하다!

4. 버라이어티 제작 사례: 〈백종원의 3대 천왕〉

1) 〈백종원의 3대 천왕〉 사전제작

〈백종원의 3대 천왕〉 기획 – 음식과 키스하듯

버라이어티의 기획안은 기획 의도와 구성 방향을 명시하는 것이 중요하다. 즉 '무엇을, 어떻게' 보여줄 것인지를 한두 장의 기획안 안에 명시해 놓아야 한다. 어떤 기획안이든 몇 줄의 문장으로 표현할 수 없다면 실제 프로그램으로 제작될 수 있는 확률이 줄어들 수밖에 없다. 프로그램의 의도와 구성을 간단히 표현하여 누구도 이해할 수 있도록 쓰는 게 기획안 작성의 핵심이다.

이것은 프로그래머, 프레젠테이션 전문가 사이에 통용되는 소위 KISS 법칙과도 일맥상통한다. 여기서 KISS는 "Keep it simple, stupid!"의 준말로 간단하고 알기 쉽게 표현하라는 뜻이다. 응용하면 시청자 누구라도 이해할 수 있게 간단하게 설명되는 것이 좋은 기획안이라는 거다. 실제 〈백종원의 3대 천왕〉 기획안을 보자.

 〈백종원의 3대 천왕〉 기획안

■ **기획의도**

사상 최대 요리 중계쇼!!!

아는 만큼 맛있다!!!

대박맛집 고수들의 진검승부!

대한민국 방방곡곡 TOP3 맛 고수들이 한자리에!

수십 년 이어 온 전통의 간판을 걸고 펼치는

같은 요리 다른 맛! 맛집 A매치!

축구 중계보다 더 실감나는 요리 중계!

백설명 백종원의 송곳 같은 요리 해설!!

지금까지 세상에 없던 새로운 요리 빅쇼!!!

셰프가 아니어도, 최고급 레스토랑이 아니어도!

최고의 맛을 위해 평생을 바친

요리 장인들의 땀 맺힌 명승부!

백설명 방방곡곡 맛집을 탐험하다!

세상 모든 음식은 위대하다!
그리고 맛있다!!!

■ 구성 방향 & 관전 포인트

백종원의 찾아 가는 리얼 먹방

서울에서 마라도까지~ 맛있으면 어디라도 찾아가서 먹어 본다!!

숨은 고수 중에 TOP3를 초대하기 위한

백설명의 리얼 먹방 예선전 (사전 VCR)

숨은 고수들의 비법 공개

돼지 불고기는 왜 꼭 연탄불인가?

양념 밑간에 이것이 꼭 들어가야 제맛!!

같은 요리 다른 맛으로 승부하는

전국 숨은 고수들이 대결을 펼치며

'며느리에게도 가르쳐 주지 않았던'

〈맛집의 비법 레시피〉가 백종원의 해설을 통해

공개되고, 아울러 백종원의 해박한 요리 지식과

독특한 요리 철학이 곁들여 진다.

방송국에서 기획안은 주로 편성 결정권자를 설득하기 위한 수단으로 작성되므로 짧은 시간에 프로그램의 메시지를 정확히 전달할 수 있도록 해야 한다. 실제 촬영에 필요한 구성은 이보다 훨씬 복잡했지만, 시청자에게 전달하고 싶은 핵심 포인트는 '성공한 요리 연구가 백종원이 맛본 최고의 음식점 중 3곳이 나와 경연을 펼친다'는 이 한 줄이었다. 더 이상의 부연 설명은 이해에 혼란만 줄 뿐이다. 계속 강조하지만 최대한 간단히 프로그램의 기획 의도를 전달해야 한다!

2) 〈백종원의 3대 천왕〉 제작

① 대본

버라이어티에 대본이 무슨 필요? 맞는 말이기도 하고 틀린 말이기도 하다. 드라마처럼 연기자가 토씨 하나하나에 신경을 쓴다는 의미의 대본은 버라이어티에는 없다. 다만 전체적인 얼개를 보여준다는 의미의 대본은 있다.

3대 천왕은 크게 야외 촬영으로 나뉜다. 야외 촬영은 녹화 스케줄표와 출연자의 애드리브에 의존하므로 여기서는 스튜디오 녹화 대본을 살펴보고자 한다.

다음은 〈백종원의 3대 천왕〉 스튜디오 녹화 대본이다.

▌〈백종원의 3대 천왕〉 스튜디오 녹화 대본

	백종원의 3대 천왕 '국밥' 편
1. MC 등장 및 오프닝	

 # 갤러리 & 연예인 착석 / 자리에 먹선수 장비 있습니다!!

준현	<u>전국 최고 맛집 챔피언스리그!!</u>
	<u>백종원의~</u>
함께	<u>3대 천왕!!!</u>

 # 방청객, 박수로 리액션

휘재	시청자 여러분 반갑습니다.
	〈백종원의 3대 천왕〉 캐스터리 이휘재!
준현	먹선수 김준현!
종원	백설명 백종원입니다!
휘재	요즘 날씨가 부쩍 추운데요.
	그만큼 외로움에 몸서리치는 분들도 많아졌어요~
	백설명님~ 외로운 가을밤, 뭘 먹으면 좋을까요?
종원	외로울 땐 속을 든든하게 채워야 해요!! (* 외로울 때 먹는 음식)
	먹으면서 기분 전환 싸~악!

1. MC 등장 및 오프닝

준현	아니, 외로울 시간이 어디 있습니까?
	좌 치킨 우 족발 놓고 먹으면 긴~긴 밤도 후딱 지나가요!
휘재	깊어가는 가을 밤, 여러분의 외로움을 한 방에 날려줄
	금요일 밤의 참을 수 없는 유혹! 〈백종원의 3대 천왕〉 시작합니다!

– 일상 토크 정리하고

휘재	오늘도 전국 3대 천왕의 음식을 한꺼번에 맛볼 수 있는
	행운을 잡으러 방청 신청하신 갤러리분들 오셨습니다!! (* 박수 듣고)
	하지만 모두 다 맛볼 수 없다는 건, 이제 모두 아시죠?
	<u>저희도 여러분처럼 각각 다른 색깔의 배지를 달았습니다!</u>
	<u>백설명님은 빨강, 먹선수는 노랑, 저는 파랑인데요.</u>
	<u>파랑팀! 지난주에 짬뽕편 보셨죠? 오늘 가는 거야! 파랑파랑~</u>

 # 배지 색깔별 응원전!

준현	우리 '노랑팀'! 오늘 맛있게 먹을 준비하고 오셨죠?
	오늘은 '노랑팀'이 뽑힐 테니 걱정 붙들어 매고 딱! 기다리세요!!
종원	이제 '빨강팀' 먹을 차례됐슈~
	'빨강팀' 빨리 집에 갈 생각하지 마세요!!

2. 메뉴 소개

 # 오늘의 메뉴 소개

휘재	국내 최초 맛집 챔피언스리그! 백종원의 3대 천왕!!
	<u>한국인이 사랑하는 외식 메뉴, 그 열 번째 음식!</u>
	<u>공개합니다!</u>

 # 국밥 소개 VCR (20')

준현OFF	큰 솥 가득 펄펄~ 끓여 내는 구수한 육수!!!
	탱글탱글~ 윤기 넘치는 밥에 수북하게 올라가는 고명까지!!!!
	맛과 정성을 뚝배기 한 그릇에 모두 담았다!
	한 숟가락 떠먹으면~ 목젖부터 훈훈~!
	뼛속까지 밀려오는 감동의 물결~!!
	<u>한국인의 소울 푸드! 국.밥. 커밍~~순~~!!</u>

 # 메뉴 VCR 후 토크 / 각자 국밥에 얽힌 추억

휘재	(리액션) 드디어 국밥이 나왔네요!
	국과 밥! 한국 음식의 핵심 키워드 아니겠습니까?
준현	암요암요!
	뜨끈~한 국물에 후르륵~ 후르륵~ 한 그릇 뚝딱하면
	온몸에 기운이 펄펄! 국밥은 사랑입니다.
종원	<u>실제로 휴게소에서 판매하는 식사류 중</u>
	<u>판매 1위가 바로 국밥이라고 합니다!</u>
	따뜻한 국물이랑 밥 한 그릇 먹으면 든든하니~
	여행 가시는 분들의 몸과 마음을 채우는 데 국밥만한 게 없다는 거죠!
준현	옛날에 시골에선 장 서는 날에만 열리는 국밥집이 많아서,
	국밥 먹으려고 목 빠지게 장날 기다리고 그랬어요.
	그리고 옛날이나 지금이나 저렴한 가격에 든든하게 배를 채울 수
	있는 건 국밥이 거의 유일무이한 존재 아닙니까?!

– 토크 정리하고

 # 메뉴 설명

휘재	저는 고향이 경상도이기 때문에 돼지 국밥을 많이 먹고 자랐어요.
	지역별로 국밥 종류가 정말 다양하지 않습니까, 백설명님?
종원	<u>네! 국밥하면 국밥 재료랑 마는 방법, 부어 먹는 장국,</u>
	<u>국밥 위에 얹는 고명에 따라 30~40가지가 넘어요!</u>
	경남 지방의 돼지국밥부터 콩나물국밥, 굴국밥,
	순대국밥, 소머리국밥, 선지국밥, 우거지국밥까지 끝도 없어요!

 # 메뉴 선정 과정

휘재	그 수많은 국밥들 중에~
	국밥 3대 천왕을 어떻게 선정했는지 궁금하실 텐데요.
	매주 메뉴가 선정되면, 맛집 관련 책, 잡지와
	음식 전문기자들의 기사! 각종 SNS의 맛집 동호회, 블로거들의 평가!
	각 지역 로컬들의 맛집 추천을 바탕으로 선정!
	3대 천왕 작가들이 프랜차이즈 사업을 하는 식당을 제외하고,
	전국 팔도 방방곡곡의 숨은 맛집 스무 곳!
	많게는 사십 여 곳을 직접 발품 팔아 답사를 한 뒤 검증합니다.
	그중에 선정된 맛집들을 백설명님이

2. 메뉴 소개

	다시 한번 직접 맛보신 후, 명인분들을 모시는 겁니다.
준현	국밥 먹고 소화제 먹고~ 국밥 먹고 소화제 먹고~
	이번 주도 엄청 고생하셨겠어요, 백설명님?
종원	국밥은 한 그릇만 먹어도 엄청 배부른데~
	두 그릇, 세 그릇은 진짜 무리였어요!
휘재	오늘도 백설명님의 전국 방방곡곡을 도는
	먹방 투혼, 기대되는데요! 어서 가보죠~
	(포즈 맞추며)
휘재 & 준현	백설명!!! "국밥 먹으러 어디까지 가봤니?"

3. VCR (백종원 맛 탐방)

 # VCR 현장 플레이 (* 모니터 확인)
 # 방청객 리액션 충분히
 # 〈VCR / 밀양, 부산, 전주, 예산〉

휘재	(토크 정리 후) 백설명님, 먹방 투혼 대단합니다!
	국밥 먹으러 새벽부터 출발!
	모닝 국밥은 좀 부담스럽지 않으세요?
종원	모르는 소리~ 아침은 국밥이쥬!
휘재	그런데 백설명님!
	저는 순대국밥 참 좋아하는데... 왜 안 나왔죠?
준현	제가 좋아하는 우거지국밥도 빠졌어요~
종원	제가 아까 말씀드렸다시피 국밥은 종류가 끝도 없어~
	그래서 오늘은 국밥 시리즈 그 첫 번째로
	경상도의 돼지국밥! 전라도의 콩나물국밥! 충청도의 소머리국밥까지!
	'국밥 어벤져스' 삼총사가 먼저 출동했습니다!
휘재	내가 좋아하는 국밥이 안 나온다고 실망하지 마세요!
	국밥 2탄, 3탄! 국밥 시리즈는 이제부터 시작입니다!

 # 3대 천왕 리드

휘재	쌀쌀한 가을 날씨에 안성맞춤, 국밥!
	오늘 〈국밥 3대 천왕〉으로 어떤 분들이 나오셨을까요?
	지금 바로 공개합니다!!

 # LED 올라가면서 3인 등장

(* 각자 명패 들고 / 전주 삼번집, 예산 한일식당, 밀양 단골집

▶ 명패는 원래 이름대로 갑니다!)

▶ 3인 의상 & 가게 명패 체크 – 셰프복 착용

 # 3MC 모두 기립 (명인을 반기는 느낌으로)

 # 준현, 3대 천왕 출연자 프로필 소개 멘트 (전주 ▶예산 ▶ 밀양순으로)

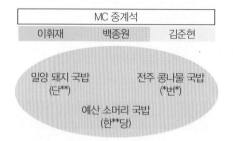

1) 전주 콩나물 국밥(*번*) 등장 / LED 아래에서 위로 열림 (* 속도 체크)

준현　　전주 남부시장을 평정한 콩나물국밥의 고수!

　　　　특제 소스로 맛을 낸 진한 국물에~

　　　　아삭한 콩나물과 칼칼한 김치! 오징어 숙회까지! 한 그릇에 담았다!

　　　　<u>전주 콩나물국밥 명인,</u>

2) 예산 소머리국밥(한당) 등장 / LED 아래에서 위로 열림 (* 속도 체크)**

준현　　예산 5일장의 마스코트!

　　　　뚝배기 가득 담긴 구수~한 국물과 쫀득~쫀득한 소고기가 만났다!

　　　　3대를 이어온 70년 전통의 소머리국밥 명가!

　　　　<u>예산 소머리국밥 명인,</u>

3) 밀양 돼지국밥(단) 등장 / LED 아래에서 위로 열림 (* 속도 체크)**

준현　　경상도 돼지국밥의 레전드!

　　　　돼지 육수로 깊은 맛을 내고, 어머니의 정성까지 담았다!

　　　　한 입 먹는 순간 눈앞에 신세계가 펼쳐지는

　　　　<u>밀양 돼지국밥 명인,</u>

휘재　　명인분들!

　　　　<u>오늘 각오가 남다를 것 같은데, 한 말씀씩 부탁드려요!!</u>

전주　　<u>"맛의 도시, 전주에서 올라온 콩나물국밥! 기대해주세요!"</u>

예산　　<u>"3대를 이어온 소머리국밥의 깊은 맛! 제대로 보여드리겠습니다!"</u>

밀양　　<u>"정성껏 만든 돼지국밥! 한 뚝배기 하실래예~?!"</u>

5. 진행 방식 설명 (맛 평가 룰 설명)

 # 3대 천왕, 각자 조리대 앞 위치 / MC, 진행 방식 설명

휘재	지금부터 60분 동안 요리를 하실 텐데요. 완성이 되면,
	"국밥 나갑니다"라고 외쳐주시면 요리쇼가 종료됩니다!
	선택된 색깔의 배지를 단 분들만 시식하게 됩니다!

 # MC(휘재, 종원, 준현)는 MC 중계석에서 요리 대결 리드멘트

휘재	지금부터 맛의 챔피언스리그가 시작될 예정이니
	시청자 여러분 모두 채널 고정해주시고요!
	끝까지 함께 해주시길 바랍니다!
	그럼, 국내 최초 요리 중계쇼! 〈백종원의 3대 천왕〉!
	〈국밥〉 요리쇼! 지금
함께	(외치기) 시작합니다!

(중간 생략)

6. 국밥 조리 시작

 # 육수 뽑기 (* 무대 위 재료 체크 / 조리도구 확인)

포인트	전주 국밥	예산 국밥	밀양 국밥
육수 뽑는 주재료	콩나물, 멸치, 다시마, 북어 대가리 + @	소머리 부위	돼지잡뼈, 돼지머리, 족발, 사골, 목전지
육수 뽑는 과정	① 솥에다가 맹물을 넣고 끓임 ② 끓는 물에 콩나물을 넣고 데쳐줌 ③ 데친 콩나물은 흐르는 찬물에 씻으면서 소쿠리에 넣고 탈탈 턴 뒤, 찬물에 담가둠 ④ 콩나물 데친 물에 통멸치, 다시마와 북어 대가리가 들은 망을 넣음 (▶ 12시간 우려야 하므로 육수 체인지) ▶15분 소요 예정	▶녹화 전 육수 내는 과정 ① 맹물에 소머리를 넣어 육수를 우리고 있음 (녹화 하루 전부터 육수를 내고 있는 상태) ② 육수 속에 끓고 있는 소머리를 뒤적이며 확인 ③ 육수 위에 뜨는 거품과 기름을 걷어냄	▶녹화 전 육수 내는 과정 ① 맹물에 돼지잡뼈, 돼지머리, 족발, 돼지 사골, 목전지를 넣고 육수를 우림(녹화 전부터 5~6시간 끓이는 상태) ② 육수 속에 끓고 있는 돼지뼈(잡뼈), 돼지머리, 족발, 돼지 사골, 목전지, 새끼보, 유통, 곱창, 사태를 뒤적이며 확인 ③ 녹화 2시간 전에 돼지머리 추가로 넣음 ④ 녹화 1시간 전에 목전지와 내장 추가로 넣음

포인트	전주 국밥	예산 국밥	밀양 국밥

고명용
고기
삶기
		① 육수 속에 끓고 있는
		  소머리를 뒤적이며 확인
		② 육수 위에 뜨는 거품과
		  기름을 걷어냄
		③ 양(내장)은 물에다가
		  깨끗이 헹굼
		④ 끓는 물에 넣고 삶음
		  (▶ 3~4시간 걸리므로
		  대체)
			① 육수 속에 끓고 있는
			  고기와 내장을 뒤적이며
			  확인
			② 육수 위에 뜨는 거품을
			  걷어냄

Q. 백설명님, 돼지도 암퇘지! 소도 암소! 암컷을 주로 사용하는 이유가 대체 뭡니까?

a/ 수퇘지나 수소는 특유의 누린내가 나거든. 그걸 '웅취'라고 하는데 배설물이나 땀 냄새와 비슷해~ 그리고 암컷이 수컷보다 지방이 있어 더 쫄깃하면서 고소해. 육질도 부드럽고 좋아서 옛날부터 유명한 갈비집은 '암소 갈비집'을 강조하면서 팔아오기도 했지.

Q. (명인에게 질문) 예산 명인 & 밀양 명인!! 지금 육수가 끓고 있는데, 언제부터 끓이신 거죠?

a/ (예산 명인 대답) 보통 육수를 **시간 이상 우려내요. 그래야 소머리국밥의 깊고 진한 맛을 완성할 수 있어

a/ (밀양 명인 대답) 녹화 *시간 전부터 끓였어! 40년이 넘게 하루도 안 빠지고 항상 새벽 4시에 나와서 육수를 끓였어.

Q. 소머리 육수 VS 돼지머리 육수! 맛에선 어떤 차이가 있습니까, 백설명님?
 # *단계 양념장 & 고명 준비

(중간 생략)

7. 음식 완성

 # 준현, 맛 평가 후 MC석으로 다시 착석
 # 음식 완성 후 '국밥 나갑니다!' 순차적으로 외치고
 # 완성된 요리에만 촬영

휘재	자 이렇게 해서 밀양 국밥, 예산 국밥, 전주 국밥까지! 3대 천왕의 '국밥' 요리쇼가 모두 끝났습니다. 명인분들! 오늘 3대 천왕에 나오신 소감이 어떠신가요?
명인	(대답)
휘재	짧은 시간에 음식을 보여주고자 노력하신 명인분들! 수고 많으셨습니다. (* 인사 / 박수 유도)

 # 완성된 국밥 + 사이드 황금테이블로 옮긴 후 준비
<u>※ 푸드스타일리스트 인서트 컷 촬영 ※</u>

오늘 명인 중!
오늘 나오신 3대 명인 중에 최고령이신
밀양팀의 정화자 명인이 뽑도록 하겠습니다.
나와 주세요!

(이하 생략)

대본은 크게 오프닝, VCR 플레이, 요리 경연, 시식의 부분으로 나뉜다. 〈백종원의 3대 천왕〉의 대본이 다른 프로그램의 대본과 구별되는 점은 요리 과정을 표로 나타낸 부분(6. 국밥 조리 시작)이다. 일종의 큐시트로 분류될 수 있는 부분인데, 일반인 출연자 이름과 요리 재료, 요리의 순서를 세밀하게 표시해 놓았다. 촬영장의 모든 스태프가 이 요리 큐시트를 참고해서 움직이기 때문에 대본의 핵심 부분이라 볼 수 있다.

② 제작 현장 – 요리 대결을 K1 경기처럼 중계하라!

〈백종원의 3대 천왕〉의 스튜디오 구성의 핵심은 'K1 경기장을 스튜디오로 가져와라!'였다. 이종격투기를 보며 열광하는 관객의 리액션reaction이 프로그램의 소구 포인트라고 생각했기 때문에 최대한 원형 경기장의 느낌을 살렸다. 또한 센터에 거대 LED를 설치해 VCR 영상이나 요리 중계 영상을 생동감 있게 볼 수 있게 했다. 특히 우러러보는 느낌이 나게 LED를 높게 설치해 프로그램의 독특한 미장센을 만들 수 있도록 했다.

녹화 당일은 수백 명의 스태프가 일사불란하게 움직이는 전쟁터다. 사전에 미리 촬영 감독, 오디오 감독, 조명 감독과 카메라 동선, 마이크 숫자와 종류, 조명 방식에 대해 의논은 필수. 녹화 당일에는 전달 사항이 잘 구현됐는지 체크하고, 시간대별 스케줄을 모든 스태프에게 공지하는 것이 중요하다.

다음은 사전에 스태프들에게 전달되는 스튜디오 녹화 스케줄표이다.

❙ 〈백종원의 3대 천왕〉 스튜디오 녹화 스케줄표

시간	내용
10회 국밥	
오전 10:00 ~	− 출연자 도착 − 재료 세팅 및 간단 손질 (1층 대기실)
오전 10:30 ~	− 출연자 메이크업 & 의상 체크 − 예산 & 밀양 국밥 육수 인서트 촬영 시작
오후 12:00 ~	− 카메라 & 명인 사전 리허설
오후 1:00 ~	− MC 대본 리딩 − 게스트 도착 − 갤러리 도착 & 입장 − 명인 점심식사
오후 1:20 ~	− 작가 & 카메라팀 동선 체크
오후 1:40 ~	− 리액션 촬영
오후 2:00 ~	− 10회 국밥 녹화 슛
오후 5:00 ~	− 조리 후 갤러리 평가 − 출연자 인터뷰, 음식 인서트 컷 촬영

이번엔 정신없는 녹화 현장을 보자.

일단 눈에 띄는 것은 엄청난 대수의 카메라다. 풀 샷과 클로즈업 샷을 자유로이 넘나드는 메인 카메라, 요리 클로즈업을 찍는 인서트 카메라, 초고속영상을 찍는 카메라, 부감 및 고정 카메라 등 요리 명인이 있는 하나의 테이블마다 5대의 카메라가 한 팀으로 촬영을 하고 있다. 거기에다 연출팀, 작가팀, 오디오팀, 푸드스타일리스트팀, 세트팀, 소품팀, 출연자, 매니저, 코디네이터, 관객 등 총 200여 명이 스튜디오를 가득 채우고 있다. 이들이 일사분란하게 움직여야만 주어진 시간 안에 프로그램 녹화가 무사히 종료될 수 있다.

스튜디오 녹화는 모든 제작 요소들의 총집합이기에 바쁘고 정신없다.
_ 〈백종원의 3대 천왕〉 스튜디오 녹화 현장

카메라 총감독과 담당 PD가 영상에 관해 의논하고 있다.
_ 스튜디오 뒤 한쪽에 마련된 커팅 부스

훌륭한 버라이어티 PD의 자질 중 하나가 다중카메라 연출력이다. 〈백종원의 3대 천왕〉 담당 PD 역시 이러한 연출력이 필요한데, 대형 콘서트 생방송처럼 10~20개의 카메라 영상을 동시에 보며 최적의 영상을 선택해야 한다. 스포츠 경기와 같은 실감나는 영상을 구현하기 위해서 초고속 카메라 역시 중요한 역할을 하므로 PD는 상당한 집중력을 발휘해 커팅cutting(필요한 영상의 선택 작업)을 해야 한다. 관객의 리액션을 화면에 담는 것이 프로그램 구성에 중요한

원활한 녹화를 위해서는 철저한 사전 준비가 필수다.
_ 음식 재료를 준비하는 담당 푸드스타일리스트

역할을 하므로 주로 메인 PD나 고참 조연출이 커팅을 담당한다.

메인 PD는 카메라 감독과 좋은 파트너가 되어야 한다. 메인 PD는 카메라 감독과 의논해 무대 뒤 부스의 모니터에 올려진 20여 대의 카메라 영상 중 하나를 선택하여 중앙의 대형 LED 모니터에 띄운다. 메인 PD의 콜에 따라 카메라 사이즈와 동선, 촬영 순서 등이 결정되므로 커팅 부스가 실제적인 컨트롤 타워라고 볼 수 있겠다.

스튜디오는 크게 MC석, 갤러리(관객)석, 명인들의 요리 공간으로 나뉘는데, 주요 촬영은 명인들이 요리하는 테이블에서 이루어진다. 명인이 요리하는 각각의 테이블마다 담당 PD, 작가, 카메라 감독 3명이 한 팀이 되어 큐시트와 MC 멘트에 따라 촬영을 한다. 이때 커팅 부스에 있는 메인 PD는 모니터를 보며 인터컴intercom, inter-communication의 약자을 통해 전체적인 흐름을 조율한다. 요리 세팅을 담당하는 푸드스타일리스트팀과 진행팀은 프로그램의 최고 조력자로, 촬영 중에도 카메라에 잡히지 않도록 능숙하게 움직이며 진행을 돕는다.

3) 〈백종원의 3대 천왕〉 사후제작

① 이제부터 시작이다 – 고난의 길, 가편집의 시간

녹화가 끝나면 이제 진정한 연출팀의 고난의 행군이 시작된다. 연출팀은 방대한 촬영 파일을 회사의 메인서버에 인제스트^{ingest}해야 한다. 이 작업이 끝난 후 파일을 각각의 편집 프로젝트에 불러내어 각 카메라 파일의 시작점을 맞추는 작업이 끝나면 이제는 편집을 시작할 수 있게 된다. 메인 PD, 공동연출, 조연출, 외주 제작사 등 총 10명 정도가 거의 일주일 내내 편집실에서 숙식을 하며 편집을 한다. '왜 집에 안 가? 잠깐이라도 다녀오는 것이 효율적이지 않아?'라고 의문을 가질 사람도 있겠다. 그러나 일주일 후 시험 보는 고시생처럼 시간에 쫓기는 편집자들은 집에 갈 마음의 여유가 없다. 일차편집–시사–이차편집–시사–인서트 종편–믹싱의 총 과정이 끝나면 어김없이 다음 편집본이 그들을 기다린다. 비록 훌륭한 편집 감독에 대한 대우는 점점

가편집은 일주일을 거의 모두 투자해야 하는 매우 고독한 작업이다.
_ 〈백종원의 3대 천왕〉 편집감독의 가편집 작업

좋아지고 있지만…

편집은 더하는 작업이 아니라 덜어내는 작업이라는 이야기가 있다. 엄청난 분량의 영상, 오디오 클립 중 하나를 선택한다는 것은 다른 차선의 것들을 버린다는 의미와 같기 때문이다. 파일 속에는 명인의 감동적인 멘트, MC의 촌철살인 등 아까운 수많은 장면이 있지만, 방송은 100분으로 고정되어 있기 때문에 스스로 선택하여 알아서 버려야 한다. 그 버리는 작업의 스트레스는 상상을 초월한다. 그래서 집이 바로 옆인 편집자조차 집에 갈 시간이 아까워 편집실에서 숙식을 한다. 편집자들의 피땀 어린 노력을 통해 편집 중간 완성품이라 부를 수 있는 가^假편집 파일이 완성된다.

SBS 예능본부에서 사용하는 편집 프로그램은 넌리니어^{Non-Linear} 파이널 컷^{Final Cut}이다. 그 외 방송국 예능 PD들이 사용하는 편집 프로그램으로는 아비드^{Avid}, 에디우스^{Edius} 등이 있다.

② 완성의 순간이 보인다! – 종합편집(인서트, 믹싱)

넌리니어 편집기로 소위 가편 과정이 끝나면, 연출팀 3~4명이 파트를 나누어 자막을 쓴다. 하루에서 하루 반이 걸리는 만만치 않은 작업이다. 꼭 필요한 정보뿐 아니라, 젊은 층의 감각도 담아낼 수 있는 자막을 쓰려고 노력한다. 요즘 시청자는 자막만 보고도 연출의 감각을 평가하는 경우가 많아 자막 작업은 PD들에게 상당한 스트레스다.

텍스트 파일로 자막을 의뢰하는 경우도 있지만, 사진처럼 자막을 손으로 써서 의뢰하는 것을 선호하는 PD도 많다. 무엇보다 손으로 직접 쓰면 자막의 위치를 표시하기 편하기 때문이다. 편집의 정서적 의도를 전달하기 위해서는 자막 내용뿐 아니라 글자체도 중요하므로 사진처럼 궁서체, 옛체 등 서체를 정확히 지정해 준다. CG실로 의뢰된 자막은 종합편집실에서 인서트^{insert} 파일(음악, 효과 믹싱 전 파일)을 만드는 작업을 통해 입혀지게 되는데, 인서트는 보통 12시간 이상 걸리는 지난한 작업이다. 이 인서트 파일이 음악팀과 효과팀에 전달되면, 내용에 맞게 음악과 음향효과의 추가 작업을 진행한다. 이후 종합편집실에서 오디오 믹싱과 상단 자막 작업을 완료하면, 마침내 완성된 한 회분이 탄생하게 된다.

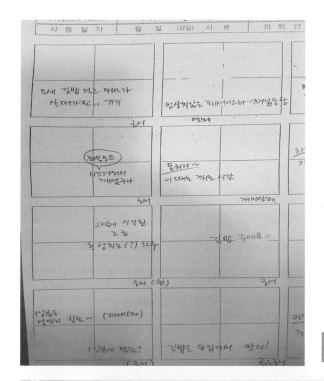

〈백종원의 3대 천왕〉의 한 코너
〈백설명의 맛집 탐험〉의 자막

PD, 종편 감독, 음악 감독, 음향 감독이 협업으로 최종 방송용 완성 파일을 만들고 있다.
_ 종합편집실 믹싱 작업

5. 맺는 말

건강한 PD, 오래 가는 PD가 되자!

필자는 20년 넘게 PD 생활을 하면서 정신적으로 피폐해지는 동료를 너무나 많이 보아왔다. 앞에서 설명한 대로 대립적인 여러 덕목을 동시에 가져야 하는 정신분열적 상황 때문이다. 때문에 버라이어티 PD는 자기조절능력이 필요하다. 하워드 가드너의 다중지능이론에 의하면 8가지로 분류된 인간 지능 중에서 자기 분야에서 뛰어난 업적을 남기는 사람들은 해당 분야 관련 지능과 함께 모두 '자기이해지능'이 높다고 한다. '자기조절능력' 혹은 '감정조절력'이 성공의 키워드라는 뜻인데 다양한 스트레스 상황에 놓인 버라이어티 PD에게는 더욱 필요해 보인다.

섬세함은 유지하되 정신 바짝 차려 자신의 정신 건강을 지키는 것! 더불어 아무리 바빠도 육체 건강도 틈틈이 챙기는 것!

이것이 예능 PD, 버라이어티 PD로 장수하는 길이다.

TV Entertainment
Production Guide

TV Entertainment Production Guid

CHAPTER 04

코미디 제작의
실무가이드

"사람 장사를 하라"

안철호

SBS 예능 PD
서일대 레크리에이션과 겸임교수

중앙대 신문방송학과 학사

주요 연출 프로그램
〈웃찾사〉, 〈코미디쇼 킹콩〉, 〈개그 원〉,
코미디 파일럿 〈멋진 녀석들〉, 〈개그 투나잇〉 등

1. 코미디란?

코미디comedy란 무엇인가?

먼저, 그 사전적 의미를 찾아보면, '경쾌하고 흥미 있는 줄거리와 인물을 등장시켜, 인간성의 경직함과 부조화 또는 사회의 불합리를 웃음으로 온화하게 향수하고 즐기는 극'이라고 정의할 수 있다.

코미디comedy는 그리스어 코모스κῶμος; 야단법석를 어원으로 한다. 아리스토텔레스의 〈시학〉에 남겨진 짧은 언급 이래로 많은 희극론이 대두되어 왔다. 코미디의 최전성기는 기원전 4~5세기 그리스와 16~17세기 유럽 국가들에서일 것이다.

코미디라는 개념은 16~17세기에 이탈리아에서 발달했던 '**코메디아 델라르테**commedia dell'arte'에서 유래한다. 이 희극은 가벼운 노래와 춤, 그리고 우스꽝스런 의상 등에 의존했는데, 특히 배우의 순발력 있는 재간을 중시했던 일종의 즉흥 가면극이다. 코미디를 하는 배우를 코미디언comedian이라고 부르는 것도 여기서 유래된 것으로 본다.

Gag재잘거리다에서 파생된 gagman은 80년대 이후에 생겨난 신조어이다. 코미디가 극적이고 유머러스한 상황 연기에 중점을 둔다면, 개그는 언어유희에 중점을 두며 훨씬 빠른 호흡으로 웃음을 유발한다.

코미디라는 장르는 예능의 모든 장르 중 가장 오랜 역사를 갖고 있으며, 모든 예능 프로그램의 근간이 되는 장르이다. 국가가 산업을 발전시키기 위해서 가장 먼저 해야 할 일이 도로와 철도를 건설하는 기간산업인 것처럼 show와 comedy는 예능의 기간산업이다.

코미디 프로그램을 통해서 예능 프로그램에 출연할 많은 MC를 비롯해, 패널과 셀러브리티들을 길러내기 때문이다. 대한민국 최고의 MC 유재석, 강호동, 신동엽 등도 코미디 프로그램을 통해 방송에 데뷔했음은 모두가 다 아는 사실이다.

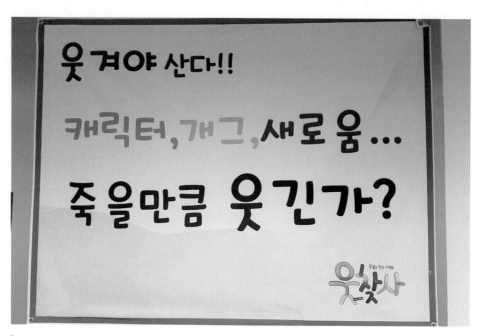

코미디는 모든 예능 장르의 근간이다. 그래서 새로움이 생명이다.
_ SBS 코미디 〈웃찾사〉 회의실에 걸려 있던 표어

또한, 코미디는 **민중(서민)을 대변하는 장르**이다. 코미디는 결코 심각하게 받아들여지지 않기 때문에 다른 진지한 장르에 비해 사회비판적 주제나 정치적 이슈를 보다 수월하게 공론화할 수 있다. 코미디는 인간미와 유머에 기반을 둔 유쾌한 이야기를 통해 현 사회의 변화를 갈망하며 유토피아적 사회공동체의 재건을 꿈꾼다.

1) 코미디의 장르

코미디는 무엇을 기준으로 하느냐에 따라 여러 가지로 구분할 수 있다.

(1) 언어의 사용 여부에 따라

- **말로써 웃기는 코미디**(verbal comedy): 현재 우리가 TV에서 보는 거의 모든 코미디이다. 언어를 사용한 극, 스탠딩, 콩트 등이 있다.

- **몸짓으로 웃기는 코미디**(non-verbal comedy): 언어를 사용하지 않는 퍼포먼스형 코미디이다. perfordian[performance+comedian](〈개그콘서트〉에서 몸짓으로 웃겼던 '옹알스' 팀이 대표적인 예)을 비롯해, magic, shadow magic, non-verbal slapstick 등이 있다. 영국의 유명 코미디언 '미스터 빈'이나 '찰리 채플린'이 넌버벌 코미디[non-verbal comedy]로 세계적인 반열에 오른 경우다. 지금도 세계 코미디 페스티벌에서 행해지는 상당 부분의 코미디가 넌버벌 코미디[non-verbal comedy]인 것은 어찌 보면 코미디의 본질적 재미로서 아주 당연한 일이 아닐까 한다.

(2) 관객의 유무에 따라

- **공개 코미디**: 〈개그콘서트〉, 〈웃찾사〉, 〈코미디 빅리그〉처럼 관객이 있는 코미디이다. 시청자에게 보여주기 전에 관객이 먼저 검증을 하는 형식으로, 관객의 웃음이 TV 시청자로 하여금 더 재미있게 느끼도록 하는 효과가 있다. 미국의 〈SNL[Saturday Night Live]〉도 공개 코미디 형식을 취하고 있다. 우리나라의 경우, 1987년 KBS 〈쇼! 비디오자키〉를 공개 코미디의 시작으로 보지만, 방송사에서 매회 섭외하는 동원 방청의 형태를 띠었기 때문에 본격적인 공개 코미디의 시작은 1999년 KBS의 〈개그콘서트〉라고 하는 것이 타당하다.

- **비공개 코미디**: MBC 〈웃으면 복이 와요〉, KBS 〈유머 1번지〉, SBS 〈웃으며 삽시다〉 등 객석 없이 스튜디오에 여러 상황 세트를 지어 놓고 콩트를 녹화하는 코미디이다. 웃어주는 객석의 도움을 받지는 못하지만, 깊이 있는 연기 또는

완성도 높은 스토리의 몰입감 등이 이 공개 코미디의 큰 장점이라 할 수 있다.

(3) 웃음을 유발하는 방식에 따라

- **콩트(Conte)**: 상황극을 통해 스토리와 인물의 캐릭터 등으로 웃음을 유발한다. 짜여진 대본이 있어, 연기의 중요성이 크다. 〈유머 1번지〉, 〈웃으면 복이 와요〉 등이 그 예다.

- **개그(Gag)**: 주로 언어유희나 입담 등이 웃음의 주요한 요소가 된다. 대본은 있으나, 애드리브도 어느 정도 허용되고, 주로 객석을 향해서 대사를 하고, 아이디어와 재치가 중시된다. 〈개그콘서트–애정남〉, 〈웃찾사–그때 그때 달라요〉 등이 그 예다.

(4) 몸을 쓰는 정도에 따라

- **스탠딩 코미디(standing, stand up comedy)**: 쉽게 말하자면, 입담꾼의 원맨쇼one-man show이다. 마이크 하나면 모든 준비는 끝난다. 미국 등에서 쉽게 볼 수 있는 코미디의 가장 기본적인 형식으로 현대 개그의 원류! 성대모사, 사물모사 등도 여기서 출발했다. 자신의 재밌는 에피소드 등을 가지고 재치 있고, 유머러스한 말솜씨로 웃음을 유발. 말이 주된 무기이기 때문에, 그 나라의 언어나 문화, 풍습 등을 잘 모르면 이해하기 어렵다.

- **슬랩스틱 코미디(slapstick comedy)**: 찰리 채플린의 영화로 대표되는 슬랩스틱은 미스터 빈에 와서 TV 코미디 속에 자리 잡았다. 그 나라의 언어를 몰라도 세계의 모든 사람들이 쉽게 즐길 수 있다는 장점이 있다. 그러나 자칫하면 유치하다는 평가를 받기 쉽다. 많은 연습량이 수반되어야 한다. 우리나라의 경우, 심형래를

최고의 슬랩스틱 코미디언으로 꼽는 사람들이 많은데, 코미디 관계자들은 사실상 타계하신 故 서영춘 선생을 슬랩스틱의 1인자로 꼽는다.

(5) 소재나 주제에 따라

- **로맨틱 코미디(romantic comedy)**: 남녀 간의 사랑 등을 주요 소재로 다룬다. 가장 일반적이고, 보편적이다.

- **블랙 코미디(black comedy)**: 비극의 소재인 인간의 고통, 죽음, 우연, 잔혹 등에서 웃음을 찾는다. 역설적이고, 아이러니한 상황 속에서 참을 수 없는 웃음을 만들어 낸다.

- **풍자 코미디(satire comedy)**: 미국의 〈SNL^Saturday Night Live〉로 대표되는 시사풍자 코미디는 코미디의 가장 궁극적인 장르이다. 해학과 풍자 그리고 권위에 대한 도전과 허물기야말로 가장 큰 카타르시스를 느끼게 하는 웃음의 코어^core이다.

- **스크류볼 코미디(screwball comedy)**: 야구의 스크류 볼에서 이름을 따왔다. 변화 무쌍한 스크류 볼처럼, 빠른 전개와 속사포처럼 쏟아내는 대사 등이 대표적이지만, screw라는 단어의 '성교하다'라는 뜻에서 가져온 명칭이다. 성^sexuality과 젠더^gender를 묘사함에 주저함이 없어서 지어진 명칭이지만, 이후 가부장 사회에서 여성의 능동적인 역할을 강조하는 내용으로 변모하면서, 현재 미국 시트콤의 원류가 되었다.

> "코미디에 대해 지나치게 정교하게 분류하는 것은 시간 낭비일 수 있다. 중요한 것은 코미디의 깊이를 탐구하는 것이지, 그것을 여러 부분들로 쪼개는 것은 의미 없다."
>
> – 희극 연구가 알버트 쿡^Albert Cook

2) 세계 각국의 전통적 코미디

세계 각국은 어떤 형태의 코미디를 향유해 왔을까?

먼저, 우리와 가장 가까운 동아시아 3국부터 비교해 보자. 한중일 3국은 전통적 코미디 방식에 있어서 많은 유사성을 띠고 있다. 바로 '**만담**'이라는 공통적인 형식을 공유해 왔다는 것이다. 하지만 세부적으로 들어가면 조금씩의 차이가 있다.

(1) 한국

장소팔-고춘자로 대표되는 한국의 **만담**은 역할의 나눔이 별로 없다. 남성과 여성, 또는 남성과 남성 등과 같이 성별의 구분도 특정하지 않는다. 한 사람씩 번갈아가며 웃음을 유발한다.

그러다가 시간이 지남에 따라, 자연스럽게 콤비가 만담에서 진일보하여 **콩트**로 옮아가며 코미디를 완성해간다. 인원수도 2명에서 3명, 3명에서 4명 등으로 늘려가며 **극**으로 코미디의 형식이 옮겨가게 된다.

(2) 중국

중국의 전통적인 코미디도 만담의 형식이다. 그런데 우리와는 사뭇 다르다. **남성과 여성**이 짝을 이루어 만담을 진행한다. 남자가 먼저 나와서 노래도 곁들여 가며 만담을 진행하다가 여자를 소개한다. 그러면, 여자가 나와서 노래를 부르고 남자와 함께 본격적인 만담을 시작한다.

주로 **여자가 받쳐주고, 남자가 웃음을 유발**하는 방식이다. 약 15분에서 20분간 이루어지는데 다음 콤비도, 그 다음 콤비도 똑같은 방식으로 진행한다. 단지 뒤로 갈수록 더 유명한 커플이 나온다는 것뿐이다.

중국의 국민배우이자 영화감독 **짜오비엔산**趙本山 역시 만담 배우 출신이다.

(3) 일본

일본의 경우, 만담이 가장 발달한 나라이다. 지금까지도 만담이 코미디의 본류를 이루고 있다. 〈다운타운〉의 마츠모토와 하마다는 일본 예능 프로그램을 조금이라도 본 사람이라면 다 알 만한 대표 콤비 코미디언이자 최고의 MC이다. 일본은 지금도 콤비로 개그 무대에 데뷔하고, 활동 자체도 콤비로 많이 한다.

하지만, 일본의 만담은 우리나 중국과는 다르다. 역할이 확실히 나뉘어 있다. **츠코미**와 **보케**로 나뉜다. 츠코미는 만담을 끌어가는 진행자의 역할, 또는 받쳐주는 역할을 한다. 보케는 바보스러운 연기 또는 얻어맞는 연기 등을 통해 웃음(오도시)을 담당한다.

그렇다면, 미국과 영국 등은 어떠할까?

(4) 미국과 영국

동아시아 3국의 전통 코미디가 만담이라면, 미국과 영국 등의 전통적 코미디 방식은 바로 스탠딩standing, stand up이다. 극장식 레스토랑 등에서도 흔히 볼 수 있는데, 작은 무대 위에서 재담꾼들이 각자의 에피소드나 핫한 이슈 등을 가지고 '**말**'로써 관객들을 웃긴다. 이런 무대에서 단련된 사람들이 코미디언이 되고, 배우가 되어 아카데미상을 받는 영광을 누리기도 한다. 우리나라에서 미국식 토크쇼의 장을 연 자니 윤 역시 이런 스탠딩 코미디언 출신이다.

그러면서도, 미국과 영국의 코미디는 어떠한 대상에 대한 풍자의 성격이 아주 강하다. 스탠딩으로 시작된 코미디는 여러 장르를 넘나들며 각기 다른 방식의 풍자로 그 영역을 확장해 왔다.

미국의 경우, 가장 대표적인 코미디 프로그램은 당연히 1977년부터 본격적으로 시작된 〈**SNL**Saturday Night Live〉이다. 매회마다 그 날의 호스트host가 있고, 그 호스트를 도와 콩트(〈SNL〉에서는 콩트를 스케치sketch라고 부른다)를 하는 **고정 크루**crew와 비고정 크루crew가 있다. 호스트는 당시 최고의 스타들이 출연한다. 우리가 아는 할리우드 스타들이 거의 다 이 프로그램을 거쳐 갔다고 해도 과언이 아니다.

뿐만 아니라, 고정 크루들 중에서도 할리우드 최고의 배우가 된 사람들이 많이 있다. **존 쿠삭**, 아이언맨으로 우리에게 널리 알려진 **로버트 다우니 주니어** 등이 대표적이다. 그만큼 미국은 코미디언들의 위상도 무척 높다.

영국의 경우도 시사/세태 풍자가 아주 강하지만, 성인 코미디가 매우 발달해 있다. 그 풍자의 수위도 무척 높고, 희화의 대상도 우리 예상을 훨씬 웃돈다. 우리나라에서는 금기시된 부분도 거침없이 희화하고, 심지어 조롱한다. 미국의 〈SNL〉도 초창기에 영국의 성인 코미디 〈Monty Python's Flying Circus〉를 모방할 정도였다.

3) 한국 코미디의 역사

한국 코미디의 역사는 '**유랑극단**'에서부터 출발한다. 가수들과 배우들, 그리고 막간을 담당하는 사회자와 희극 배우 등으로 이루어진 극단들이 서울-경기를 비롯해 전국을 떠돌며 천막 극장에서 서민의 애환을 달래며 쇼를 펼쳤다.

<u>60년대 중반 TV 방송 개국과 함께 그중의 일부가 무대를 방송으로 옮기면서 드라마를</u> 필두로 코미디도 방송을 타기 시작했다.

69년 MBC 〈웃으면 복이 와요〉 (연출: 김경태, 유수열)
74년 TBC 〈고전 유머 극장〉 (연출: 김경태)

한국의 코미디 역사는 각각의 프로그램을 다 나열하기엔 너무 많고, 또한 큰 의미가 없기 때문에 그 시대를 풍미했던 코미디언들과 대표 프로그램을 언급하면서 이야기하도록 한다.

(1) 한국 코미디 1세대

; **구봉서, 배삼룡, 서영춘,** 곽규석, 양훈–양석천(홀쭉이와 뚱뚱이), 신선삼(쓰리보이), 송해, 김희갑, 남보원, 백남봉, 장소팔–고춘자, 남철–남성남, 임희춘 등

한국 최초의 본격 코미디 프로그램이라고 할 수 있는 MBC의 장수 프로그램 〈웃으면 복이 와요〉와 TBC의 〈고전 유머극장〉이 이들과 함께한 한국 코미디의 역사이다. '극단' 시절의 콘텐츠들을 방송으로 가져와 시청자들에게 선보이다가 처음으로 방송용 콘텐츠를 만들기 시작하였다. 그때 나온 코너 중에 대표적인 것이 〈**김수한무**〉, 〈**양반 인사법**〉 등이다.

〈김수한무〉는 **구봉서–배삼룡** 콤비가 만든 역작으로, 코미디의 가장 기본 스킬인 '**반복**'이라는 코드를 극명하게 보여준다. 이후에, 서영춘–임희춘 콤비에 이르러 〈서수한무〉로 바뀌었다가, 80년대 말 김형곤이 〈김수한무〉로 다시 리바이벌하기도 했다.

내용은 후사가 귀한 김씨 가문에 늦게 본 아들이 하나 있는데, 어느 스님이 이름을 길게 지어야 아들이 장수할 것이라 하여 아래와 같은 긴 이름을 짓는다. 그런데, "이 긴 이름을 어떤 일이 있어도 줄여서 부르면 안 된다"라는 단서를 붙인다. 이것은 오늘날의 코미디에서도 눈여겨 볼 만한 부분이다.

바로 요즘 개그gag의 장치적 특성을 이때부터 벌써 사용했다는 것.

김 수한무 거북이와 두루미 삼천갑자 동방삭 치치카포 사리사리센타
워리워리 새프리카 므두셀라 구름이 허리케인에 담벼락
담벼락엔 서생원 서생원에 고양이 고양이엔 바둑이 바둑이는 돌돌이

(2) 한국 코미디 2세대

: **이주일**, 이상해, 이기동, 이대성, 배일집, 배연정, 김병조, 한무, 이용식, 이기철, 김상호 등

한국 코미디의 1세대와 2세대는 불과 10년 정도의 시간 안에 인적 구성이 혼재되어 있기도 하지만, 그 특징은 확연히 구분된다. 코미디 장르도 굳건해지고 국민적 인기도 날로 더해 가며 드라마 못지않은 장르로 자리를 잡았다고 볼 수 있다.

갈수록 방송 제작 환경이 발전하면서, 코미디도 기존의 콩트 코미디뿐만 아니라, 일정 정도 '코미디 쇼'의 형식으로 그 포맷이 진화했다고 할 수 있다.

그런 가운데 1979년 이주일의 등장은 가히 충격적이었다. 한 원로 코미디 PD는 **"한국의 코미디는 이주일 전前과 후後로 나뉜다"**고 했다. 사람들은 그를 일컬어 **'코미디의 황제'**라고 칭한다.

수지 큐Suzie Q 음악에 맞춰 독특한 스텝으로 무대에 선 그는 "얼굴이 못 생겨서 죄송합니다", "뭔가 보여주고 싶습니다", "일단 한 번 보시라니깐요", "콩나물 팍팍 묻혔냐?" 등등 헤아릴 수도 없는 유행어를 히트시켰다. 초등학생들이 너무 많이 따라해서, 전국 교장단 회의에서 정부에 출연 금지를 요청하여 1년간 방송 금지를 당하기도 했다.

(3) 한국 코미디 3세대 − 개그맨(gagman)의 출현

: 전유성, 고영수, 주병진, 임하룡, **심형래**, 김정식, 최양락, 이봉원, 김정렬, 장두석, 서세원, 이홍렬, 이경규, 조정현, 김미화, 김보화, 이경실, 이성미, 박미선, 이창훈, 김학래 등

80년대 중반부터 90년대 중반까지를 일컫는다. 이 시기는 한국에서 코미디가 가장 보편적으로 널리 사랑받은 시기이면서, **개그맨gagman이라는 용어가 생겨난 시기이기도 하다.** 그리고 KBS와 MBC가 공채 개그맨을 뽑기 시작하면서 어느 나라에도 없는 독특한

코미디 문화가 정착되기 시작한 시기이다.

MBC에서는 일요일 황금 시간대에 〈**일요일 밤의 대행진**〉이 편성되면서 코미디가 간판 예능이 되는 시발점이 되었고, KBS는 〈**유머 1번지**〉에 이어 공개 코미디 장르인 〈**쇼! 비디오자키**〉가 공전의 히트를 기록하면서 명실상부한 코미디의 황금기를 이끌었다.

이 시기의 최고 개그맨은 누가 뭐라 해도 **심형래**이다. 그의 최고 히트작 〈영구야, 영구야〉를 비롯해서 〈변방의 북소리〉, 〈동물의 왕국〉 등등 콩트면 콩트, 공개 코미디면 공개 코미디! 무엇을 하더라도 하는 코너마다 모두 대박이 났다.

거기다가 1991년 SBS(서울방송)가 개국하면서 KBS와 MBC의 실력파 개그맨들을 대거 영입, 〈코미디 전망대〉 등 코미디 프로그램만 3개를 동시에 런칭하면서 큰 성공을 거두었다.

또한 90년대 초에 유재석, 강호동, 신동엽, 김국진, 박수홍, 서경석, 이윤석, 남희석, 김용만 등 현재 방송가를 주름잡고 있는 MC급 스타들이 대거 각 방송사의 공채 개그맨으로 뽑히면서 루키들의 눈부신 활약도 시청자들의 눈을 끌기에 충분했다.

한국형 공개 코미디의 시작. 한국 코미디의 최전성기
(4) 한국 코미디 4세대 – 공개 코미디의 꽃이 피다.

; KBS 〈개그콘서트〉(1999), SBS 〈웃음을 찾는 사람들〉(2003) 등

이 시기는 확연하게 프로그램 중심으로 정리가 되는 시기이다. IMF 구제금융 사태 이후 침체기에 빠진 한국 코미디가 허물을 벗고 새롭게 태어났다. 침체와 폐지의 늪에서 자생적으로 부활했다.

방송 출연이 불확실해진 개그맨들이 여의도를 벗어나서 대학로로 옮겨간다. 대학로 소극장 공연을 하면서 새로운 포맷을 만들어 낸다. 그것이 바로 **스피드 브릿지**speed bridge 형식의 초창기 〈개그콘서트〉다.

열 명 남짓한 소수의 인원이 한 시간 이상을 공연해야 하다 보니, 짧은 브릿지 형식의 코너를 많이 채워 넣는 방식을 택할 수밖에 없었는데 한 사람이 몇 개씩 코너에 반복해서 출연한다. 그러다 보니, 의상도 디테일한 콩트 의상이 아닌 팀복 같은 추상적 의상에 배역을 상징하는 간단한 의상(의사-가운, 사또-관모, 임금-익선관 등)만 덧입고 짧은 코너들을 소화했는데, 그런 소극장 공연을 그대로 방송으로 옮겨 놓은 것이 초창기 〈개그콘서트〉다. 그러다가, 공개 코미디 형식은 유지한 채 콩트와 여러 가지 패턴을 추가하고, 코너별 시간도 조금씩 늘리면서 오늘날의 공개 코미디로 발전해 왔다. 〈웃찾사〉는 〈개그콘서트〉의 일부 멤버가 SBS로 넘어오면서 자연스럽게 시작되었다.

한국 코미디 역사에서 주목해야 할 점은 태동 시기였던 제1세대와 침체기 이후 폐지되었다가 다시 살아난 제4세대 모두가 ① **극장으로부터 잉태**되었다는 점과 ② **방송국이 아닌 연기자가 주도**했다는 점이다.

– 이 시기의 대표 개그맨

; 백재현, 김준호, 김대희, 강성범, 심현섭, 컬투, 박준형, 정종철, 김병만, 이수근, 신봉선, 김신영, 김현숙, 김영철, 김숙, 김준현 등

4) 코미디의 용어

아주 창피한 이야기지만, 코미디 분야에서는 아직도 어원을 알기 힘든 일본어가 많이 쓰이고 있다. 그 이유는 일제 강점기 시절 문화 예술 분야의 인재들이 일본으로 건너가 유학하고, 거기에서 일을 하다가 한국으로 건너왔는데, 그런 과정에서 자연스럽게 쓰이던 용어들이 여러 가지 이유로 우리나라 문화 예술계에 그대로 잔재해 있는 것으로 사료된다.

많은 사람들이 지금껏 한국어로 바꿔보려고 노력해 봤지만, 딱 맞는 표현을 찾기가

쉽지 않았다. 대부분 일본의 전통극인 **'가부키'**에서 유래된 것이 많다. 대표적인 용어는 다음과 같다.

- **니쥬(にじゅう)**: 원래 뜻은 세트의 바닥을 만들기 위해 쓰는 목재 단으로, 강의실의 강단과 거의 흡사한 목재 단이다. 코미디에서는 '오도시를 위한 받침' 또는 '받쳐주는 사람' 등을 의미한다. 웃음을 위해 사전에 **배경, 상황 등을 깔아주는 것**을 의미하기도 한다.

- **오도시(おとし)**: n. (책, 제본 등에서) 떨어뜨림. 흘림. 덫
  v. (속여서) 곤경에 빠뜨리다.
  하지만 위의 의미로는 오도시라는 말을 설명할 수 없다. 유래를 찾기 힘들지만 코미디에서 오도시는 **웃음을 유발하는 결정적인 말이나 행동**을 의미한다. '오도시를 친다'라고 흔히 사용되고, 한편 '오도시를 전담하는 사람'을 지칭하기도 한다.

- **시바이(しばい)**: (설정된) **연기**, 짜여진 연기, 약속된 연기

- **이찌마이(一枚, いちまい)**: 주연급 배우, 탑 스타, 최고의 배우. 가부키 대본을 보면, 제1면에 여자 주인공의 이름과 역할, 배역 설명 등이 적혀 있는 것에서 유래되었다.

- **니마이(二枚, にまい)**: 가부키 대본의 제2면에 남자 주연과 조연 배우들에 대해 나와 있는 데서 유래되었다. 코미디에서는 **정극 연기도 되는 희극 연기자들**을 일컫기도 하고, **우스꽝스럽지 않은 진지한 상황**을 말하기도 하고, 한편 그러한 연기를 말하기도 한다.

- **산마이(三枚, さんまい)**: 가부키 대본의 3면부터 나오는 단역과 엑스트라들을 일컫는 데서 유래되었다. 코미디에서는 위의 '니마이'와 대립된 의미로 사용한다.

우스꽝스런 상황이나 연기, 장난스러운 연기, 또는 그러한 연기를 하는 연기자를 의미하기도 한다.

– **구다리(くだり)**: 긴 문장의 한 절, **큰 오도시가 있는 한 단락**. 코미디에서는 한 코너 안에서 하나의 단락을 말한다.

– **나미다(なみだ)**: 눈물이라는 명사이다. 코미디에서는 더 큰 웃음을 위해서 중간에 **슬픈 사연이나 상황 연기**를 넣는 경우가 있는데, 이런 경우에 '나미다'라고 한다.

– **다찌마와리(たちまわり)**: 영화나 드라마에서도 다 같이 쓰는 용어로, 싸움 또는 격투 장면을 말한다.

2. 코미디의 기획과 제작

1) 코미디의 기획

(1) 코미디의 편성

코미디 프로그램의 경우, 밤 시간대에 편성을 원칙으로 한다.

몸짓으로 웃기는 코미디non-verbal가 아니라면, 코미디는 70% 이상이 소리audio다. 그만큼 말과 음성, 사람마다 다 다른 성문, 이런 것을 제대로 느낄 수 있어야 코미디를 재미있게 즐길 수 있다. 비주얼visual도 물론 중요하다. 그렇지만, 우스꽝스런 분장도

30초면 그 효력이 끝난다. 그 뒤에는 그 분장을 능가하는 재미있는 '오도시'가 반드시 수반되어야 한다. 그렇지 않으면 매우 유치한 코미디로 전락해 버린다.

밤 시간은 사람의 집중력이 굉장히 상승되는 시간이다. 주변의 소음, 빛 등의 간섭으로부터 자유로울 수 있는 시간이다. 코미디 프로그램을 시청할 때, 옆에서 어머니가 쌀을 씻고, 밖에서 아이들의 떠드는 소리 등이 들린다면 코미디의 재미를 제대로 느끼기 힘들다. 코미디라는 장르는 한 코너라도 집중해서 봐야 하는 장르이다. 말을 듣고, 행동을 제대로 캐치해야 웃을 수 있다. 하나부터 열까지 다 설명을 한다면 그건 코미디가 아니라 정보 프로그램이다. 그래서 숨은 의미까지 잘 캐치해야 하기 때문에 약간의 집중이 필요하다.

또한, 생활 패턴의 측면에서도 밤 시간대가 적절하다. 하루를 마무리하면서 재밌는 코미디 프로그램을 보며 즐겁게 마무리할 수 있다면 이 또한 행복하지 않을까?

(2) 코미디의 기획

코미디 프로그램을 기획할 때 **가장 먼저 고려해야 할 것은 장르**다. 공개 코미디–비공개 코미디, 콩트–개그, 시사 코미디–로맨틱 코미디, 야외 촬영물–스튜디오 촬영물 등을 원하는 타깃 시청층에 맞게 결정해야 한다. 10대나 20대 시청자들을 주 시청층으로 생각한다면, 공개 코미디 형식에 로맨틱 코미디, 그리고 콩트보다는 호흡이 빠른 개그가 더 좋지 않을까? 반대로 30~40대가 주 시청층이라면, 비공개 콩트나 시사 코미디가 더 어울리지 않을까?

또한, 코미디 프로그램 기획에서 가장 중요한 것은 개그맨 또는 **코미디언의 구성**이다. 우수한 연기자 집단을 확보하지 못하면 그 코미디 프로그램은 볼 필요도 없이 실패로 끝난다. **인지도 있고 실력 있는 연기자들을 확보**하는 일은 집을 지을 때 주춧돌을 놓는 것과 같다. 일단 사람부터 확보하고 볼 일이다.

작가진의 구성도 다른 무엇보다 중요하다. 특히나 비공개 콩트의 경우라면, 작가는 스토리의 대부분을 책임져야 하기 때문에 드라마 작가만큼이나 그 중요성이 강조된다.

공개 코미디의 경우도 개그맨들이 자신의 대본을 직접 만들지만 작가가 그 방향성이나 표현 수위 등을 잘 끌어주어야 하기 때문에 좋은 작가는 필수적이다.

2) 코미디의 제작

(1) 시스템을 갖춰라

코미디 프로그램을 제작하는 데 있어서 가장 중요한 것은 그 프로그램을 끌고 갈 시스템을 잘 만들어 놓는 것이다.

예를 들면, 〈개그콘서트〉의 경우, 이른바 '**연구동 시스템**'이다. KBS 연구동 건물에 희극인실과 작가실을 마련하고, 개그맨들이 상시 출근하며 거기에서 코너들을 생산해 내는 시스템이다. 각 요일별로 새 코너를 보고, 대본 회의를 하고, 수정 작업을 하고, 녹화를 준비한다.

그 반면에, 〈웃찾사〉의 경우는 철저히 '**극장 검증 시스템**'이다. 주말이나 평일 공연을 통해서 새 코너를 픽업하고, 방송을 하고 있는 코너까지도 상당 부분 극장 공연을 통해서 검증한다. 신인들에 대한 트레이닝과 코너 제작이 대부분 극장을 통해서 이루어진다.

정리하자면, 코미디 프로그램은 살아 있는 유기물과 같다. 변화하는 트렌드에 따라서 새로운 코너가 생겨나고 사멸하기를 계속하고, 새로 떠오르는 태양이 있는가 하면 지는 해도 있다. 이렇게 변화무쌍한 프로그램의 유기적 변화 속에서 프로그램의 지속적 발전을 위해서는 무엇보다 이 모든 변화를 버텨내고 진보적 발전을 담보해 낼 수 있는 시스템의 완비가 가장 중요하다고 할 수 있다.

신인 개그맨을 선발하고 육성할 수 있는 시스템도 프로그램을 유지 발전시키는 데 있어서 빠져서는 안 될 항목이다. '**신인이 떠야 프로그램이 뜬다**'라는 이야기는 코미디 프로그램의 PD라면 항상 마음에 새겨야 할 금과옥조이다. 프로그램이 폭발력을 발휘하기 위해서는 기존의 유명 개그맨들만으로는 불가능하다. 혜성같이 등장한 새로운 인물들이 빛을 발할 때 비로소 코미디는 폭발한다.

　PD가 바뀌고, 작가나 연기자가 바뀌어도 프로그램이 든든히 살아갈 수 있는 힘은 바로 시스템이다. 정권이 바뀌어도 국가의 미래를 위한 훌륭한 정책은 계속 유지되어야 하는 것과 똑같은 이치이다. 좋은 시스템이 좋은 웃음을 만든다.

(2) 투명한 제작 스케줄을 갖춰라

공개 코미디의 경우, 일주일이 거의 다 프로그램 스케줄로 채워진다.

▎2017년 〈웃찾사〉 제작 스케줄

	월요일	화요일	수요일	목요일	금요일	토요일	일요일
전체	1차 대본 회의		2차 대본 회의 /본 방송	녹화			
연출진	예고 종합편집	Final 편집	본 방송 종합편집	녹화	1차 가편집	검증 공연	검증 공연
작가진 및 연기자	1차 대본 회의	대본 수정	2차 대본 회의	녹화	다음 주 대본 회의	검증 및 회의	검증 및 회의
극장	휴무	검증 공연	새 코너 검증 공연	대관	검증 공연	검증 공연	검증 공연

　위와 같이 일주일을 온전히 프로그램 제작에 투자해야 하기 때문에 '코미디 프로그램이 타 프로그램에 비해 쉽고 편하다'라는 말은 어불성설이다. 이렇게 타이트tight한

스케줄을 소화해야 하기 때문에 연기자들이 인지도를 쌓고 나면 코미디 프로그램을 떠나 버라이어티 프로그램으로 넘어가는 경우도 상당히 많다.

엄청난 수의 개그맨들이 함께 출연하는 프로그램이기 때문에 코미디 프로그램에서 지급할 수 있는 출연료는 한계가 있다. 그래서, 어느 정도 인지도가 있는 연기자들은 이런 저런 프로그램과 여러 행사 등 제법 많은 스케줄을 소화한다. 그런 연기자들과 함께 프로그램을 끌고 나가기 위해서도 투명하고 유연한 스케줄 관리는 코미디 PD의 주요 덕목이다.

사람을 웃긴다는 것은 엄청난 스트레스를 동반한다. **평가하기는 쉽지만, 만들기는 어려운 것이 바로 코미디 프로그램이다.**

(3) PD는 왕이 되려 하지 말고 소통하라

코미디 프로그램에서 PD의 존재는 충분히 왕이다. 100명이 넘는 개그맨들이 PD 한 사람만 쳐다보고 있다. 그의 한 마디 한 마디에 1주일간 짜낸 아이디어가 완전히 수포로 돌아갈 수도 있고, 반대로 물 만난 물고기가 되기도 한다. 어떤 PD가 연출을 하느냐에 따라 프로그램이 흥할 수도 있고 망할 수도 있다. 그래서 새로운 PD가 올 때마다 개그맨들은 촉각을 곤두세우고 그 PD의 성향 파악에 애를 쓴다.

이런 상황 속에서 PD가 가장 경계해야 하는 것은 스스로 왕이 되는 것이다. 지나친 자신감이나 독선적인 팀 운영은 프로그램을 망치는 지름길이다. 코미디 PD들이 범하기 쉬운 실수는 자신을 절대감의 소유자로 자인하는 것이다. 하지만, 그 누구에게도 절대감은 없다. '나는 참 재밌어', '나는 참 감(感) 있어'라고 스스로를 감싸는 순간, 프로그램은 서서히 재미없는 프로그램으로 전락해 간다.

여러 사람의 말을 들어보라고 권하고 싶다. 주변의 모니터링뿐만 아니라, 함께 일하는 개그맨과 작가들의 이야기에도 귀를 기울여야 한다. 신인 개그맨이라고 무시하지 말고, 왜 이런 코너를 만들었는지 한 번쯤은 물어봐야 한다. 그렇게 소통하는 것이 PD를 스스로의 틀에 갇히지 않게 하는 방법이다.

그래야 프로그램에 재미있는 코너들이 넘쳐나게 된다. 이것이 바로 코미디 프로그램이 흥하는 지름길이다.

3. 코미디의 힘: 연출의 핵심 키워드

1) 코미디는 사람 장사이다

알파고가 코미디를 할 수 있을까? 나는 절대로 못 한다고 생각한다. 코미디는 진정한 사람의 영역이다. 이성보다는 감성이 지배하고, 규칙보다는 에누리가 더 웃기고, 경험적 완성도가 안정적이고 더 좋다지만 날것 같은 새로움이 훨씬 더 자극적이다. 또한, 코미디는 굉장히 인간적인 장르이다. 웃음은 절대적인 것이 아니라 상대적이다. 어떤 경우엔 실수가 더 큰 웃음을 만든다.

상대방을 웃게 만드는 가장 강력한 무기는 무엇보다 친근감이다. 처음 보는 개그맨의 개그보다 내 남자 친구의 썰렁한 농담이 훨씬 재밌게 느껴진다. 그 사람의 성격, 버릇, 장단점, 신체적 특징 등을 알고 있다면, '그런 사람이 저런 말과 행동을 했다고?'라며 웃음을 터뜨린다. 소위 말하는 'lovely'가 쌓여 있기 때문이다.

코미디 프로그램에서 개그맨 구성이 가장 중요하다고 하는 것도 이런 이유에서다. 인지도 있고 시청자들 사이에 친밀감이 쌓여 있는 연기자들을 얼마나 확보하고 있는가 하는 문제는 프로그램의 성패와 직결된다고 할 수 있다.

2) 코미디는 '어떻게 하느냐?'보다 '누가 하느냐?'다

작가도 마찬가지다. 경험 있고 감각 있는 작가진을 확보하는 것은 천군만마를 얻고 전장에 나가는 것과 같다. 특히, 비공개 코미디나 시사 코미디를 지향한다면 작가의 우수한 역량은 필수적이다.

공개 코미디에서도 작가의 중요성은 마찬가지이다. 코미디 작가의 경우 본인 스스로 코미디라는 장르에 대한 애정이 필수적이다. 열심히 하는 것만으로는 부족하다. **사랑하지 않으면, 코미디는 고통이다.**

4. 코미디 제작 사례 : 〈웃찾사〉

공개 코미디 프로그램인 〈웃찾사〉의 한 주간 스케줄에 맞추어 실제 코미디 프로그램 제작의 사례를 알아보고자 한다. 편집의 경우는 여타 프로그램과 큰 차이가 없으므로 생략한다.

1) 〈웃찾사〉 기획

(1) 각 팀별 코너 회의 및 검증 공연

▶▶ 매주 금, 토, 일요일 중
; 대학로에 위치한 〈웃찾사〉 전용관에서, 코너에 대한 회의 및 공연

SBS는 대학로에 〈웃찾사〉 전용 소극장을 개설해 매일 공연을 했다.
신인 개그맨의 훈련, 기성 개그맨의 〈웃찾사〉 신규 코너의 실험, 〈웃찾사〉 방송 기존 코너의 사전 검증 등의
부가적 목적으로 운영되었다.

매주 월요일, SBS 등촌동 공개홀에 있는 〈웃찾사〉 회의실에서 열리는 코너 회의.
PD, 작가, 개그맨 등이 다음 방송분을 위한 코너 아이디어 회의를 하고 있다.

(2) 전체 1차 대본 회의

▶▶ 매주 월요일. 오후 2시. 등촌동 공개홀

: PD, 작가, 미술팀, 의상팀 등이 참석한 가운데 팀별로 짜온 코너를 순서대로

한 코너씩 시연하고, 거기에 대해 코멘트하고, 필요한 세트나 의상, 분장 등을 최초 의뢰한다.

│ 월요일에 진행되는 〈웃찾사〉 코너 회의 스케줄표

2월 27일 (월) 코너 회의 순서

1. 오마이갓걸
2. 저승사자
3. 애들의 세상을 키우자
4. 하지 말어
5. 뽀샵 사진관
6. 콩닥콩닥 민기쌤
7. 아가씨를 지켜라
8. 키키크루
9. 해줘라
10. 문과 이과
11. 우리의 소리

중간 투입: 기가 찬 LTE 뉴스
　　　　　 개그 청문회
새 코너: 정만호–유남석 새 코너

(3) 팀별 대본 수정 및 검증

▶▶ 매주 화요일. 대학로 〈웃찾사〉 전용관
; 월요일 회의를 통해 수정이 결정된 부분 등을 재검토하고 수정/검증

┃ 대학로에 위치한 〈웃찾사〉 전용 소극장에서는 매주 2회에 걸쳐 코너 아이디어 회의 및 검증 공연이 열렸다.

(4) 전체 2차 대본 회의

▶▶ 매주 수요일 오후 2시. 등촌동 공개홀
; 녹화를 앞둔 마지막 대본 회의. 최종 대본 확정. 연기나 블로킹 라인 등도 다시 점검

* Key Point : 코미디 대본의 가장 중요한 포인트는 '가독력'이다.

연출진과 연기자들은 1주일 내내 함께 짜고 연습했기 때문에 대본을 거의 숙지하고 있다. 그러나 기술팀이나 효과팀, 조명팀, 카메라팀 등은 녹화날에 처음 대본을 받아 보기 때문에 한눈에 알아보기 쉽게 대본을 작성해야 한다.

글자의 크기, 폰트, 편집 등 모든 코너가 일관성 있어야 한다. 상·하수 등장이나, 소품, 음악이 시작되고(in) 끝나는(out) 포인트, 마이크의 개수와 종류 등 스태프들의 눈에 쉽게 들어오는 가독력이야말로 무엇보다 중요하다.

〈웃찾사〉 중 〈애들의 세상을 키우자〉 코너 대본

#코너1. 애들의 세상을 키우자 (580)[13] (완)

출연: 이종규, 김형준, 이선민, 한송희
소품: 판넬 3개, 이젤, 큐카드(A4 용지 반 사이즈), 의자 3개(등받이 없는 것), 의자 높이단 3개,
    이름표 3개
가베: 애세키 고정 가베
의상: 이종규—정장 / 김형준—흰 셔츠, 니트 조끼, 반바지, 멜빵 / 이선민—노란 모자, 나그랑 티
    / 한송희—흰 셔츠, 망토, 치마
분장: 김형준—앞머리 가발, 볼터치 / 이선민—볼터치 / 한송희—볼터치, 양갈래머리

(종규 무대 중앙 스탠바이)

오프닝 BG 1 – 동방신기 '풍선' IN

종규	(세트 뒤에서 앞으로 걸어 나오는) BG 1 – 서서히 OUT
	자 이번 시간은 '애들의 세상을 키우자', '애.세.키' 시간입니다.
	자 그럼 오늘의 주인공 나와주세요~

BG 2 – '나처럼 해봐요' IN

(형준, 선민, 송희 무대 하수– 등장)

일동	야아아아아아아~! BG 2 – OUT
송희	안녕하세요. 저는 우리 아빠처럼 똑똑한 선생님이 되고 싶은 한송희입니다.
종규	네.
형준	우리 아빠는 훌륭한 정치인입니다.
	저도 우리 아빠처럼 훌륭한 정치인이 되고 싶은 김형준입니다.
종규	네.
선민	저도 우리 아빠처럼 용감하고 의리가 넘치는 사람이 되고 싶습니다.
종규	그럼 아빠가?
선민	예! 건달입니다. (동작주고) 확마~!
종규	알겠습니다~ 자! 그럼 문제 드릴게요. 첫 번째 시간은 바른생활 시간인데요. 자 우리 친구들이 자다가 이불에 오줌을 쌌어요. 그럼 엄마한테 뭐라고 할까요?
송희	제가 한번 말해보겠습니다. 먼저 엄마에게 죄송하다고 말한 뒤 엄마 볼에 뽀뽀를 해드릴 겁니다.
종규	와 귀여워요~
송희	데헷.
형준	저는 다르게 생각합니다.

종규	다르게요? 어떻게요?
형준	기억이 나지 않는다고 합니다.
종규	예?
형준	그리고 묵비권을 행사하며 변호사를 선임하고, 그래도 안 되면 휠체어를 타고 공황장애에 걸렸다고 하는데 엄마가 계속 추궁하면 3초간 째려보고, 자세한 건 검찰에 가서 성실히 답변하겠다 합니다.
종규	네네 알겠습니다.
형준	이 맛에 정치하는 것 아닙니깨! (정치인 포즈)
선민	저도 다르게 생각합니다.
종규	네.
선민	제가 오줌을 싸면 먼저 방안에 CCTV가 있나 확인한 뒤 안방에서 술에 취해 자고 있는 우리 아빠를 끌어다가 내 이불 위에 눕힙니다. 그 다음 아빠 팬티와 내 팬티를 바꿔치기 합니다. 그리고 사건이 잠잠해질 때가지 할머니 댁에 숨어 있을 겁니다!
종규	아니, 그게 뭐예요!
선민	데헷. (귀여운 포즈)
종규	네. 아 정말 귀여운 애.세.키 시간 함께 하고 있습니다.
	재! 이제 두 번째는요. 만화 제목 맞히기 시간이에요.
	(판넬 들고) 이 그림을 보고 만화 제목을 맞히면 되는 거예요.
송희	제가 말해보겠습니다. 제목은 '도널드 덕과 아기공룡 둘리'입니다.
종규	맞아요~
형준	저는 다르게 생각합니다.
종규	다르게요?
형준	제목은 '미국의 대통령 도널드 트럼프와 오바마'입니다.
	인기가 많은 오바마 대통령은 이민 정책을 해서 이렇게 동양인 친구도 받아들이고 외계인도 친구로 받아들이고 심지어 공룡까지 받아들이는데. 그에 반해 자기밖에 모르는 이 분은 반 이민 정책을 하는데 우리나라나 미국이나 한 사람 때문에 많은 사람들이 힘든 것 같습니다.
종규	예예 알겠습니다.
선민	저도 한번 해보겠습니다.
종규	네.
선민	제목은 악덕 사채업자와 용역 깡패들입니다. 먼저 얘가 깡패들한테 전활 걸어 '큰 거 세 장 받아와' 하니까 이것들이 얼마나 잔인한지 고길동 고객 집에 쳐들

	어가 갓난아기 입에 재갈을 물리고 협박합니다. 먼저 마이콜이 '어이~ 고길동이. 니 마이컸네 마이콜'하자 이 새파랗게 어린 놈이 어른한테 '멜롱 멜롱' 하니까 얘가 막 웁니다. 그러자 도우너가 '야 너 또 우너? 또 울면 깐다삐야'
종규	그게 뭐예요~
선민	다섯 살입니다. 뿌뿌뿌 (귀여운 동작)
종규	네네, 자 이제 마지막 시간은요, '동요 부르기' 시간입니다 BG 3 '올챙이송' IN– 길이 우리 친구들 동요 '올챙이 송' 알죠?
형/선/송	네!! (종규 / 다 같이 한번 불러볼게요~)
송희	♫ 개울가에 올챙이 한 마리 꼬불꼬불 헤엄치다~
종규	네~ 좋아요~
형준	♫ 정치판에 법꾸라지 법을 요리조리 피해 다니다~ 테블릿이 쏙~ 녹취록이 쏙~ BG 3 '올챙이송' OUT 대포폰이 쏙~
종규	(형준 말리며) 네네~ 알겠습니다!
형준	이제 감방으로 쏙~
종규	(형준 말리며) 네네~ 알겠습니다! BG 4 '올챙이송' IN– 길이 (선민, 종규 들어서 던지면)
선민	♫ 도박판에 짝귀 삼촌이 밑장 빼기 시도하다 쌍코피가 쏙~ 강냉이 쏙~ 팔딱 팔딱 게거품 무네~ BG 4 '올챙이송' OUT
종규	자재! 이상 애.세.키였습니다
일동	안녕~

/하는 데서 엔딩

2) 〈웃찾사〉 녹화

▶▶ 매주 목요일. 등촌동 공개홀

; 정해진 큐시트에 따라, 드라이 리허설 → 카메라 리허설 → 관객 입장 및 아이스 브레이킹 타임ice breaking time → 본 녹화 순서로 진행

▌〈웃찾사〉 스튜디오 녹화 큐시트 '〈웃찾사〉 580회 연출 큐시트'

No	본방	코너명	출연	무대	음향	소품	리허설 + 카메라	세트
1		애들의 세상을 키우자	이종규 김형준 이선민 한송희 (4)	종규 스탠바이 형준 선민 송희 하수 등장	WP 4	이젤, 판넬(연출), 큐카드(연출), 붕어빵 주사위 의자 3, 의자단 3(연출), 이름표(연출), 작은 지휘봉(지난주 사용)		애세키 가베
2		아가씨를 지켜라	황현희 홍윤화 김진곤	윤화 진곤 하수 등장 현희 하수 등장	WP 3	경호원 인이어 2, 튼튼한 쇠옷걸이 5, (고급진)쇼핑백 5, 신용카드		드레스룸 가베(제작)
3		해줘라	김정환 김승진 도광록 양종인 김지영(5)	정환 광록 승진 스탠바이 종인 상수 등장 지영 상수 등장	WP 5	학생책상 3, 학생의자 3, 펜, 칠판+칠판대, 교과서, 사진 판넬(연출), 캐릭터 밴드(노란색), 쥐 모형, 대형 쇼핑백, 작은 뽑기인형 20(나눔), 이어폰, 남자 반지갑, 3만 3천원(연출)		교실 가베
4		오마이갓 걸	김원구 오민우 박지현 김선정 (4)	원구 지현 선정 스탠바이 민우 상수 등장	WP 4	가짜 마이크2, 검은색 소품박스, 매점 단팥빵 4, 두루마리 휴지 2, 노란 고무줄 3		전식 가베
5		하지말어	남호연 이정수 안정빈 김영구 (4)	정수 정빈 스탠바이 호연 하수 등장 영구 가베 등장	WP 4	식탁(지난주 사용), 부엌의자 4, 신문 많이(크기별 4, 중앙일보 4), 수저 4, 유전자 검사지(연출), 접시, 차키, 문제집, 크리넥스 각티슈, 흰색 이어폰, 밥그릇 4, 김치, 바삭한 붕어빵, 약 봉투, 큰 담금주병, 물감, 브러쉬(담금주병에 넣을 수 있는 사이즈), 콜라500, 솔(콜라병에 넣을 사이즈), 영화 제목 판넬(연출)		시골집 가베
6		저승사자	이수한 안시우 홍현희 이용성 이기수 김진주 한송희 (7)	수한 스탠바이 시우 융성 하수 등장 진주 상수 등장 송희 상수 등장 기수 상수 등장 현희 하수 등장	WP 7	칼판넬 2(연출), 벤치, 동전		
7		콩닥콩닥 민기쌤	홍윤화 김민기 윤효동 (3)	윤화 효동 하수 등장 민기 상수 등장	WP 3	옛날 학생의자 2, 철제칠판, 색상 분필, 출석부, 이름표(연출)		
8		기가 찬 LTE 뉴스	강성범 김일희 임준혁 (3)	성범 일희 스탠바이 준혁 가베 등장	WP 3	LTE 뉴스 테이블, LTE 뉴스 의자 2, LTE 판넬(연출), 이젤, 앵그리판넬(연출)		한강 야경 가베

No	본방	코너명	출연	무대	음향	소품	리허설 + 카메라	세트
9		우리의 소리	이동엽 이재훈 김민수 (3)	재훈 스탠바이 동엽 하수 등장 민수 가베 등장	WP 3	북, 스탠드형 북받침대, 부채(지난주 사용), 검은색 몽둥이		초가집 가베
10		문과이과	김성기 신흥재 김승진 (3)	성기 흥재 승진 스탠바이	WP 3	칠판, 학생책상 2, 이름표(연출), 학생의자 2, 문학책, 수학의 정석, 방석 4, 문제집, 꽂을 수 있는 볼펜(형광펜 6, 파란펜 2, 빨간펜 2), 두꺼운 노트 2		학교 가베
11		뽀샵 사진관	송인호 김영구 (2)	인호 스탠바이 영구 하수 등장	WP 2	DSLR 부장 아재 테이블, LTE 의자, 60인치 TV, TV 거치대(제작), 노트북(연출), HDMI선(진행팀), 액자 6(지난주 동일), USB ※TV 얼룩 지울 수 있는 약품도 추가 부탁드립니다		사진관 가베
12		키키크루	정용국 임준빈 백승훈 권영기 고효심 박지선 주현정 마이크X: 고권오 박지성 (9)	용국 스탠바이 준빈 승훈 영기 가베 등장 효심 지선 가베 등장 준빈 영기 승훈 권오 지성 가베 등장 현정 가베 등장	WP 7	사각 원목 테이블, 흰색 노트북, 무선 마우스, 카페의자, 출석부, 대형 미스트(에비앙), 반짝이 꽃가루 많이, 스타벅스 그란데 종이컵 3(홀더/뚜껑 포함), 스타벅스 녹색 빨대 4, 꼬불이 어묵 5(큰 어묵), 노트2*3(작동 가능), 노트용 필름(일반 6/강화 3), 빨간 헤드 오함마(작은 망치), 낮은 테이블(카페테이블보다 낮고 작은), 검은색 소품박스 2		페이스북 가베
13	(NEW) 만호형님		정만호 유남석 김민제 민지영 (4)	민제 지영 스탠바이 만호 남석 하수 등장	WP 4	카페의자 2 or 검은색 등받이의자 2, 원형 카페테이블		애견 카페 가베
14		개그청문회	강성범 심진화 김원효 남호연 김영 김성기 유룡 (7)	유룡 성기 호연 스탠바이 성범 진화 원효 김영 상수 등장	WP 7	핸드마이크 2(음향팀), 오디오선(음향팀), 60인치 TV, 60인치 TV 거치대, HDMI선(진행팀), 마이크대 7, 청문회 테이블 2(제작), 단상, 검은색 등받이의자 7, 위원 판넬(연출), 이름표 판넬(연출), 명패(연출), 펜, 판사봉+판, 파일철 많이, A4 많이, 갱지 많이, 서류 종이봉투 많이, 장미꽃 2(연출), 비타500*2, 장난감 거짓말 탐지기 2(작동 가능)		청문회 (NEW)

스튜디오 녹화 준비로 분주한 분장실.
녹화의 긴장을 풀기 위해 개그맨들은 늘 분장실에서 분위기를 즐겁게 만든다.

(1) 드라이 리허설(dry rehearsal) : 오후 1시

무대 의상을 입지 않고, 마이크만 찬 상태로 동선과 음향효과 등을 맞추어 보는 리허설. 새 코너, 혹은 음악이나 음향이 많은 코너, 혹은 동선이 복잡해서 카메라팀, 조명팀 등과 사전 협의가 필요한 코너에 한해서 실시한다.

(2) 카메라 리허설(camera rehearsal) : 오후 3시

무대 의상까지 갖춰 입은 상태로 관객만 없을 뿐 실제로 본 녹화와 똑같이 진행. 실제로 부분적으로는 영상을 녹화하는 경우도 있다. 처음부터 끝까지 큐시트 순서대로 진행하며, 조연출이나 무대 감독이 부조정실에 있는 PD의 지시 사항을 인터컴을 통해 전달받고, 최종적으로 조율한다.

● **다중카메라 연출**(multi camera working)
다중카메라 연출을 하는 스튜디오물들 중에 카메라 워킹이 가장 중요하고 어려운

│ 〈웃찾사〉 녹화는 생방송처럼 진행되는 공연이기 때문에 사전 카메라 리허설이 매우 중요하다.

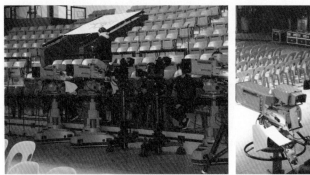

│ 스튜디오 녹화는 여러 대의 카메라로 녹화하는 멀티 카메라 워킹 연출기법이 사용된다.

것이 코미디 장르이다. 중요한 '오도시'는 한 번 놓치면 끝이다. 다시 녹화한다 해도, 아까 했던 그 연기가 안 나온다.

소위 '오도시'는 연기자만 담당하는 것이 아니다. PD의 카메라 워킹으로도 재미를 더할 수 있어야 한다. 편집을 잘 하는 것도 코미디 PD에게는 아주 중요한 덕목이다.

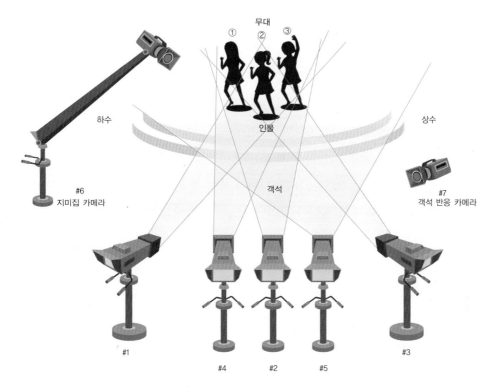

무대

① ② ③

하수

인물

상수

#6
지미집 카메라

객석

#7
객석 반응 카메라

#1

#4 #2 #5

#3

❙ 〈웃찾사〉 스튜디오 카메라 기본 배치와 워킹

　위의 그림은 카메라 7대를 쓰는 경우의 카메라 배치도이다. 몇 번 카메라를 지미집으로 배정할지는 PD의 재량이다. 다만, 코미디에서 **가장 중요한 카메라는 ②번 카메라**이다. Tight 2shot 또는 3shot은 코미디에서 가장 중요한 기본 샷이며, '니주'나 '오도시' 등 모든 상황에서 시청자의 눈을 안내해 주는 가이드의 역할을 한다.

　연극에서와 같이 코미디에서도 <u>무대의 '오른쪽', '왼쪽'이라는 말은 쓰지 않는다.</u> 그렇게 되면 연기자와 카메라의 시선이 180° 반대이기 때문에 큰 혼란이 생긴다. 그래서 **<u>객석에서 무대를 볼 때 왼쪽을 '하수'</u>**라고 하고, 그 반대로 <u>오른쪽을 '상수'</u>라고 한다. 무대에 서 있는 연기자의 입장에서는 오른쪽이 '하수'이고, 왼쪽이 '상수'가 된다. 모든 무대 예술 분야에서 다 같이 쓰는 용어이니 꼭 숙지해야 한다. 현장에 가서 왼쪽, 오른쪽이라는 말을 쓰면 아마추어 취급을 받게 된다.

코미디 연출에서 가장 간단한 구조는 2명의 만담 구조이다. **②번 카메라가 2shot**을 잡고, **①번과 ③번 카메라가 교차**^{cross}**개념으로 각각 1shot**을 잡아주면 된다. 그런데, 현대 코미디에서는 3~4명, 더 나아가서 최대 10명이 넘는 출연자가 한 코너에 같이 출연하기도 한다. 그럴 땐 어떻게 할 것인가? 이럴 때 필요한 것이 선택과 집중.

무대에 3명의 연기자가 서 있다면, 우선 주로 '시바이'를 많이 주고받는 상수 쪽 두 사람의 2shot에 ②번 카메라를 배정한다. 그리고 이들 두 사람을 ①번과 ③번 카메라가 각각 1shot으로 잡는다. 또한, 나머지 하수 쪽 한 사람은 화각이 더 넓은 ④번 카메라에서 3shot으로 잡고 있다가, 그의 '오도시' 타임에 ③번 카메라가 옮겨서 그를 잡아주면 된다.

● 콘티(conti)

일반적으로 콘티에는 '그림 콘티'와 '줄 콘티'가 있다. 영화나 광고 업계에서는 그림 콘티를 많이 쓴다. 그런데 방송에서는 매주 1회분을 제작하는 시간 관계상 그림 콘티를

▌여러 대의 스튜디오 카메라는 부조정실에 집약되어 PD에 의해 장면에 맞게 순차적이고 즉흥적으로 선택된다.

쓰기는 힘들다. 그런 관계로 주로 줄 콘티를 많이 쓴다. '줄 콘티'란 대사나 노래 가사에 카메라 워킹, 또는 샷의 사이즈나 각도 등을 체크해 주는 것을 말한다.

드라마나 쇼에서는 줄 콘티가 많이 쓰이고 있지만 코미디의 경우는 줄 콘티를 그다지 권장하지 않는다. 왜냐하면, 코미디의 경우 똑같은 대사라도 사람에 따라서 호흡과 연기가 너무 천차만별이라서 줄 콘티 자체에 지나치게 의존하면 개그의 맛을 제대로 살려내기가 어렵기 때문이다.

각 코너별로 대본을 거의 외운 상태에서 코너의 성격에 맞는 큰 그림을 그리고, 모니터를 보면서 그때그때 상황과 '시바이'에 맞는 화면^{cut}을 선택해 주는 것이 훨씬 좋다. 그래서 코미디 PD는 14~17개의 코너를 다 외워야 한다.

그렇지만, 뉴스 포맷(ex. 기가 찬 LTE 뉴스)의 코너나 슬로우 템포의 개그 포맷(ex. 기묘한 이야기)의 코너처럼 호흡이나 연기의 큰 차이^{variation}가 없는 경우에는 줄 콘티가 상당히 유용하다.

▌〈웃찾사〉 중 〈기가 찬 LTE 뉴스〉 코너 대본

#코너8. 기가 찬 LTE 뉴스 (580)[15] (완)

출연: 강성범, 김일희, 임준혁
분장: 임준혁(손석희 가발, 손석희 안경), 김일희(머리+브릿지)
가베: 도심 야경 가베 / 뉴스테이블, 의자 2, 이젤, 테이블 판넬
　　　　사진 판넬 6장(누운 개, 명상 개, 청소 개, 우병우, 차은택+최순실+안종범+정호성, 청와대)
(성범, 일희, 무대 중앙 데스크에 앉아서 스탠바이 / 준혁, 가베 하수 스탠바이)

BG1. 오프닝– Aspiration: 대사 시작하면 서서히 OUT

성범	바쁜 현대인들을 위해 핵심만 기가 막히게 전달하는 기가 찬 LTE 뉴스의 강성범
일희	김일희입니다.
성범	첫 번째 소식입니다.
	일본에서 생후 2개월 된 강아지가 송로버섯을 캐냈다고 합니다.
	이 송로버섯은 100만 원의 가치가 있다고 하는데요. 주인은 이 강아지 덕분에
일희	개이득
성범	다음 소식입니다.

개미의 놀라운 능력 알려 드릴까요. 흰개미의 청력은 1000분의 1g의 체중을 지닌 일반 개미의 발소리도 들을 수 있다고 합니다.

일희   잘 들려서 좋겠네~

성범   다음 소식입니다.

한 20대가 인형뽑기 가게에서 두 시간 만에 인형을 200개를 넘게 뽑았다고 합니다. 경찰 조사 결과 이 사람은 편법을 이용해 인형을 뽑았다고 하는데요. 기가 막히게 인형을 뽑는 이 사람에게 가장 궁금한 것은

일희   대통령은 누구 뽑을까?

성범   다음 소식입니다.

국민들의 큰 관심을 모으고 있던 특검이 국민 여론과는 반대로 끝이 났습니다. 하지만 검찰 조사는 계속 되는데요. 운 좋게 빠져나갔던 분들도 반드시 죗값을 받아야겠죠. 죄수복을 미리 만들어 놔야 될텐데 이들의 사이즈는

일희   라지예요

성범   왜?

일희   라지죠~ 미꾸라지

성범   다음 소식입니다.

견과류에 대한 잘못된 상식 알려 드릴까요? 견과류는 적당히 먹으면 혈액 순환에 좋지만 지방 성분이 많기 때문에 비만인 사람들이 견과류를 먹게 되면

일희   맛있어

성범   다음 소식입니다.

요즘 과음하시는 분들 많으시죠. 우리가 몰랐던 간에 좋은 음식 알려 드릴까요. 새싹보리, 부추, 다시마는 물론 벌나무도 간 건강에 특효라고 합니다.

일희   이번에 국정농단 하신 분들 많이 챙겨 드셔야겠네

성범   뭔 소리야

일희   그동안 간이 부어서 그런 거 아니에요?

성범   다음 소식입니다.

그동안 국산 맥주가 맛이 밋밋하다는 이야기 참 많았죠. 앞으로 수제 맥주가 시중에 판매된다고 합니다. 이 국산 수제 맥주가 본격적으로 유통이 되면

일희   어차피 소주 타먹어~

성범   다음 소식입니다.

대통령 불법시술 의혹을 극구 부인하던 김영재 원장이 아내가 구속되자 대통령에게 미용 시술을 했다라는 진술을 했다고 합니다.

일희   법보다 아내가 더 무서운가? 이게 말이 돼요?

성범   집사람이 곧 법이야…

일희	뭐가 그렇게 무서… (성범 어깨 손 올리면)
성범	(놀라고) 다음 소식입니다.
	요즘 화제가 되는 이슈를 사진과 함께 분석해 드리는
	손석희의 포토 브리핑입니다.

BG2. 준혁 등장: 대사 시작하면 서서히 OUT

(준혁, 가베 하수 등장)

준혁	1/ 시청자 여러분 안녕하셨는지요. 뉴스 방에 손석희입니다.
	포토 브리핑 오늘의 키워드는 '봄'입니다.

BG3. 비발디 사계: 대사 시작하면 잔잔하게

	3/ 만물이 소생하는 봄, 저마다의 봄이 있을 것 같은데요.
	(누운 개) 취했나 봄, (명상 개) 도 닦나 봄, (청소 개) 청소하나 봄.

BG. OUT

	논점이 흐려졌습니다. 죄송하구요.
	1/ 한걸음 더 들어가 보겠습니다.
	봄이 되면 꽃가루가 눈 건강을 위협하죠. 평소에 눈을 부릅뜨고 다니면 눈병에 걸리기 쉬운데요. 그런 면에서 특히 조심해야 할 분은 바로 (우병우)
	늘 째려보고 다니시죠.
	봄이 되면 패션에 신경 쓰는 사람이 많아집니다. 특히 대한민국 상위 1% 사이에 유행하는 패션이 있죠. (차은택, 최순실, 안종범, 정호성) 잘 어울리네요.
	그리고 봄은 이사철이기도 합니다. 새로운 주인을 기다리는 집들이 많은데요. 가장 이사가 시급해 보이는 집은 바로 (청와대) 빨리 새 주인이 이사를 와야 진짜 봄이 오지 않을까요.
	3/ 포토브리핑 오늘의 노래는 이 집 주인의 마음을 담은 조용필의 노래입니다.
	♬ 꿈이었다고 생각하기엔 너무나도 아쉬움 남아 ~ 포토브리핑 마치겠습니다.

BG2. 준혁 퇴장: 퇴장하면 OUT

(준혁, 가베 하수 퇴장)

성범	끝났구요.
	작년 10월부터 대한민국 시계는 멈춰 있죠. 나라는 큰 혼란에 빠져 있는데 아직도 끝이 안 보이는 건
일희	대통령 탄핵 심판!
성범	이렇게 시간을 끄는 청와대의 목적은
일희	뒤집기 한판!
성범	지금 국민들의 마음은
일희	고기 불판?

성범	뭔 소리야
일희	판 좀 갈아주세요~!
성범	다음 소식입니다.
	서민 경제가 붕괴 직전인 가운데 갈수록 늘어나는 것은
일희	대출 증가!
성범	불황인데도 소비가 늘어나는 것은
일희	술 담배 증가!
성범	앞으로 가장 늘어날 것으로 예상되는 것은
일희	투표율 증가~!
성범	LTE 뉴스 여기까집니다 여러분~ (일희와 같이) 안녕~

/ 하는 데서 엔딩

(3) 관객 입장 및 ice breaking(바람잡이): 오후 6시 30분

관객 입장과 녹화 직전 관객들의 마인드를 풀어주기 위한 바람잡이 시간. 아이스 브레이킹ice breaking은 그날 녹화의 분위기를 좌우하기 때문에 가장 입담이 좋은 개그맨이 맡아서 진행한다.

연극의 3요소는 무대, 배우, 관객이다.
〈웃찾사〉는 공연과 같은 공개 녹화이기에 관객의 역할이 매우 중요하다.

Ice breaking(바람잡이)이란 녹화를 시작하기 전에 관객들의 유쾌한 호응을 위해 사전에 흥을 돋우는 것을 말한다. 〈웃찾사〉는 보통 30분 정도 이 시간을 갖는데 개그맨들의 연기 기운을 살리고, 프로그램의 분위기를 흥겹게 하기 위해 매우 중요한 필수 코스이다.

(4) 본 녹화: 저녁 7시 30분

관객들이 방청을 하고 있기 때문에 거의 생방송에 가깝게 끊지 않고 이어간다. 총 녹화 시간은 약 2시간 정도이다.

스튜디오 공개 녹화는 NG 없이 물 흐르듯 진행되어야 웃음의 맥이 끊어지지 않는다.

TV Entertainment Production Guid

CHAPTER 05

게임쇼 제작의
실무가이드

"게임은 규칙(rule)이 생명이다"

윤태욱

SBS 예능 PD

단국대 국어국문학과 학사
중앙대 신문방송대학원 석사

주요 연출 프로그램
〈좋은 세상 만들기〉, 〈솔로몬의 선택〉,
〈결정! 맛대맛〉, 〈도전! 1000곡〉,
〈스타주니어쇼 붕어빵〉 등

1. 게임쇼란?

1) 게임쇼의 장르

방송 프로그램의 장르를 구분하라면 크게 교양, 예능, 드라마, 보도, 스포츠 등으로 구분할 수 있다. 그 하위 장르로 더 나누자면 한없이 가지치기를 할 수 있겠지만 여기서는 예능에 관련된 장르만 살펴보도록 하겠다.

먼저 퀴즈쇼와 게임쇼는 어떤 차이로 구분되는지 살펴보자.

퀴즈쇼는 일반적으로는 광범한 지식을 묻는 프로그램으로 알려져 있다. 그러나 넓은 의미로는 Q&A의 형식을 취하고 있으면 "퀴즈 프로그램"으로 취급하는 경우가 많아, 현재는 퀴즈에 게임성을 도입하거나 사회자와 해답자가 퀴즈를 하는 토크 프로그램도 많다. 퀴즈쇼를 출연자를 기준으로 보면 연예인 출연형 프로그램과 시청자 참여형 프로그램으로 나눌 수 있다. 전자는 비교적 게임성이 강한 텔레비전 프로그램이 많고, 후자는 순수한 지식을 다투는 프로그램이 많다. 요즘은 시청자가 출연하는 프로그램은 줄어드는 반면, 쌍방향 서비스 등으로 집에서 참여할 수 있는 퀴즈 프로그램은 늘어나는 추세다. 응답 방식은 빨리 누르기 형식, 해답권을 겨뤄서 답하는 방식, 플립이나 모니터 화면을 이용해 적는 방식 등이 있다. 참가자가 많은 프로그램에서는 컴퓨터 조작과 장소 이동 등으로 해답을 나타내는 방식도 사용되고 있다.

게임쇼는 게임과 쇼를 혼합시킨 복합 구성의 프로그램을 말한다. 재미있는 요소의 각종 게임, 놀이, 경연 등의 기량을 겨루어 우열을 가리는 오락 프로그램으로서, 실내에서 할 수 있는 스튜디오 제작 게임이나 수영장, 특수 게임 시설이 구비된 장소 등의 야외에서 게임을 하는 프로그램으로 나눌 수 있다. 게임 구성 진행 방식에 따라 팀 대결 게임, 개인 대결 게임, 개인 대 팀 대결 등 다양한 구도로 진행할 수 있다. 따라서 게임쇼는 정통적인 장르라고 하기보다는 게임과 쇼(오락, 퀴즈)가 결합된 하이브리드 장르라고 할 수 있다.

예능 프로그램은 기본적으로 노래와 춤, 게임, 퀴즈, 코미디 등을 중심으로 사람을 즐겁게 하는 것을 목적으로 한다. 이를 형식에 따라 구분해 보면 다음과 같다.

– **가요순위쇼**: 가요의 순위를 알려주는 프로그램

▌ SBS 〈생방송 인기가요〉

– **토크**: 사회자와 초대 손님 간의 이야기로 꾸민 프로그램

▌ SBS 〈힐링캠프〉

– **연예정보**: 연예가의 최신 정보를 알려주는 프로그램

▍ SBS 〈한밤의 TV연예〉

– **퀴즈, 게임**: 지식이나 재치, 실력을 겨루는 프로그램으로 교양적 요소보다는
오락적 요소가 많은 프로그램

▍ SBS 〈도전! 1000곡〉

– **버라이어티**: 음악, 춤, 토크, 리얼리티가 혼합 구성된 프로그램

▍ SBS 〈런닝맨〉

– **코미디**: 코미디언의 연기 비중이 높거나 프로그램 전체의 목적이 희극적인 성격이
강한 프로그램

▍ SBS 〈웃음을 찾는 사람들〉

2) 게임쇼의 규칙

그렇다면 게임쇼란 과연 어떤 프로그램인가?

이를 위해 게임game과 쇼show 그리고 규칙rule이란 무엇인지부터 살펴보자.

게임(game)이란?

"일정한 규칙에 따라 승부를 겨루거나 즐기는 놀이(play)"

게임은 일반적으로 놀이play라고 한다. 놀이에는 기본적인 요소로 참여와 목표가 있어야 하는데, 목표에 도달하기 위한 방법rule이 추가적 요소로 포함되어야 한다. 놀이의 핵심은 '즐거움'이다. 놀이의 참여자는 놀이 규칙에 따라 여러 가지 행위를 하면서 '즐거움'을 얻거나, 특정 행위 이후에 돌아오는 보상으로서 '즐거움'을 얻고자 한다. 즉, 한 사람 이상의 참여자가 과정 또는 목표를 통해 '즐거움'을 얻을 수 있는 행위를 '놀이'라고 부를 수 있다. 여기서 '즐거움'이란, 통념상 타인에게 피해를 입히지 않는 범위 안에서 느끼는 '긴장감, 성취감, 기쁨' 등의 건강한 정신 상태를 말한다.

- **승부나 규칙과 관련이 없는 놀이**

  - 그네, 시소, 널뛰기, 회전목마, 롤러코스터, 썰매 등 탈것에 의한 놀이

  - 사물놀이, 탈춤 등의 공연

  - 강강술래, 지신밟기, 단체 춤 등 여러 사람들이 직접 참여하는 놀이

  - 실뜨기(실 모양 만들기), 퍼즐 맞추기 등 과제형 놀이

  - 수수께끼, 스무고개 놀이 등 언어를 이용한 놀이

  - 소꿉장난, 인형놀이, 코스프레 등 역할 놀이

  - 모래성 쌓기, 블록 쌓기 등 만들기 놀이

– 스쿠버 다이빙, 번지점프 등 특수 장비가 필요한 놀이

● 승부나 규칙과 관련이 있는 놀이

– 가위바위보를 이용한 놀이

– 숨바꼭질 등의 단체 놀이

– 고무줄놀이, 딱지치기, 팽이치기, 연날리기, 투호, 굴렁쇠 등 도구와 숙달이 필요한
  놀이

– 끝말잇기, 삼육구 등 언어를 이용한 놀이

쇼(show)란?

"무대 예술에서 춤과 노래 따위의 시각적 요소를 다채롭게 보여주는 오락"

규칙(rule)이란?

"여러 사람이 다 같이 지키기로 작정한 법칙 또는 질서"

사전적 의미로 볼 때 규칙은 공식적으로나 암묵적으로나 지켜져야 하는 서로의 약속이라고 할 수 있다. 놀이를 제대로 즐기기 위해서는 규칙이 반드시 필요하다. 이런 규칙이 한편, 예능에서는 포맷이기도 하다.

이상, 게임과 쇼, 그리고 이를 위해 필요한 규칙에 대해 알아봤다. 이 개념들만 보아도 무엇을 얘기하려는지, 게임쇼가 어떤 프로그램인지 파악할 수 있다. 그렇다면 게임쇼의 특징과 게임쇼의 4대 요소는 무엇인지 살펴보자.

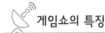 **게임쇼의 특징**

- 자발성
- 재미와 즐거움
- 공정한 경쟁
- 규칙 준수
- 주체성
- 상호성

 게임쇼의 4대 요소

- 경쟁: 상대를 이기기 위한 경기나 시합
- 우연: 요행을 바라며 하는 놀이
- 모방: 특정 누군가를 흉내 내는 놀이
- 현기증: 자신의 내부 기관의 혼란과 착란의 상태를 일으키면서 하는 놀이

3) 해외 게임쇼

그러면 우선 게임쇼는 어떤 프로그램이 있는지 해외 사례들을 살펴보자.

① 유럽

- uMan(mobile + web)
- 이스라엘
- 시청자들이 플레이어의 모든 움직임을 컨트롤하는 인터랙티브 리얼리티 게임쇼. 8명의 플레이어는 각기 다른 색의 쫄쫄이 의상을 입고 8개의 개인 공간 + 메인 공간으로 설계된 랩실에서 지내게 된다. 이들의 모습은 수십 개의 카메라를 통해 인터넷과 모바일로 생중계되며, 이를 지켜보는 시청자들이 실시간으로 그들이

먹고, 자고, 입는 것은 물론 게임, 게스트, 탈락자까지 랩실 안에서 이루어지는 모든 일들을 직접 컨트롤할 수 있다. 플레이어들은 21일 동안 시청자들로부터 전해지는 모든 요구와 미션을 수행해야 하며, 이를 어기거나 비호감의 모습을 보인 플레이어는 'Life Meter'의 수치가 낮아져 탈락의 위험이 높아진다. 미션 전달은 연구소의 박사로 설정한 MC(플레이어들에게는 TV 화면으로 등장)가 전달하거나, 랩실 안에 설치된 컨베이어 벨트를 통해 생존을 위해 필요한 온갖 물건들, 게스트(플레이어들이 만나고 싶은 사람들), 게임 도구 등이 전달된다.

● Paradise Lost(Dumped)

– 노르웨이

– 11명의 사람들이 정확한 목적지와 미션은 모른 채 서바이벌쇼에 출연한다. 그러나 이들은 무인도, 사막, 산속 등의 대자연 속이 아닌 쓰레기 매립지 속에서 살아남아야 한다. 3주 동안 참가자들은 이곳에서 생활하며 쓰레기만을 이용해서 생활에 필요한 모든 물건들(잠잘 곳을 포함해서)을 찾고, 만들게 된다. 2005년

노르웨이 TV2에서 처음 방영됐으며, 2007년 영국 Channel 4에서도 'Dumped'라는 제목으로 리메이크되었다.

● The Phone
– 네덜란드
– 매 에피소드마다 제작진은 아무 데나 폰을 미리 숨겨놓는다. 폰이 울리고 그 전화를 받은 사람들은 그 순간부터 게임에 참가하게 된다. 2명의 일반인 참가자들은 한 팀이 되어 €25,000가 걸린 게임들을 수행하기 위해 서로 협력하게 되고, 미션을 성공할 때마다 상금은 누적된다. 단, 모든 미션은 '폰(전화 통화)'으로 주어진다는 것이 관전 포인트! 마지막엔 최종 누적된 상금을 놓고 선택을 하게 된다(반 + 반 = 반씩 나눠가진다, 반 + 전부 = 전부를 선택한 사람이 가진다, 전부 + 전부 = 모두 상금을 잃는다 등).

② 미국
● Instant Recall
– 몰래카메라와 퀴즈쇼를 융합한 방식의 프로그램이다. 몰래카메라가 설치된 장소에 들어온 카메라는 시시각각 변화하는 상황에 직면하게 된다. 일정 시간이 지나고 숨어 있던 카메라가 등장하며 참가자가 퀴즈에 도전하고 싶은지에 대한 여부를 묻는다. 참가자가 동의하면 퀴즈는 시작된다. 퀴즈는 방금 전 참가자가 봤던 상황, 장소에 대한 질문들로 이루어진다. 참가자의 관찰력과 단기 기억력이 관건인

퀴즈쇼 형식의 게임쇼이다.

- Identity
- 말 그대로 사람의 신상identity을 맞추는 게임쇼이다. 참가자는 12명의 일반인들이 누구인지 맞춰야 한다. 퀴즈는 객관식으로 진행되는데 12가지의 문항에는 백악관 인턴, 연예인 전문 블로거, 소매치기 등의 직업부터 52kg 나가는 사람, 인공 생태계biosphere에 사는 사람 등 다양한 보기가 주어진다. 성공적으로 모든 문항을 풀면 $500,000의 상금이 주어진다.

- Capture
- 4000에이커 넓이의 숲속에서 2명으로 이루어진 12개의 팀이 상금 $250,000를 걸고 상대팀을 제거해나간다. 매 라운드마다 무작위로 선정된 한 팀은 헌터가 되어 숲속에서 4시간 동안 나머지 팀들을 잡으러 나서는데 나머지 팀들은 시간이 초과되기 전까지는 계속 헌터팀을 피해 다녀야 한다. 단, 3분 이상 한 자리에 계속

머물면 GPS를 통해 그들의 은신처가 발각되므로 계속해서 이동해야 한다는 것이 특징! 상대팀 몸에 탈론(소형 전자디스크)을 붙이면 자동 탈락된다. 게임 장면들은 영화 〈헝거게임〉의 느낌이 많이 난다.

③ 일본

● 일확천금! 현상금 사냥꾼 게임! 위장한 괴도 100명 현상범을 잡아라!

– 특정 공간을 배경으로 잠입 중인 괴도(유명 연예인)들을 형사(플레이어, 2인 1조)들이 찾아내야 하는 숨바꼭질 게임쇼다. 단, 플레이어들이 괴도들을 쉽게 찾을 수 없도록 유명 연예인으로 분장을 한 일반인, 각종 특수 분장을 한 사람들을 배치하는 것이 트릭이다. 플레이어들은 괴도를 찾으면 정확한 이름을 신고해야 하며, 성공 시 괴도에게 걸린 상금을 획득한다. 틀렸을 경우 플레이어의 소지금 1만 엔이 감액된다.

● 밀실 수수께끼 풀기 버라이어티 탈출 게임 DERO!

– 셀러브리티가 참여하는 본격 탈출 버라이어티 게임쇼. 참가자들은 제한 시간 내에 퀴즈를 풀어 방을 탈출해야 한다. 하지만 괴기스러운 방 분위기에 참가자들은 심리적 압박을 느껴 퀴즈 풀기에 어려움을 느낀다. Exit란 영문 제목으로 미국에 포맷이 판매되었으며 이집트와 러시아에서도 피니시드 프로그램finished program이 판매되었을 정도로 성공적이었던 프로그램이다. 그러나 2011년 3월 11일 방송분에서 동일본 대지진을 연상시키는 부분이 연출되어 방송이 중단되었다.

2. 게임쇼의 기획과 제작

1) 게임쇼의 기본

게임쇼는 보통 개인 혹은 팀 간의 대결, 시합 형태로 짜여진다. 경쟁자들은 긴 테이블이나 혹은 그 위치에서 진행자와 마주 볼 수 있도록 한다.

게임쇼에서는 늘 승자와 패자가 있기 마련이다. 이것이 시청자들이 누구 혹은 어떤 대상을 응원하도록 하고 동정하도록 한다.

좋은 게임쇼는 스튜디오 방청객과 텔레비전을 보는 시청자를 함께 참여시킨다. 또한 게임쇼는 제작비가 적게 드는 장점이 있다. 게임 형식이나 무대 등은 변하지 않고 단지 출연자들이나 상품이 변하기 때문이다.

제작자는 스튜디오 방청객이나 텔레비전 시청자들이 함께 참여할 수 있는 게임쇼를 만들면 더욱 좋다.

2) 게임쇼의 구성

게임쇼에서 가장 중요한 부분은 문제다(게임의 형식, 종류). 문제를 고를 때 그 문제들이 출연자나 시청자 어느 쪽에서 봐도 이해할 수 있는 정도의 균형감을 갖추어 있는 게 좋다. 문제들은 분명해야 하고 애매모호한 점이 없어야 한다. 특히 정답으로 간주될 수 있는지 없는지 세밀하게 알아봐야 한다. 프로그램 진행상의 묘미를 얻기 위해서 비교적 쉬운 문제에서 시작해 어려운 문제로 마무리하는 것이 대체로 좋다.

퀴즈 진행자는 친절하되 단호한 태도를 취해야 한다. 인정에 이끌리거나 규칙에 어긋난 진행을 하는 것은 프로그램의 정체성을 확립하기 힘들다. 진행자가 갖고 있는 정답이나 규칙은 진행자가 시간을 조절하고 대결의 긴장감을 주는 데 도움이 된다. 쇼 시작 전에 진행자 미팅을 통해 규칙을 간단히 설명해주고 출연자들을 소개한다.

3) 게임쇼의 카메라 연출

프로그램은 샷, 앵글의 조각들을 퍼즐처럼 맞추어 완성된 그림을 만드는 작업이기 때문에 샷, 앵글을 녹화 시작 전에 검토해야 한다. 대역을 앉혀 놓고 하거나 제작 출연자가 되어 시뮬레이션하면서 문제도 풀고 게임도 해보는 것이 진행의 원활함과 실수를 줄이는 길이다.

진행자는 주로 롱 샷long shot과 미디엄 샷medium shot으로 처리한다. 출연자는 그룹 샷group shot, 투 샷two shot, 개인 클로즈 샷close shot, 그리고 리액션(반응) 샷reaction shot으로 처리한다. 게임이 이루어지면 카메라맨은 샷을 정확히, 그리고 재빨리 선택할 준비를 갖추고 있어야 하는데, 게임쇼는 다른 프로그램과 달리 출연자들의 행동과 반응 상황이 정확히 포착되지 않으면 흥미가 떨어진다. 그래서 알아보기 쉽게 각 출연자들을 명찰이나 명패, 의상 등으로 구분하여 대답하는 사람이 누구인지, 개인별 점수가 어떤지를 쉽게 알 수 있도록 한다. 그룹 샷은 즉흥적인 대답을 처리하거나 포착되지 않은 샷을 처리하는 데 도움이 된다.

〈도전! 1000곡〉 스튜디오 녹화 큐시트

SBS 〈도전천곡〉 665회 –설 특집
MC : 이휘재 / 장윤정
출연자 : 자니 윤 & 줄리아 윤 부부 / 김희라 & 금성 부자 / 이무송 & 노사연 부부 / 염경환 & 염은률 부자 / 손준호 & 김소현 부부 / 이상호 & 이상민 형제 / 한민관 & 김태환

녹화일시: 1월 20일 (월) PM 06:30 ~
방송일시: 1월 31일 (일) AM 08:10 ~

- 연출: ○○○
- 작가: ○○○

NO	ITEM		출연자	무대	음향	LED	음악	소품	비고
1	오프닝		2MC + 전 출연자	중앙 + 상하수	W/H 2 W/H 14		*등장 BGM		
2	대진표 추첨		2MC + 전 출연자	중앙 + 상하수		대진표 CG	*선택 효과음		
3	예선	* 팀 룰렛을 돌려 1~1000번까지의 예선 50곡을 도전 −대진표에 따라 6개조 대결 출연자 신청곡 +국민 애창곡	2MC + 전 출연자	중앙 + 상하수		도전천곡 로고 예선전 룰렛	노래방 MR 성공/실패 코드 **클럽 댄스 음악 AR**	CO₂ 경광등 노래방 기계 악기 및 소품	*무대 조명 **1번 틀리면 경고 2번 틀리면 실패!**
4	대결! 윷놀이 노래방	가사 퀴즈	2MC + 전 출연자	중앙	*대결! 윷놀이 노래방 로고	*초시계 소리 (힌트 제한 시간 소리)	*초대형 윷 *노래방 소품 *손가락 지시봉 *시상품 선반에 진열 **(자동 스팀청소기 1, 로봇청소기 1,
		그림 · 동작 퀴즈			게임판	성공/실패 코드	두유 · 죽 제조기 1, 원액기 1, 홍삼 1, 김치만두 모형 1,
		소리 퀴즈			*힌트 VCR *네모칸 가사 CG	CO₂ *정답 노래 편집 음원	바디 리프레셔 1, 반자동 커피머신 1, 루어낚시 세트 1, 무선 전기주전자 1, 무선 핸드블렌더 1, 원적외선 온열기 1,
		번외 게임			*노래 가사 CG	노래방 MR 성공/실패 코드	외식상품권 판넬 1, 핸디형 다리미 1, 침구청소기 1)** *남은 시상품 선반에 진열

NO	ITEM		출연자	무대	음향	LED	음악	소품	비고
5	결승	– 결승 진출 3개조 대결 출연자 신청곡 + 국민 애창곡 + 랜덤곡	2MC + 전 출연자	중앙 + 상하수		도전 천곡 로고 ——— 결승전 룰렛 (?포함)	노래방 MR ——— 성공/실패 코드	CO$_2$ 경광등 노래방 기계 악기 및 소품	*무대 조명 **1번 틀리면 경고 2번 틀리면 실패!**
6	최종 우승자 / 최고의 팀워크 시상 및 클로징		2MC + 전 출연자	중앙				에어샷 꽃다발	황금 열쇠 (2) 한우 보양 세트(2)
7	후 타이틀								

3. 게임쇼의 힘

우리나라의 게임쇼는 외국의 게임쇼에 비해 시청률 면에서나 파급력은 없지만 마니아층을 형성하는, 시청자들에게 꾸준히 사랑받는 장르다. 특히 음악을 소재로 하는 음악 게임쇼는 아름다움이나 미적 감각, 그리고 감정 이입을 즐거움과 재미로 연결하여 제작하는데 감동과 긴장 해소를 통하여 생활의 활력을 제공한다는 면에서 다른 게임쇼와 구분된다. 해외에서는 게임쇼 중에 음악 게임쇼의 반응이 뜨겁다. 여기에서는 해외 음악 게임쇼의 반응과 영향력(힘)을 확인해 보겠다.

- Don't Forget the Lyrics
- 미국 / FOX
- 반주가 멈춰도 가사는 까먹지 마라!

– 첫 방송 때 18~49세 시청자 3천 4백만 명이 시청

- The Singing Bee

– 미국 / FOX

– 가사를 올바른 순서대로 정확히 기억해라!

– 첫 방송 때 1천 3백만 명 시청, 〈Dancing with the Stars〉 데뷔 다음으로 높은 기록.
2007년 평균 1.7% 시청률 기록, 인기 드라마 〈Ghost Whisperer〉 다음으로 높은
시청률

- Le Grand Blind Test

– 프랑스 / TF1

– 블라인드 테스트 + 음악적 상식 + 센스

– 평균 점유율 13.6%, 평균 시청자 수 255만 9천 명

- Una canzone per 100.000

  - 이탈리아 / Agon Channel

  - 게임을 통해 얻은 단서로 노래 맞추기!

  - 2014~2015년도까지 방영되었으며 시청자 반응이 좋지 않아 종영

- Sing If You Can

  - 영국 / ITV 1 / 포맷사: Zodiak Rights

  - 웃음 꾹 참고 노래 부르기!

- 아랍 에미리트, 아르헨티나, 브라질, 캄보디아, 칠레, 에콰도르, 독일, 인도, 리투아니아, 멕시코, 노르웨이, 페루, 필리핀, 폴란드, 포르투갈, 러시아, 태국, 우크라이나, 미국, 베트남에 판매된 포맷

● Lip Sync Battle
- 미국 / Spike
- 연예인들의 배꼽 빠지는 립싱크 대결!
- 미국 케이블 방송사 Spike의 대표 프로그램으로 자리 잡음. Spike 역사상 가장 높은 예능 첫 방송 시청률 달성(시청자 수 2백만 명)

● UTAGE!
- 일본 / TBS
- 1970~2000년대의 명곡, 히트곡 등을 커버해 불러본다!
- 2016년 6월 28일 시청률 12.4% 기록

이상 해외에서 인기를 끄는 음악을 소재로 하는 게임쇼를 살펴보았다. 물론 시청자 반응이 좋지 않아 폐지된 프로그램도 있긴 하지만 대부분 음악을 소재로 하는 게임쇼는 세계적으로 그 반응이 뜨겁다.

　　혹자는 10% 초반대의 시청률을 높은 시청률로 보기엔 무리가 있다는 생각을 갖고 있을 수도 있겠지만 인구 대비, 채널의 수 등을 고려하면 10% 초반대의 시청률은 상당히 높은 수준으로 볼 수 있고 반응이 뜨거울 만한 숫자다.

　　〈Sing If You Can〉은 〈Killer Karaoke〉의 모티브가 된 프로그램이다. 〈UTAGE!〉는 일본인들이 함께 보고, 듣고, 노래 부르고, 즐기고, 참여하고 싶어지는 음악 엔터테인먼트 프로그램으로 뽑히기도 했다. 위에는 소개되지 않았지만 뉴질랜드 Maori TV의 〈Sidewalk Karaoke〉는 사람이 아닌 애플리케이션을 만족시키는 프로그램으로, 시청자들 또는 길거리의 행인들이 노래를 부르고 심사를 받는다. 단, 심사위원은 사람이 아닌 애플리케이션으로, 참가자 음성의 스피드, 피치, 톤 등 세 가지를 측정하여 과학적으로 분석, 점수를 낸다. 또한 미국의 〈Lip Sync Battle〉은 바이럴 면이나 시청률 면에서 가장 선전하고 있는 초특급 인기 프로그램으로, 인기 있는 한국 예능 수준의

| Maori의 TV의 〈Sidewalk Karaoke〉

슈퍼스타 섭외 파워를 보여주고 있고, 이에 힘입어 아프리카, 중국, 필리핀, 영국, 노르웨이, 캐나다 등에 판매될 정도다.

4. 게임쇼 제작 사례 : 〈도전! 1000곡〉

　자. 이제부터는 지금까지 알아본 개념들을 바탕으로 SBS 간판 음악게임쇼라고 할 수 있는 〈도전! 1000곡〉에 대해 알아보겠다.

▌〈도전! 1000곡〉 역대 진행자

1대	김승현	이선진	2000년 10월 22일~2002년 10월
2대	정재환	이유진	2002년 11월~2004년 11월
3대		유경미	2004년 11월~2005년 10월
4대	김승현	김빈우	2005년 11월~2006년 4월
5대	유정현	장윤정	2006년 4월~2007년 10월
6대		한영	2007년 10월~2007년 12월
7대	강병규		2007년 12월~2008년 3월
8대	이휘재	정형돈	2008년 4월~2008년 11월
9대		김라나	2008년 12월~2009년 8월 9일
10대		장윤정	2009년 8월 16일~2014년 4월 13일
11대		효린	2014년 5월 18일~2014년 6월 8일
12대		신지	2014년 6월 22일

〈도전! 1000곡〉 전설의 DJ 특집

　매주 일요일 아침을 노래와 함께 신나게 열어주던 〈도전! 1000곡〉은 2000년부터 2014년까지 14년을 함께 해온 SBS 대표 장수 프로그램이다. 각 분야를 대표하는 다양한 스타들이 출연해 토너먼트 형식으로 노래 대결을 펼친 가히 음악 게임쇼의 대표라 하겠다.

　〈도전! 1000곡〉의 가장 큰 매력이라고 한다면 장르와 세대를 넘나드는 출연자뿐 아니라 온 가족이 둘러앉아 함께 즐길 수 있는 편안한 프로그램이라는 점을 꼽을 수 있다. 마치 설 특집 스타들의 노래자랑을 매주 보는 느낌이라고나 할까?

　그렇다면 이제부터 〈도전! 1000곡〉의 제작 사례를 녹화 대본을 보면서 구체적으로 시뮬레이션해 보도록 하겠다.

　모든 프로그램이 그렇겠지만 〈도전! 1000곡〉도 녹화 이후 2주 후에 방송하는 것을 원칙으로 한다. 물론 매주 녹화해서 당주 바로 방송을 해야 시의성과 녹화의 긴장감을 그대로 전달해 줄 수 있지만 특수한 경우(설날, 추석, MC들의 특수한 경우, 특별 게스트의 녹화 등)를 제외하면 제작비와 MC, 출연자들의 여건상 격주 2회 녹화를 기본으로 한다.

　녹화가 시작되기 전에 우선적으로 MC 미팅을 하며 출연자들의 분석과 대본 리딩을 통해 전체 진행을 체크한다. 출연자들은 한 사람 한 사람 개별 만남을 통해 녹화 일정을 공유하고 전 출연자의 협조를 당부한다. 본격적인 녹화에 들어가기 전에 필수로 해야 할 사항이 카메라 리허설인데, 이는 카메라 동작과 함께 출연자들의 등/퇴장 방향과 운영 등 진행 사항을 연습함으로써 녹화할 때와 동일한 과정을 거쳐 제작 완성도를 높이기 위함이다. 프로그램 녹화에 들어가기 직전에는 카메라, 오디오,

▌〈도전! 1000곡〉 오프닝 무대

조명 등 기술적인 부분들을 다시 한번 더 체크한다. 공개방송인 경우에는 방청객,
단체 관람객 등에 녹화 협조 사항들을 사전에 주지시키고 각 부분별로 준비 절차가
완벽한지 최종 점검한다. 공개녹화인 경우는 방청객의 환호성과 표정, 박수 소리가
녹화의 흐름을 크게 좌우하므로 방청객들의 상황별 감탄사와 박수 체크는 필수! 우~~,
와~, 하하하~, 박수 짝짝짝~~ 자! 녹화 들어갑니다. 녹화는 오후 12시경부터 거의 밤
9시까지 진행된다.

〈제 669회〉
- MC: 이휘재, 장윤정
- 출연자: 현철 & 신지 / 김흥국 & 앤씨아 / 김민정 & 성진우 /
  이재포 & 김소정 / 조세호 & 유소영 / 한민관 & 김태환

---

1. 전 TITLE + 전 CM

VPB)

---

2. MC 오프닝 멘트 + 출연자 등장

/ 이휘재, 장윤정 무대 중앙

휘재	(샤우트) 일요일 아침의 즐거운 콘서트!
윤정	(샤우트) 도전
2MC	(샤우트) 천곡~~
(E)	박수 + 함성
휘재	2014년이 시작된 지 엊그제 같은데.. 벌써 3월입니다.
윤정	더군다나 3월은 새로운 시작과 출발이 있는 달이라 더 파이팅이 넘치잖아요.
휘재	(윤정 배 보며) 제가 보기엔 장윤정씨 몸매가 더 파이팅 넘치는데요~
윤정	(리액션 후) 이번 주 역시 도전천곡을 찾아주신 스타분들이 대단합니다.
	지금부터 한 팀 한 팀 만나볼까요!

/ MC 양옆으로 갈라지며 출연자 소개 멘트와 함께 한 커플씩 인사
① 김흥국 & 앤씨아 ② GOT7 ③ 김민정 & 성진우 / ④ 현철 & 신지 ⑤ 조세호 & 유소영
⑥ 이재포 & 김소정

휘재	오랜만에 들이대는 선후배 가수조, 김흥국, 앤씨아!
윤정	개그맨 출신 기자와 카이스트 출신의 가수! 이재포, 김소정!
휘재	여심을 들었다 났다하는 아이돌! 갓세븐의 JB, 영재, 잭슨, Jr!
윤정	파이팅 넘치는 선남(?)선녀 커플입니다. 조세호, 유소영!
휘재	매력적인 중견 배우와 진아 기획의 대들보! 김민정, 성진우
윤정	트로트 황제와 원조 아이돌의 만남! 현철, 신지
휘재	도전천곡의 서포터즈! 한민관, 김태환!

/ 이휘재, 장윤정 무대 중앙

휘재	자, 그럼 예선전을 치르기 전에 대진표를 짜야겠죠.
	무대 앞 화면에 각 팀들의 이름이 빠르게 돌아가는데요.
	<u>멈춰</u>를 외쳐 이름이 나온 분들과 대결을 하게 됩니다.
윤정	먼저 현철, 신지 씨부터 선택하겠습니다. 앞으로 나오시죠.

/ MC와 호명된 첫 번째 팀 앞쪽으로 나오고

| 휘재 | (정리하고) 자, 그럼 선택판 돌려~ |
| 2MC | 주세요!! |

/ 선택판 돌리고 첫 번째 팀 "멈춰" 외치면 대결 커플 공개

휘재	네, OOO, OOO씨가 당첨됐습니다.
	이렇게 해서 현철, 신지 씨 대 OOO, OOO 팀의 대결입다.
윤정	계속해서 두 번째로 추첨하실 조세호, 유소영 씨 모시겠습니다.
	앞으로 나와주세요!

>> <u>같은 방식으로 2번째 팀 추첨!</u>
<u>2번째 팀의 추첨이 끝나면,</u>
<u>남은 두 팀이 대결 상대로 대진표 작성 종료!</u>

휘재	(자연스럽게 남은 두 팀 정리)
	자, 이렇게 되면 자동적으로 C · D 씨 커플은 E · F 씨
	커플과 예선전을 하게 되었네요.
윤정	자, 그럼 본격적으로 〈도전천곡〉 예선전 시작하겠습니다!
휘재	채널~~~~~
함께	(샤우트) 얼음!!

〈도전! 1000곡〉 대진표 추첨

〈도전! 1000곡〉의 마스코트 견인차

〈도전! 1000곡〉은 당대 최고의 아이돌과 기성세대를 대표하는 가수, 트로트가수, 중견 탤런트, 개그맨, 유명인사, 스포츠 스타 등 다양한 출연자들이 출연하기 때문에 녹화장의 열기는 항상 뜨겁다. 제669회 녹화는 아이돌 가수 GOT7을 비롯해 〈도전! 1000곡〉 2대 황제 출신인 신지, 〈도전! 1000곡〉 첫 출연인 현철, 개그맨 중 장르 불문하고 많은 노래를 섭렵하고 있는 조세호 등이 출연했다.

예선 시작 전 가장 긴장되는 시간이 바로 대진표 작성이다. 무작위로 상대팀이 선정되기 때문에 대결 상대가 결정되면 출연자들은 호불호에 따라 한숨과 환호가 섞이게 되고 대진표 상으로도 본선 진출의 그림이 조금이나마 그려지기도 한다. 하지만 〈도전! 1000곡〉의 묘미는 반전이다. 녹화가 끝나기 전까지 그 누구도 우승자를 예측하기 힘들다.

┃〈도전! 1000곡〉 예선전 MC 진행 대본

4. 예선전 〈도전 50곡〉

진행 방식

1. 근황 인터뷰: 양 팀, 대결 전 무대 중앙에서 인터뷰
2. 도전 시작: 도전팀은 무대 중앙, 2MC와 상대팀은 하수(노래방 기계 옆)에 선다.
   MC 휘재: 각 팀 룰렛 돌릴 때, 리드 멘트
   도전팀: 룰렛 돌리기 (A팀, B팀: 각 팀 룰렛 돌려 나온 노래 도전)
   노래 1절 가사를 한 번 틀리면 경고, 두 번 틀리면 실패!
   MC 윤정: 노래방 기계 버튼 누른 후, 노래 전주 중 반드시 노래 곡목과 가수 소개
3. 도전 완료 후: 도전자가 성공, 또는 실패 후 MC 쪽으로 오면 여유 있게 인터뷰

〈예선전 ①〉 AAA & BBB vs CCC & DDD

/ 2MC 무대 중앙에 서서 첫 번째 도전 팀 콜

휘재   자, 그럼 본격적으로 예선전을 시작하겠습니다.
윤정   첫 번째 대결은 A 씨와 B 씨 팀, 그리고 C 씨와 D 씨 팀의 대결입니다! 두 팀 나와 주세요!

/ 첫 번째 대결, 두 팀 무대 중앙

2MC, 첫 번째 대결, 두 팀 인터뷰 (*** 대본 별첨)

/ 인터뷰 끝나면 대결 시작
/ 도전팀만 무대 중앙, 2MC와 상대팀은 하수로 이동

휘재	예선전은 〈도전 50곡〉입니다.
윤정	각 팀의 룰렛 안에 출연자가 신청한 애창곡과 국민 애창곡이 들어 있습니다. 룰렛이 돌아갈 때 멈춰를 외쳐 나온 곡을 부르면 됩니다.
휘재	선택된 노래의 1절 가사를 두 번 이상 틀리지 않고, 끝까지 부르면 성공입니다. 먼저 A 씨와 B 씨 팀부터 도전하겠습니다. 룰렛 돌려주세요!

〈도전! 1000곡〉의 본격적인 대결은 출연자가 신청한 애창곡과 국민 애창곡으로 작성된 선곡표 안에서 이루어진다.

출연자가 본인의 애창곡은 물론 예상되는 국민 애창곡까지 달달 외워서 소위 작정하고 나오면 녹화가 장시간 계속될 수도 있고, 긴장한 탓에, 아니면 회식자리 뒷풀이 오듯 너무 편안하게 임하면 방송 분량이 모자라 추가 대결을 하는 경우도 종종 있다. 비록 음정, 박자 상관없이 1절의 가사만 심사하는 것이지만 출연자들은 라운드마다 멋진 노래 실력으로 불꽃 튀는 대결을 펼친다.

/ 〈도전! 1000곡〉 제669회 예선전 결과

- 예선 1R: **현철 & 신지** vs GOT7(영재, 잭슨, JB, Jr.)
  현철: 나훈아 〈고장 난 벽시계〉
  JB: 박남정 〈널 그리며〉
  신지: 소찬휘 〈현명한 선택〉
  영재: 김건모 〈잠 못 드는 밤 비는 내리고〉
  현철: 유심초 〈사랑이여〉
  JB: 태진아 〈옥경이〉 실패

- 예선 2R: **김민정 & 성진우** vs **이재포 & 김소정**
  김민정: 주현미 〈신사동 그 사람〉

▌⟨도전! 1000곡⟩ 예선

> 김소정: 자자 ⟨버스 안에서⟩
> 성진우: 조항조 ⟨거짓말⟩ 실패
> 이재포: 최백호 ⟨낭만에 대하여⟩

– 예선 3R: **조세호 & 유소영** vs **김흥국 & 앤씨아(NC.A)**

> 조세호: 소명 ⟨빠이빠이야⟩
> 김흥국: 영사운드 ⟨달무리⟩
> 유소영: 박진영 ⟨날 떠나지마⟩
> 앤씨아: 효린 ⟨Let It Go⟩
> 조세호: 현철 ⟨사랑의 이름표⟩
> 김흥국: 남진 ⟨마음이 고와야지⟩ 실패

▌⟨도전! 1000곡⟩ 패자부활전 MC 진행 대본

5. 뒤집어라 노래방

/ 2MC, 전 출연자 무대 중앙 도열

진행 방식

1. MC 및 출연자는 LED 화면에 있는 글자 중 하나를 선택한다. (뒤/집/어/라/노/래/방)
2. 화면의 글자가 뒤집히면 상품 사진이 공개되고 바로 문제가 출제된다.
   가사, 소리, 그림. 동작 힌트가 공개되면 노래 제목을 맞힌다.
   (단, 도전 기회는 한 팀당 한 번뿐)
3. 정답을 맞힌 출연자는 해당 노래가 플레이되면 앞으로 나와 노래를 한다.
4. 빈칸의 노래 가사를 틀리지 않고 부르면 성공해 상품을 획득한다.

휘재	선물이 와르르르 쏟아지는 바로 그 코너! <u>뒤집어라</u>~
2MC	(샤우트) <u>노래방!!</u>
윤정	<u>선택한 글자가 뒤집히면 상품이 공개되면서 문제가 출제되는데요,</u> <u>그 힌트를 보고 노래 제목을 맞히면 해당 노래를 부를 수 있는 기회</u>가 주어집니다.
휘재	<u>노래의 빈칸의 가사를 틀리지 않고 불러야 성공이고요,</u> 성공하면 원하는 선물을 바로 가져가시고! 실패하면 선물은 없습니다! 단, 도전 기회는 한 팀당 한 번뿐입니다.

>> 뒤집어라 노래방 문제 예!!

1. <u>가사 보고 곡명 맞히기</u>(단어를 보고 노래 제목 맞히기)
전등불 / 싫어 / 비둘기 / 외로운 / 몰라 / 떠나간 / 휘영청 / 밤이면

→ <u>정답: 〈밤이면 밤마다〉</u>

2. <u>그림 보고 곡명 맞히기</u>(단계별 연상 퀴즈)
① 인당수에 빠지려는 효녀 심청 / ② 탬버린 사진 / ③ 현숙 앨범 + BGM

→ <u>정답: 〈춤추는 탬버린〉</u>

3. <u>노래 듣고 곡명 맞히기</u>(단계별 음악 듣고 노래 제목 맞히기)
① 반짝반짝 작은별~ / ② 어리다고 놀리지 말아요~ / ③ Twinkle

→ <u>정답: 〈Twinkle〉</u>

4. <u>동작 보고 곡명 맞히기</u>(한민관, 김태환의 동작 힌트를 보고 노래 제목 맞히기)

휘재	〈뒤집어라 노래방〉 지금부터 본격적으로 시작하겠습니다.
윤정	힌트를 보고 아시는 분은 "정답"을 외쳐주세요. 도전 기회는 한 팀당 한 번뿐입니다.
휘재	먼저 글자부터 선택해볼까요? (글자 선택하면) 뒤집어 주세요!!

/ 도전 모두 끝나면,
 성공 여부에 따라 MC 및 출연자 상품 획득 여부 정리해주세요.

뜨거웠던 예선전이 끝나고 결승 진출자가 가려지면 잠시 쉬어가는 코너를 마련해 예선 탈락자들에게는 위로의 선물로 패자부활의 기회를 주고, 결승 진출자들에게는

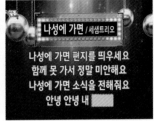

▌〈도전! 1000곡〉패자부활전

잠시 숨 고를 수 있는 시간을 준다.

　패자부활전은 상품이 많아 잘하면 출연료보다 많은 상품을 가져갈 수 있어 눈에 불을 켜고 열중하는 출연자도 있다. 예선전 이상으로 열기가 뜨거우며 간혹 필요 이상으로 과열(?)되기도 한다.

▌〈도전! 1000곡〉결승전 MC 진행 대본

7. 결승전

진행 방식
1. 인터뷰: 세 팀, 대결 전 무대 중앙에서 인터뷰
2. 도전 시작: 도전팀은 무대 중앙, 2MC와 상대팀은 MC석(노래방 기계 옆)에 선다.
　　　　　　도전팀의 룰렛 돌리기(각 팀 룰렛 돌려 나온 노래 도전)
　　　　　　세 팀은 번갈아 중앙으로 나와 도전한다. (최종, 한 팀 남을 때까지 계속 도전)
3. 윤정: 노래방 기계 버튼 누른 후, 노래 전주 중 반드시 노래 곡목과 가수 소개
4. 도전 완료 후: 도전자가 성공, 또는 실패 후 MC 쪽으로 오면 여유 있게 인터뷰

〈결승전〉 A팀 vs B팀 vs C팀

/ 2MC 노래방 기계 무대 중앙에 가까운 하수 쪽에 함께 선다.
/ 결승 진출 세 팀은 무대 중앙, 나머지는 상수 착석

휘재	드디어, 긴장되는 순간이죠~
	대망의 결승전입니다.
	(샤우트) 도전~
2MC	천곡!!!

휘재	결승전은 예선전을 통과한 세 팀이 번갈아가면서 도전해 끝까지 살아남는 팀이 최종 우승팀이 됩니다.
윤정	결승전인 만큼 출연자 애창곡과 국민 애창곡으로 구성된 예선전 룰렛에 난이도가 좀 더 높은 국민 애창곡을 추가했습니다. 룰렛판에 물음표로 표시된 부분이 추가된 곡입니다.
휘재	룰렛이 돌아갈 때 멈춰를 외쳐 나온 곡을 부르면 되는데요. 선택한 번호의 노래 1절을 끝까지 부르면 성공입니다.

예선 결과를 반영해 결승 세 팀 인터뷰
(*** 대본 별첨)

윤정	마지막으로 각오 한 말씀 해주세요!
각팀	(각오 한마디)
휘재	자, 그럼 OOO, OOO 팀부터 도전하시겠습니다. 앞으로 나와 주시죠.

/ 한 곡 도전할 때마다 결과 정리

휘재	OOO, OOO 성공(실패)!

/ 도전팀 실패 시, 탈락 멘트!

휘재	C & C팀 탈락입니다! A & A팀과 B & B팀 대결 계속 이어갑니다. 먼저 A & A팀 번호 선택해주세요.

/ 한 팀 탈락하고 두 팀 남으면
  MC 옆으로 자연스럽게 불러서 인터뷰하면서 진행
/ 승리팀 결정되면 바로

휘재	이렇게 해서 최종 우승팀은~
2MC	(샤우트) OOO 씨, OOO 씨~~ 축하드립니다!!
한민관	오늘 최고의 팀웍, 최고의 퍼포먼스를 보여준 커플은~
김태환	(샤우트) OOO 씨, OOO 씨~~
2MC	(고기 건네며) 축하드립니다!! 한돈 선물세트를 선물로 드리겠습니다.

8. 후 CM + 후 TITLE

VPB)

| 〈도전! 1000곡〉 결승전

결승전은 예선전을 통과한 세 팀이 최종 우승자가 남을 때까지 서든데스^{sudden}

death 방식으로 진행된다. 예선전은 두 번 가사가 틀리면 탈락되었으나, 결승전은 한

번 틀리게 되면 바로 탈락된다. 노래하는 출연자나 보는 시청자나 긴장의 끈을 놓지

못하며, 간혹 본인이 알고 있는 가사와 제작진이 알고 있는 가사가 다른 경우에는

녹화장에 찬물을 쫙 끼얹은 듯한 분위기에 제작진은 좌불안석 진땀이 흐른다. 그래서

늘 긴장의 끈을 놓아서는 안 되고 정확한 데이터를 수시로 체크해야 한다.

여기에 두 달에 한 번꼴로 펼쳐지는 우승팀들끼리의 왕중왕전!

그리고, 왕중왕들끼리 1년에 한 번꼴로 펼치는 황제전에 오른 출연자들(문희옥,

노현희, 유리상자의 이세준, 신지, 박상민 등)은 전주만 들어도 가사가 술술 나오는, 소위

걸어다니는 주크박스라 할 정도로 실력자들이다.

〈도전! 1000곡〉은 14년이란 오랜 기간을 이어 오면서 크게는 개인전, 한소절 노래방,

커플전 등의 다양한 룰의 변화가 있었고, 게임 형식, 퀴즈 형식, 장기자랑 형식의

수많은 번외 코너를 시도하며 일요일 아침 재미와 활력을 선사했다.

사실 〈도전! 1000곡〉은 편안하게 즐길 수 있는 시청자와는 달리 출연자들에게는 호불호가 갈리는 프로그램이다. 노래 실력이 아닌 오로지 가사로만 심사하다 보니 암기에 부담을 느낀 스타들은 출연을 고사하기도 했고, 숨겨왔던 노래 실력을 뽐낼 수 있는 아이돌이나 연기자들에겐 더할 나위 없이 좋은 기회이기도 했다.

또, 〈도전! 1000곡〉하면 빼놓을 수 없는 게 바로 MC들의 역할이다. 방송에선 대부분 편집되어 간단한 진행 멘트만 하는 걸로 보이지만 분위기 띄우랴, 노래방 기계 플레이하랴, 현장상황 수습하랴... 녹화 내내 긴장을 한다. (가사를 2번 이상 틀려 '땡' 하는 실로폰 소리가 울리자 마이크를 집어던지고 나가는 출연자의 돌발 행동으로 MC가 당황한 경우도 있었다.)

14년간 김승현, 이선진/정재환, 이유진/유정현, 한영/이휘재, 정형돈/이휘재, 장윤정 등의 수많은 MC 커플들이 탄생했고, 특히 7년이라는 오랜 기간을 함께 했던 댄스머신 이휘재와 플레이되는 모든 노래를 따라 불렀던 그의 찰떡궁합 파트너 장윤정은 시청자들의 뇌리에 깊이 남아 있다.

〈도전! 1000곡〉은 일상에 지친 시청자들을 마치 노래방에 온 듯 목에 핏대까지 세우고 출연자들의 노래를 따라 부르게 하며 한 주 동안 쌓인 스트레스를 날려버리게 만든 국민 음악쇼이자 게임쇼였다. 오래오래 사랑받은 프로그램으로 기억되길 바란다.

TV Entertainment
Production Guide

TV Entertainment Production Guid

CHAPTER 06

토크쇼 제작의
실무가이드

"뜨거워야(hot) 한다"

박상혁

CJ E&M 스타일본부 CP
SBS 예능 PD로 18년 재직

서울대 언론정보학과 학사

주요 기획, 연출 프로그램
〈섬총사〉, 〈토크몬〉, 〈서울메이트〉, 〈달팽이호텔〉,
〈강심장〉, 〈불타는 청춘〉, 〈룸메이트〉 시즌1, 2,
〈보컬전쟁–신의목소리〉

1. 토크쇼란?

TV에서는 늘 새로운 스타들이 등장한다. 시청자들은 스타들을 보며 그들이 어떤 사람인지 관심을 갖게 되고, 또 어떤 스토리를 가지고 있는지 궁금해 한다. 토크쇼는 스타에 대한 관심, 그리고 궁금증으로부터 시작되었다고 볼 수 있다.

토크talk는 '말하다', '이야기하다'라는 사전적 의미를 가지고 있다. 누군가 진행자가 있고 게스트가 나와서 말을 하고 이야기를 하는 형식으로, 라디오와 초창기 TV부터 방송의 역사와 함께 한 가장 오래된 예능 장르이기도 하다. 하지만 토크는 현대사회로 오면서 스타 MC와 스튜디오의 결합으로 조금씩 쇼의 형식을 가미하게 된다.

또한 빠르게 변하는 예능 트렌드에서 살아남기 위해서 단순한 이야기 중심이었던 정통 토크쇼에서 게임이나 퀴즈 등 다양한 형식을 결합시키며 버라이어티성 토크쇼로 계속 진화되고 있다.

1) 토크쇼의 요소

토크의 핵심 요소는 크게 3가지로 호스트(MC)와 게스트(스타), 그리고 스타의 이야기로 나눌 수 있다.

호스트인 MC는 시청자들의 궁금증을 풀어주고 충족시켜 주기 위해 게스트인 스타들의 이야기를 끌어내는 역할을 한다. 이런 호스트에게 필요한 능력이 3가지가 있는데 그중 첫 번째는 상대방의 이야기를 들어주는 능력이다. 게스트들이 마음을 열고 이야기를 털어놓게 만드는 것, 바로 '경청'의 힘이다. 두 번째로 중요한 것은 상대의 이야기를 들어주기 위해 자신을 낮출 줄 아는 능력이다. MC들이 자신을 낮추고 게스트의 기를 살려줄 때 스타들은 다른 프로그램에서 하지 않던 이야기를 털어놓을 수밖에 없는 것이다. 세 번째로 중요한 것은 균형 감각이다. 예능 프로그램에도 높은 도덕적 잣대를 들이대는 대한민국의 현실에서 토크의 수위를 조절하고, 웃음을 증폭시키고, 게스트들의 아픔을 위로하고, 게스트들의 감정을 적절히 유지시키는 균형 감각은 한 단계 더 업그레이드된 토크쇼를 위한 필수조건이라 할 수 있겠다.

여기서 게스트는 진심 어린 답변을 성실하게 해줄 수 있어야 하며, 그의 이야기는 자신의 개인적인 이야기에서 머무는 것이 아니라 많은 대중들에게도 공감을 주어야 한다.

그럴 때 스타의 이야기는 하나의 의미가 있는 스토리가 되고, 그래서 많은 대중들에게 공감도 얻게 되는 좋은 토크쇼가 될 수 있다.

2) 토크쇼의 분류

(1) 1인 토크쇼

1인 토크쇼는 1명의 MC와 1명의 게스트가 진행하는 토크쇼다. 미국식 스튜디오 토크쇼가 이에 해당하며 우리나라 또한 1인 토크쇼로 시작되었다. 대표적인 예로는 1989년 재미교포 출신 코미디언 자니 윤이 자신의 이름을 건 〈쟈니 윤 쇼〉를 시작으로 〈주병진 쇼〉, 〈이홍렬 쇼〉 등이 있으며, 90년대 후반에는 여배우들이 진행을 맡았던 〈김혜수의 플러스유〉, 〈이승연의 세이세이세이〉 같은 소위 여성 MC들의 부각으로 높은 시청률을 보이며 '1인 토크쇼의 전성시대'를 이끌기도 했다.

그밖에 카리스마 있는 강호동이 진행하며 파격적인 질문으로 화제를 모았던 〈무릎팍도사〉와 배우·가수뿐 아니라 기존 토크쇼에서 만나기 어려웠던 정치인·작가·운동선수 등 다양한 사람들의 진솔한 이야기로 화제를 모았던 〈힐링캠프〉가 있다.

이런 1인 토크쇼의 장점은 차분한 분위기 속에서 한 명의 스타를 집중적으로 파헤침으로써 깊이 있는 토크로 몰입감을 줄 수 있다는 것인데 반면에, 스타에 대한 다양한 정보가 인터넷 등에 퍼져 있는 경우가 많기 때문에 시청자들이 이미 알고 있는 정보를 반복해서 듣게 될 우려도 있다. 이런 단점에 대한 대안으로 다양한 캐릭터를 가진 보조 MC들을 투입해 다양한 관점에서 이야기거리를 만들도록 유도하기도 하는데, 〈유재석, 김원희의 놀러와〉에서 '골방 브라더스'라는 캐릭터로 주목받은 이하늘과 길, 〈무릎팍도사〉에서 건방진 도사 캐릭터로 인기를 끈 유세윤과 촌철살인 우승민 등이 그 예다. 이들은 메인 MC를 위주로 진행됐던 기존의 토크쇼와는 달리 집단 MC 체제에서의 역할 분담을 통해 다양한 진행의 묘를 살리고, 토크에 양념을 더하는 효과를 주어, 자칫하면 단조로울 수 있는 1인 토크쇼에 활력을 불어넣었다.

(2) 집단 토크쇼

집단 토크쇼는 다수의 MC와 다수의 게스트가 진행하는 토크쇼이다. 1990년대 후반부터 〈서세원 쇼〉를 시작으로 〈야심만만 만 명에게 물었습니다〉, 〈상상플러스〉, 〈유재석, 김원희의 놀러와〉, 〈해피투게더〉, 〈신동엽의 헤이헤이헤이〉 등이 1인 토크쇼에서 벗어나 여러 명의 게스트가 출연해 다양한 이야기를 들려주기 시작했다.

2000년대에 들어서는 글로벌 시대에 발맞추어 다수의 일반 외국인들이 출연하여 '외국인 미녀들의 눈으로 본 한국'에 대해 다양한 이야기를 나누었는데 그것이 바로 KBS 〈미녀들의 수다〉이다. 〈미녀들의 수다〉는 시즌2까지 제작되며 오랜 시간 사랑을 받았는데, 2014년 JTBC에서 선보인 〈비정상회담〉이 이러한 외국인 집단 토크쇼의 명맥을 이어왔다.

2009년에 시작된 SBS 〈강심장〉은 매회 20여 명의 게스트가 출연하여 토크 대결을 벌이며 집단 토크쇼의 정점을 찍었다. 모든 출연자가 주어진 한 가지 주제를 놓고 토크 대결을 벌이는 방식으로 방청객들의 더 많은 지지를 얻은 출연자가 토크 승자로 결정되고, 그래서 최종 우승자가 되어 그 회의 '강심장'으로 등극하는 포맷이다.

다양한 토크쇼의 활약에도 불구하고 그 후 지상파 토크쇼는 점점 쇠퇴하고, 대신 리얼 버라이어티, 쿡방, 오디션 프로그램들이 이러한 인기를 차지하고 있는 것을 부정하기는 어렵다. 그러나 종합편성채널의 시대가 열리면서 의사와 변호사, 요리사 등

| 집단 토크쇼의 대표적 성공 프로그램 〈강심장〉

전문가 출연자 10여 명을 불러놓고 건강, 재테크, 요리, 부부관계, 자녀 교육 등 생활 밀착형 아이템 등을 다루는 '인포테인먼트' 형태의 집단 토크쇼로 다시 살아난 것도 사실이다. KBS 〈대국민 토크쇼-안녕하세요〉, MBN 〈알토란〉, 〈황금알〉, 〈속풀이쇼-동치미〉, TV조선 〈인생감정쇼-얼마예요?〉 등 집단 토크쇼의 전문가 패널들은 토크의 내용을 풍성하게 하고 프로그램의 질적 수준을 높인다는 점에서 긍정적 역할을 새롭게 했다고 볼 수 있다.

(3) 콘셉트(상황설정) 토크쇼

마지막으로 정통 토크쇼의 딱딱하고 경직된 분위기를 풀고, 그래서 다른 토크쇼와 차별성을 갖는 상황 설정 토크쇼이다. 단순히 게스트들이 출연해 이야기를 풀어가는 토크쇼를 넘어 특정한 상황과 주제, 그리고 콘셉트에 맞게 스튜디오를 꾸미며 장소를 특정화시키는 형태로 진행되는데, 대표적인 예가 KBS 〈해피투게더〉, MBC 〈황금어장-무릎팍도사〉, 〈라디오스타〉, 〈유재석, 김원희의 놀러와〉, tvN 〈현장토크쇼-택시〉, 〈인생술집〉 등이다.

KBS 〈해피투게더〉는 동네 목욕탕에 온 것처럼 편안한 분위기에서 진행되며, '웃지마사우나'에서는 상황 설정 토크를 벌이고, '스타퀴즈 세상에! 이럴 수가'에서는 퀴즈를 맞히면 생필품이 따라온다. 그리고 '토크 한 스푼'에서는 재미있는 이야기도 나누고 야식도 먹으며 토크를 즐기고, '캐비닛 토크 이건 뭐'에서는 추억이 가득한 물건에 관한 에피소드를 털어놓는다.

MBC 〈황금어장-무릎팍도사〉는 게스트가 점집을 찾아 '무릎팍도사' 강호동에게 고민을 상담하는 형식이며, 〈라디오스타〉는 라디오 부스로 꾸민 세트에서 게스트들이 보이는 라디오에 출연하는 콘셉트로 이야기를 진행하는데 화제가 되는 스타보다는 공통점을 가진 스타들이 출연해 '독한' 진행으로 예능적인 재미를 준다.

〈유재석, 김원희의 놀러와〉는 스튜디오에서 한 차례 토크를 나눈 출연진이 편안한 복장으로 갈아입고 아기자기하게 꾸며진 골방으로 이동한다. 이어 출연진들은 도란도란 둘러앉아 간식을 먹거나 때로는 기타를 치고 노래를 부르며 마치 친한 친구들의 야유회 같은 분위기로 자신들의 이야기를 털어놓는다.

tvN 〈현장토크쇼-택시〉는 '대한민국 최초 달리는 택시 안에서 펼쳐지는 21세기 신개념 로드쇼'라는 콘셉트로 출연진들이 택시 손님이 되고, 자리가 좁아서 서로 바짝 앉게 되어 밀착도가 높은 토크를 할 수 있게 된다. MC 이영자와 오만석은 직접 택시를 운전하며 게스트들과 진솔한 대화를 나누는데, 스타들은 처음 택시에 올라탈 때 낯선 감정을 느끼지만 시간이 흐르면 어느새 달리는 택시 안에서 서로 울고 웃고 떠들게 된다.

이처럼 상황 설정 토크쇼가 뜬 이유는 이런 상황에서 게스트들이 좀 더 편하게 토크에 임할 수 있고, 시청자들도 편안하게 받아들일 수 있기 때문인데 리얼 버라이어티에서 접목 가능한 요소를 토크쇼에도 도입해 그만큼 다채롭고 새로운 흥미 요소를 끌어낸 덕분이라고 할 수 있다.

2. 토크쇼의 기획과 제작

1) 토크쇼의 기획

※ MC 선정이 먼저 이루어질 수도 있음

① 콘텐츠가 넘치는 시대,

  이제는 잘하는 것보다 다르게 만드는 게 더 중요하다.

② 시청자의 요구를 파악하라.

  시청패턴을 분석하고 시청자가 원하는 것을 생각하자.

③ 변화된 방송환경에 어울리는 콘텐츠 개발

  인터넷, 포털과 교류할 수 있으며, 다양한 매체로도 소비될 수 있는 콘텐츠
  대중의 요구를 반영하는 콘텐츠를 개발하자.

2) 토크쇼의 제작

① 제작 스케줄 정리
② 예산안 작성

③ 세트 제작 + 타이틀 디자인 의뢰

④ 출연자 섭외(3번과 4번은 상황에 따라)

⑤ 구성회의를 통해 아이템 선정

⑥ 출연자 인터뷰 진행

⑦ 인터뷰 내용을 토대로 대본 작성

⑧ 스튜디오 녹화

⑨ 편집

⑩ 추가 후반 작업(자막 음악 효과 믹싱)

⑪ 송출

3. 토크쇼의 힘: 연출의 핵심 키워드

1) 소통과 공감 – 연예인도 사람이다

토크쇼의 핵심은 '대화'이다. MC는 시청자의 입장을 대변하여 스타에게 궁금한 점을 질문하고, 스타는 자신의 개인적인 이야기에만 머무는 것이 아니라 대중들이 공감되는 답변으로 시청자와 소통을 할 필요가 있다. 그래야 시청자들은 웃음뿐만 아니라 공감을 통해 위로와 대리 만족을 느끼며 '연예인도 사람이다'라는 생각으로 동질감을 느끼게 된다. 기획사와의 갈등이나 작품하면서 힘든 점과 같은 연예인이라는 직업인으로서의 이야기보다는 부모, 자식, 가족, 선생님, 친구, 연인, 추억과 같이 누구나 공감할 수 있는 인간으로서의 이야기가 토크쇼에서 더 부각되는 게 좋다. 연예인이라는 신비감보다 같은 사람이라는 친근함을 얻고 싶은 것이 시청자의 마음이기 때문이다.

2) 감동 – 타인의 삶에서 배우는 내 삶의 지혜

일회성 웃음에 지친 현대인들은 스타들의 화려한 일상의 이야기보다는 솔직하고 진솔한 이야기를 통해 인생의 의미를 되짚으며 잔잔한 감동을 받기를 원한다. 스타들의 삶을 통해 용기와 지혜를 얻고 싶은 것이다. 그래서 단순한 신변잡기보다는 스타의 삶을 통해 얻을 수 있는 내 삶의 교훈이 있는 게 좋다. 토크쇼에는 웃고 떠들다가도 시청자의 삶을 돌아보게 하는 힘이 있어야 한다. 돌아가신 부모님을 그리워하는 스타의 이야기를 들려주면서 "지금 여러분의 부모님께 전화하세요" 같은 자막을 넣는 이유도 시청자의 공감과 감동을 이끌어내기 위해서이다.

3) 트렌드 – 시대를 읽는 더듬이

토크쇼는 가장 오래된 예능이고 항상 존재해왔다. 그렇기 때문에 새로움을 주기 위해 더욱 더 고민해야 한다. 그것은 특급 게스트를 통해서 보여줄 수도 있고, 지금 핫hot하고 트렌디한 게스트를 통해 보여줄 수도 있고, 지금 유행하는 것들, 즉 SNS나 인터넷 유행을 통해서 보여줄 수도 있고, 젊은 층들이 즐기는 게임을 통해 보여줄 수도 있다. 시대를 먼저 읽고 트렌드에 민감한 토크쇼만이 살아남는다. 토크쇼는 트렌드에 맞춰 끝없이 변해야 살아남는다.

4. 토크쇼 제작 사례: 〈강심장〉

▌〈강심장〉 타이틀

● **〈강심장〉 제작기: 새로운 토크쇼를 찾아라!**

어느 날 당신에게 특명이 떨어졌다. 전혀 새로운 토크쇼를 만들어라. 다행스러운 점은 최고의 MC 강호동이 당신에게 있다. 그러나 불행히도 시간이 없다. 재깍재깍 방송날짜가 다가온다. 숨이 턱 막힌다. 그래도 어떻게든 방송은 나가야 한다.

2009년 10월 6일. 〈강심장〉은 이렇게 탄생했다. 〈야심만만2〉의 갑작스런 폐지로 급하게 신설 프로그램을 만들어야 했다. 방송시간은 심야 11시. 이미 〈놀러와〉, 〈황금 어장〉, 〈해피투게더〉, 〈세바퀴〉가 잘 나가고 있다. 당신이라면 어떤 새로운 프로그램을 만들 것인가.

우선 평일 밤 11시대는 하루 일과를 마친 성인들이 TV를 많이 보는 시간이다. 정신없는 야외 제작물보다는 편안한 스튜디오 제작물이 더 사랑받는다. 그중에서도 매력적인 스타와 가슴을 울리는 스토리가 있는 토크쇼가 가장 시청자의 마음을 잡을 수 있는 시간대다. 하지만 토크쇼는 TV 방송이란 게 생긴 이래 계속된 것이다. 호스트와 게스트가 마주 앉아서 시청자가 궁금한 점을 대신 물어보는 토크쇼는 전 세계에 수만 개가 존재할 것이다. 1명의 메인 호스트를 부각시킨 〈쟈니 윤 쇼〉 같은 미국식 1대1 토크쇼, 집단 MC가 이끄는 토크쇼, 〈쟁반 노래방〉이나 〈상상플러스〉처럼 게임을 하면서 하는 토크쇼 등 진화의 역사를 따져 봐도 수백 가지 종류가 있다. 어지간히 새로운 것을 해서는 시청자의 관심을 끌기 어렵다. 토크쇼라는 안전한 길을 가는 것이 당연한 듯 보이지만 전혀 새로운 것을 해야 한다. 진퇴양난이다.

그래서 우리는 무조건 남들과 다르게 가기로 결심했다. 지금은 모두가 '잘 만드는' 시대다. 다르지 않으면 눈길조차 받지 못한다. 결국 성공하는 프로그램은 잘 만드는 것은 기본이고 '얼마나 다르게 만드느냐'에 따라 성패가 결정된다.

처음 〈강심장〉을 시작할 때 토크쇼의 주류는(지금도 그렇지만) 〈유재석, 김원희의 놀러와〉나 〈라디오 스타〉 같이 4~5명의 집단 MC가 4~5명의 게스트와 함께 이야기하는 비공개 토크쇼였다. 또한 단조로움을 피하기 위해 〈무릎팍도사〉나 〈해피투게더3〉처럼 어떤 설정을 주고 한 공간에서 이야기하는 토크쇼가 많았다. 연예인들의 사적인 대화를 엿보는 느낌을 살리기 위해 세트도 작게 만들고 방청객도 없애는 게 상식이었다.

이 모든 상식을 뒤엎기로 했다. 일단 게스트는 기본이 20명. 다른 토크쇼들이 소수의 스타 매력에 집중할 때 우리는 스타가 들려주는 '이야기'에 더 집중하기로 했다. 다행스럽게도 우리에겐 아무리 사람이 많아도 이들을 잘 지휘할 수 있는 강호동이 있지 않은가? 이렇게 생각하고 나자, 다른 아이디어는 쉽게 나왔다. 방청객도 많이 부르고 세트는 최대한 화려하게 짓는다. 알다시피 심야토크쇼의 주 시청자는 여성들이다. 그래서 프로그램의 전반적인 분위기를 아기자기하고 귀엽게 가는 것이 기존의 일반적인 풍조였다. 그러나 우리는 이 모든 것을 뒤집기로 했다. 제목부터 강심장. 모토는 당신의 심장을 뒤흔들 강한 이야기! CG나 자막 역시 최대한 남성적으로 가고, 음악과 효과 역시 게임음악이나 이종격투기 대회에서 쓰는 강한 것들로만 준비하기로 했다. 세트와 CG의 색감은 골드와 블랙으로 통일하기로 했다. 이런 전략이 성공할지 실패할지는 아무도 모른다. 다만 '전혀 새로운 토크쇼'를 만들자는 것이 우리의 절대명제였다.

이렇게 모든 것을 차별화시키기 위한 프로젝트는 차근차근 진행되었고 이제 녹화날짜가 한 주 앞으로 다가왔다. 그러나 마지막으로 미심쩍은 구석이 하나 있었다. 그것은 바로 이 프로그램의 출발점이었던 강호동이었다. 강호동은 최고의 MC이지만 우리의 지상 목표는 강호동에게 가장 어울리지만 '전혀 새로운 그림'을 만드는 것이었다. 이전까지 강호동은 항상 혼자 진행하는 MC였다. 〈스타!킹〉도, 〈무릎팍도사〉도, 〈야심만만〉에서도 그랬다. 카리스마 있고 전체를 아우르는 느낌이 강하기 때문에 단독 진행을 하기 가장 믿음직한 MC다. 하지만 후발주자로서 새로운 느낌을 주기 위해서는 MC도 새로운 조합을 할 필요가 있었다.

그래서 선택한 것이 투맨 쇼. 그동안 〈두 남자쇼〉나 〈멋진 만남〉 이후에 남자 두 명이 진행하는 토크쇼는 없었다는 이유에서였다. 강한 이미지의 강호동에게 전혀 새로운 조합을 만들어서 새로운 토크쇼를 이끌고 싶었다. 그래서 우리가 선택한 사람은 바로 이승기.

이승기는 이전까지 MC 경험은 전혀 없었지만 이미 강호동과 찰떡궁합을 과시한 바 있었고 연기, 노래, 예능 등 다방면에서 활발한 활동을 하고 있었기 때문에 다양한 게스트와의 공감대를 형성할 수 있을 것으로 판단했다. 특히 뭐든 열심히 하는 성실한 성격과 착한 마음을 가진 사람이었기 때문에 MC로서도 바로 성장할 수 있을 거라 확신이 들었다.

그 다음은 치열한 섭외작전. 결국 녹화 3일을 앞두고 이승기의 강심장 합류가 결정되었다. 우리는 천군만마를 얻은 것과 같았다. 그리고 너무나 잘해 주었다. 두 MC의 조합은 환상적이었고 단조로운 토크를 피하기 위한 〈붐기가요〉 같은 코너들도 대박이 났다. 남들의 이야기를 들어주며 추임새를 넣고 개그를 통해 전체적인 분위기를 조율하는 김영철, 김효진, 정주리 같은 소중한 게스트들도 프로그램 초반에 합류했다. 지금 같은 치열한 예능 전쟁의 시대에 새로운 프로그램이 성공하는 것은 실력이나 의욕만 가지고는 어림도 없다. 너무 좋은 사람들을 빨리 만날 수 있었으니 이것은 천운이거나 기적에 가까운 일이었다. 이런 기적 덕분에 강심장은 2009년 10월 6일 첫 방송 이후 가히 토크쇼의 새 장을 연 프로그램으로 역사에 남을 수 있게 되었다.

물론 〈강심장〉의 이런 낯선 느낌은 초반에 높은 시청률과 함께 많은 논란거리를 만들기도 했다. 시끄럽다, 자극적이다, 요란하다 등등의 비판이 있었다. 그래서 우리는 무조건 새롭게 가자는 전략과 더불어 새로운 마음으로 프로그램을 정비했다.

이것은 좀 낯 뜨겁긴 하지만, 우리의 두 번째 전략은 강심장을 좀 더 '착한 마음'을 갖고 만들자는 것이었다. 대한민국 토크쇼 중에 가장 독한(?) 프로그램을 연출하는 사람이 웬 착한 마음이냐며 의아스러울 수도 있겠지만 이것은 진심이다. 그것은 내가 착해서 혹은 강심장 제작진이 착한 사람들이기 때문이라서 그런 것은 아니다. 지상파 예능에서는 착한 마음을 가지고 시작한 프로그램이 살아남는 경우가 비일비재하기 때문이다. 게스트를 배려하는 마음이나 시청자의 마음을 헤아리지 않는 예능 프로그램은 성공할 수 없는 시대이기 때문이다. 예능 제작진에게 '착한 마음'은 성공 전략으로서도 필수적이다.

방송 초반 〈강심장〉은 그런 마음보다는 빨리 성공하고 싶은 마음이 앞섰던 것이 사실이다. 그래서 처음에는 재미없는 이야기는 가차 없이 편집해버려서 아무 말도 못하는 게스트가 수두룩했고 자극적인 이야기가 주로 편집에서 살아남아 방송에 나갔다. 그러나 이것으로 관심을 끌 수 있을지 모르지만 오래 사랑받을 수는 없다는 것을 깨닫는 데는 그리 오래 걸리지 않았다. 우리는 깨달았다.

시청자는 보고 싶은 특급 게스트에 열광하기도 하지만 아무 말하지 못하는 게스트들에 대해서도 관심을 기울인다. 시선을 끄는 자극적인 이야기에 먼저 눈길이 가기는 하지만 가슴을 울리는 감동적인 이야기도 듣고 잠들고 싶어한다는 것을! 이런 사실은 MC 이승기를 봐도 알 수 있다. 토크쇼를 이끌기 위해서는 강호동처럼 시청자가 궁금한 이야기를 대신 물어봐는 주는 강력한 MC도 필요하지만 이승기처럼 상대의 마음을 편안하게 배려해주려는 MC도 필요하다는 것! 우리에게는 두 MC의 호흡을 통해 강한 이야기를 끌어내는 것도 중요하지만, 게스트들의 이야기를 골고루 들을 수 있도록 하는 아량과 배려심도 보여주어야 궁극적으로 시청자들의 사랑을 받을 수 있다는 사실.

이를 위해 첫 회에는 25명이었던 게스트를 10명으로 줄였다. 한 주 녹화로 2주분

방송을 내기로 하면서 분량에 대한 문제는 해결되었다. 문제의 소지가 되는 이야기를 최대한 빼고, 게스트가 돋보이고 노력한 신인들이 부각될 수 있도록 프로그램의 방향을 조금씩 바꿨다.

물론 강심장은 독한 프로그램이었다. 각자 자신의 인생에서 가장 강한 이야기가 무엇이냐고 묻고 시작했다. 거기다 토크를 하고 1등을 가린다. 그러나 이런 강한 설정이 있기 때문에 오히려 제작진은 끊임없이 게스트를 배려하는 마음이 필요하다는 것을 깨달을 수 있었다. 수많은 게스트가 강심장을 다녀갔다. 그중에는 예능 프로그램을 거의 하지 않은 배우들도 있었고, 〈강심장〉이 인생의 첫 예능 출연인 신인들도 허다했다. 우리에게는 매주 일상이 되어버린 녹화였지만 그들에게는 평생의 소중한 추억이 될 토크쇼 녹화였다. 제작진이 이들을 배려하고 함께 최선을 다해서 더 돋보이게 만들려는 진심이 있어야만 토크쇼는 성공할 수 있는 것이다. 세상만사가 그렇듯이, 방송이란 결국 사람의 마음을 얻는 일이다. 눈앞의 이익보다는 출연자들의 마음을 얻어야 시청자들의 마음도 얻을 수 있다.

이것은 섭외에서도 기본이 된다. 많은 분들이 〈강심장〉은 어떻게 매주 20명 가까운 사람들을 섭외할 수 있었는지 궁금해 한다. 그러나 섭외의 방법은 의외로 단순하다. 스타들의 마음에서 생각해 보고 그들이 가장 돋보일 수 있는 타이밍과 전략이 무엇인지 우리가 먼저 찾아내는 것이다. 또한 다른 프로그램에서 섭외하지 않았던 사람들에게도 애정을 갖고 섭외하고 이들을 새로운 스타로 만들어 주는 것이다. 잊혀진 스타, 신인들, 스포츠 스타, 외국인 등으로 섭외의 폭을 넓히는 것이다. 많은 새로운 신인들을 〈강심장〉을 통해서 스타로 만드는 것, 결국 이것이 섭외의 비결이다.

사람들은 스타와 그들이 들려주는 스토리에 늘 관심이 있다. 그러므로 세상 모든 토크쇼는 스타를 섭외해서 시청자가 원하는 이야기를 어떤 형식으로 담아낼 것인가를 고민해야 한다. 다행히도 〈강심장〉은 토크 배틀이라는 형식을 통해 많은 스타들의 이야기를 가장 다이내믹하게 펼치면서도 말풍선을 통해 한 사람 한 사람의 이야기에 집중할 수 있는 구조로 만들어졌었다.

한 해에도 수많은 토크쇼가 신설되고 폐지된다. 토크쇼, 성공시키고 싶은가? 그러면 기억하라. 새로움, 그리고 배려심이다.

● 〈강심장〉 기획의 과제들

－ 〈야심만만2〉와 어떻게 차별화시킬 것인가?

－ 강호동에게 적당한 프로그램은 무엇인가?

－ 강호동이 하고 있는 기존의 프로그램들과 어떻게 차별화시킬 것인가?

－ 심야토크쇼에 새로운 패러다임은 무엇일까?

－ 새로운 MC 조합을 만들어 내자. → 이승기

－ 새로운 방송환경 시대 인터넷과 친화적인 콘텐츠를 만들어보자.
　쌍방향적인 접근 가능한 콘텐츠를 만들자.

→ 오직 이야기로 승부하는 심야 TWO MEN SHOW!!!

→ 심장을 뒤흔드는 강한 이야기 〈강심장〉

● 〈강심장〉의 생존 전략

－ 현재 시청자들은 픽션의 이야기에 대한 관심도 하락

－ 과거 토크박스류 이야기에 대한 거부감

－ 스타들의 진정성 있는 이야기에 대한 관심도 증가

｜〈강심장〉 트로피 로고

– 인터넷 연예뉴스, 게시판, 블로그, 다운로드 등을 통한 예능 프로그램들의 새로운 소비 패턴의 생성

– 스타들의 사적인 관계에 대한 관심

● **강심장 스태프 구성**

① 제작진 구성: 연출 2명, 조연출 1명, 작가 7명, 연출부 6명(편집 외주, FD, VJ)

② 녹화스태프: 조명 11명, 카메라 스튜디오 7명, ENG 7명, 기술스태프 10명, 전기효과, 소품

③ 기타 외부업체: 지미집, 6mm, 외부음향, 경호, 현장진행, CG, LED 운용, 특수장비 제작(벌칙), 특수효과

④ 후반작업: 성우, 종합편집, 음악, 효과, 문자 삽입

→ 총 200여 명

❙ 〈강심장〉 기획안

당신의 이야기가 누군가의 심장을 뛰게 할 수 있습니다!
〈 국가대표, 강심장 〉

– 프로그램 가이드라인
① 당신의 이야기가 누군가의 심장을 뛰게 할 수 있습니다!
② 당신의 인생(심장)에 피가 되고 살이 되는 이야기

– 프로그램 형식
ALL STUDIO PROGRAM

– 출연
☞ MC: 국가대표 예능 MC 강호동
☞ 출연진: 25명의 초특급 게스트
(고정 멤버, 가수, 연기자, 개그맨, 스포츠스타, 화제의 인물 등)

– MC 콘셉트
두근두근 브라더스(강한 남자 강호동, 심장 뛰게 하는 남자 이승기)
강호동 · 이승기 짝꿍 (입에 짝짝 붙는 토크 + 마음속에 꽁꽁 숨겨둔 이야기)

– 방청객 콘셉트
국가대표 응원단

		내용
1	오프닝	▷ **MC 오프닝(메인 세트)** 　– MC 강호동 + 연예인 25명 ▷ **오늘의 국가대표 소개(국가대표 네이밍)** 　– 각오 및 엄격한 멤버 선발 기준 공개 　– 국가대표 명찰 부착(이것만은 내가 국가대표 소개 및 인사)
2	국가대표 평가전	▷ **국가대표 평가전** 　– 제시어 적는 연습 및 단타성 토크를 통해 짧고 굵은 토크를 뽑아낸다! 　(예) 내 인생에 잊지 못할 헤드라인 기사 　　　 인터넷 검색순위 몇 위까지 해 봤니? 　　　 나는 이 한 문장만 들으면 욱한다!
3	국가대표 선발전 I	▷ **국가대표 선발전** 　① 오늘의 토크 주제 제시 　　(예) 억울한 순간 선발전, 두근두근 나의 첫 경험 선발전 　　　　 참회하는 이야기(용서해주세요), 약이 되는 이야기 선발전 　② 25명의 게스트들은, 주제에 맞는 토크 헤드라인을 적는다. 　③ 헤드라인을 일제히 들면 MC 강호동이 헤드라인을 골라 토크의 기회 제공 　④ A의 토크가 끝나면, A보다 더 재미있다고 자신하는 사람들이 헤드라인을 　　 든다. 　⑤ 강호동이 손을 든 사람들 중 한 사람(B)의 헤드라인을 선택! 　⑥ 선택된 B의 토크가 끝나면, A와 B 중 승패 결정 　⑦ 위와 같은 방식으로 최후의 1인이 나올 때까지 토크 배틀(킹은 명예의 전당) ▷ **토크 브레이크** 　– 단타성 토크 · 크로스 토크가 가능한 주제로 환기 　(예) 너에게 주고 싶어! 받고 싶어! 　　　 : 25인 연예인 중 나의 (　)를 주고 싶은 연예인 지목
	국가대표 선발전 II vs 토크	▷ **국가대표 선발전 II** 　– 두 번째, 토크 라운드 주제 제시 　(예) 대박 vs 쪽박 / 진실 vs 거짓(루머) / 가식 vs 솔직
4	검증, 국가대표	▷ **스타와 25인의 질문 배틀** 　① 오늘의 게스트 소개 　② 25명의 연예인들이 묻고 싶은 질문을 헤드라인만 적는다! 　　 (솔깃한 헤드라인을 글로 표현, 그림이나 포즈 등 다양하게 표현 가능) 　③ 25개의 헤드라인 중, 마음에 드는 문구 선택 → 선택된 연예인이 질문 　　 (헤드라인을 보고, 질문 내용을 예상하여 선택하는 것이 포인트) 　　 : 10문 10답(MC 질문 2개 선택) 총 12개의 질문에 답해야 한다 　④ 질문 왕을 뽑아 스타와 피날레(질문이 뽑힌 질문단은 푸짐한 상품 수상)

		내용
5	클로징	▷ **에필로그** – 강호동의 예능 레시피 웃음 레시피 / 리액션의 법칙 / 벌칙의 정석 (예) 딱밤의 법칙, 썰기의 법칙, 고속도로의 법칙 – 의미 있는 에필로그 터치 국가대표라는 콘셉트를 살려, 엔딩에 인생을 스포츠 종목에 비유 (예) 인생은 역도다! 당신의 삶의 무게를 떨치고, 세상을 들어라!

〈강심장〉 큐시트

■ **66대 녹화** 녹화 시간 ▶ 2012.04.05 (목)
외부 업체 스탠바이 11:30AM~ | 출연자 도착 2:00AM~ |
마이크 착용 2:30PM | 방청객 입장 2:30PM~
■ **스튜디오 녹화 3:00PM~**
*붐 2:30PM 도착 *장나라 6:30PM OUT–7:30PM IN
■ **출연자** ▶ 총 17名
MC – 신동엽 이동욱
男 – 김영철 김지석 변기수 붐 양세형 이진욱 정용화: 7名
女 – 김신영 김효진 송은이 신소연 장나라 정소민 정주리 효린: 8名 /
　　　　효린 백업댄서 4名 *김신영 트레이너 1名

	항목	카메라	토크 내용 / 소품 & 의상		음악 / 효과	LED / 비전CI	음향	조명	특효
1	ST 오프닝	별도 세트	– 별도 세트에서 2MC 등장		**등장 음악**	로고패턴	W/L–2	오프닝 이펙트	
2	오프닝 토크	무대 중앙	(*기본 소품)	– 출연자 각자 자리 ▶네임택, 말풍선판(오 프닝/본토크), 펜, 지우 개, 털이붓, 설명 페이 퍼, 물티슈 각15EA – 앉은키용 방석, 포기 & 끝 분첩 　붐특아카 ▶(붐닥터) **의사가운 3, 각종 의료 소품, 산소호흡기 1, 경광등 1, 응급판넬 10**		개인기 패턴 플레이	W/L–15		

	항목	카메라	토크 내용 / 소품 & 의상		음악 / 효과	LED / 비전CI	음향	조명	특효
2	오프닝 토크	무대 중앙	붐	− MC 퍼포먼스 ▶ MC기사 판넬	퍼포음악				
			정소민	− 양세형 정소민의 이력 공개	골든벨 VCR				
			효린	− 퍼포먼스 ▶ 스탠드 마이크 5 (댄서 4명 등장) (*의상 체인지 있습니다)	퍼포 MR		W/H 1		
			김신영	− 송은이 ▶ 줄자 − 김신영 ▶ 비포 애프터 사진					
			신소연	− 신소연 ▶ 예능 일기도 VCR	예능일기도 VCR				
3	질문 있어요			− 대형 LED에 질문이 뜬다. (질문한 사람 이름은 공개 안 됨) − 신동엽이, "질문 선택해주세요" 하면, 이동욱이 질문을 선택해 읽어준다! → 해당 질문의 글자가 커짐					
				− 김지석 〉 이진욱: 붐 ▶ 사진판넬 공개 (김지석–이진욱 사진) − 이진욱 〉 이동욱: 붐 ▶ 사진판넬 공개 (이동욱 벗은 사진) − 효린 〉 정소민: 붐 ▶ VCR 공개 (정소민 단편영화 영상)	정소민 VCR				
4	해결사	게스트 자리 돌아가며		− 붐, 양세형 〈해결사〉 진행 − 게스트들에게 돌아가며 개인기 ▶ 실로폰	댄스음악 (예비)				
5	토크 배틀	무대 중앙		− 출연자 호명하면 세트 상단에 있는 전광판에 토크 제목이, LED에는 출연자 얼굴이 뜬다		− 출연자 얼굴 − 토크 제목			
			김신영	− 백현우 트레이너 등장 & 하체 작살 맨손체조 시범			W/L–1		
			장나라	− 양세형 ▶ 다크 스티커					
			이진욱	− 붐 ▶ 벚꽃나무가지, 꽃잎 분무기, 미니선풍기, 바구니					
6	1위 발표 & 클로징			− 트로피 1EA / 꽃다발 1EA / 목걸이 화환		66대 강심장 표시			축포

TV Entertainment
Production Guide

TV Entertainment Production Guid

CHAPTER 07

한/중 합작 야외 리얼 버라이어티 제작의 공생가이드

"해외 공동 제작은 현지화가 관건이다"

김용재

SBS 예능 PD
SBS 미디어비즈니스센터
글로벌제작사업팀 팀장
중국 전매대학교 해외초빙 교수

고려대 국어교육학과 학사,
연세대 언론홍보대학원 석사

주요 프로듀서 프로그램

중국판 런닝맨 시즌1,2,3,4 한국측 총 프로듀서,
중국판 〈정글의 법칙〉 한국측 총 프로듀서 등

주요 연출 프로그램

〈호기심 천국〉, 〈시트콤 행진〉, 〈시트콤 골빙이〉,
〈시트콤 허니허니〉, 〈시트콤 압구정 종갓집〉,
〈도전! 1000곡〉, 〈짝〉, 〈SBS 연기대상〉,
〈SBS 연예대상〉, 〈대종상 시상식〉 등

본 장은 2015년 7월 '중국전시中国电视 제7기'에 '야외 리얼리티쇼 한·중 연합제작의 실무적 문제'라는 주제로 본 저자가 량쥔지엔梁君健 중국 칭화대학교 신문방송학과 교수와 공동으로 발표한 논문을 재정리한 것입니다.

1. 들어가면서

2014년, 규모가 큰 중국 각 지역의 위성사들에서는 한국의 오락 프로그램, 특히 야외 리얼 버라이어티의 대대적인 수입과 시청률 성적이 하나의 전형적인 트렌드였다. 본 장은 한중 방송 콘텐츠 합작이 의미하는 바와 내포되어 있는 이론 탐구를 진행함으로써, 중국 방송의 창작과 연구가 한 걸음 더 발전하는 것에 의미를 두고 있다. 본 장은 한중 야외 리얼 버라이어티의 공동 제작 방식과 단순한 포맷 판권 교역을 구분하였고, 또한

실제 방송 콘텐츠를 만드는 인원들이 이러한 공동 제작을 수직적 합작이 아닌 수평적 합작으로 바라보는 경향을 다루었다. 중국과 한국 제작진이 실제 프로그램 제작 과정에서 범문화적 교류, 제작 가치관, 제작 과정 등 많은 장벽들에 마주쳤고, 이러한 과정 속에서 해결해 나가는 방법을 발견하였다. 본 장은 민속지학적 연구 방식을 택하여, 전체적인 제작 과정을 돌아보고, 특히 한국 제작진에 대한 참여관찰과 심층인터뷰, 관련 문헌과 자료도 분석해 한중 공동 제작이라는 참신한 방송 콘텐츠 플랫폼의 핵심 문제, 해결 방안 그리고 전망을 내려봄으로써, 한중 문화 콘텐츠 산업 발전에 일익을 기하고자 한다.

2014년 10월 10일, 중국의 절강위성은 〈보이스 오브 차이나〉가 끝난 이후에 4개월이라는 오랜 기간 동안 준비해온 시즌제 야외 리얼 버라이어티 〈달려라 형제〉를 방송하였다. 이 리얼 버라이어티 프로그램은 단순히 한국 〈런닝맨〉 판권만 들여오는 데 그치지 않고, 판권 교역을 넘어 모든 부분에 있어 공동 제작이라는 혁신적인 새로운 방식으로 제작되었다.

관련 자료에 따르면 이 프로그램은 방송 이후 금요일 저녁 동시간대 최고 시청률을 기록했고, 심지어 시청률이 거듭 4%를 넘었다. 상업적으로 엄청난 성공을 거두었을 뿐 아니라, 중국이 해외 프로그램을 들여와 자체 콘텐츠 제작 수준을 높이는 데 있어서 중요한 참고서를 제시했다. 이러한 신선한 공동 제작 방식은 2014년에 하나만 존재했던 것은 아니다. 또 다른 하나는 북경위성과 MBC가 공동 제작한 〈용감한 심장〉으로, 일요일

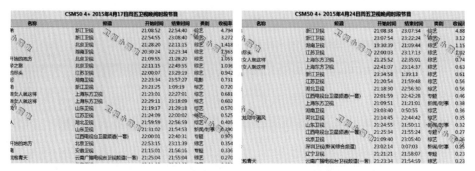

평균 시청률 4%대로 중국 역사상 최고의 예능 시청률을 기록한 〈달려라 형제〉(중국판 런닝맨)

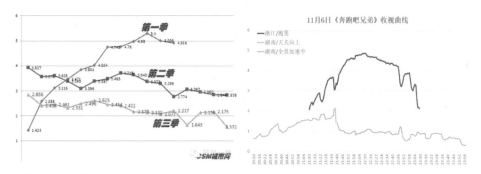

〈달려라 형제〉(중국판 런닝맨)의 시즌별 시청률(좌)과 분당 시청률(우)

저녁 시청률 2위를 기록하는 성과를 냈다. 이런 공동 제작 방식은 원래 예능 프로가 취약 부분이었던 북경위성으로 하여금 단시간 안에 중국 내의 선진적인 수준으로 도약하도록 하였다.

평칸의 통계에 따르면, 2014년 중국 내 대규모 방송국과 영상 사이트에서 이미 방송했던 그리고 방송될 예정인 모든 프로그램 중에 국외 판권 합작을 진행한 프로그램은 63개로서 전국 예능 프로그램의 90%를 차지하고, 그중 32개는 2014년 새롭게 들어온 프로그램, 31개는 연속적으로 방송된 포맷의 프로그램이었다. 현재 해외 방송 프로그램 포맷의 중국 본토화에 대한 연구는 주로 미디어 경영 관리와 문화 비평, 이 두 방면에 치중되어 있다. 주로 사용되는 연구 방법은 시청률 데이터와 프로그램 문서 등의 자료를 조사, 관련된 인터뷰를 진행하여 프로그램 포맷 판권 교역에 관한 경제 규율과 글로벌화되어 가는 문화 콘텐츠 교역 배후에 있는 범문화적인 문제를 탐구하는 데 머물러 있다. 일반적으로 리얼 버라이어티 프로그램에 기본 규율은 그대로 옮겨올 수 있지만 그 내용은 각자 지역에 맞는 각기 다른 본토화(중국화)가 이루어져야 한다. 이미 검증된 일부 우수한 프로그램들이 다른 나라로 판매된 이후 그 가치가 깎이고 소모되는 현상이 발생, 원래 본 국가나 지역에서 얻어야 할 효과에 다다르지 못하는 경우가 흔하다. 펑잉치엔馮应谦과 짱시아오시아오张潇潇는 미국 리얼리티쇼 〈어글리 베티〉의 호남위성판 연구에 대해 민속지학적 연구 방법을 통해 해외에서 이미 검증된 프로그램 포맷이 중국화를 거치는 과정에서 중국 방송의 발전 현황과 실전 제작에서 글로벌화와 본토화에 미친 영향에 대해 연구하였다. 연구 결과, 중국 제작팀은 일단 들여온 해외 프로그램 포맷에 대하여 원판 포맷의 바이블을 그대로 답습해 만들고자 노력은 하지만 막상 실제 제작에 들어가면 문화와 정서적으로 차이가 있다는 걸 발견하게 되고 결국, 중국 문화에 맞게 포맷의 스토리텔링을 수정해 나갈 수밖에 없다는 것을 깨달았다.

한국의 리얼리티쇼 포맷을 중국에 들여올 때는 중국 제작사가 이러한 〈어글리 베티〉 사례처럼 문화적 차이에서 발생하는 문제를 애초부터 줄이는 전략으로 한중 공동 제작을 추진해왔다. 야외 리얼 버라이어티쇼의 경우, 서양은 야외 생존 종류의 프로그램이 주를 이루는, 잔인한 서바이벌식 경쟁이 시청자들의 이목을 끌었다. 프로그램은 자극적이고 도발적이며 또한 개인주의적인 성향이 강한데, 이러한 점은 중국 전통의 화합적인 사상에는 맞지 않아, 그대로는 중국에서 성공하기 어렵다.

하지만 한국 야외 리얼 버라이어티쇼는 매 코너의 설정이나 스토리를 풀어나가는 형식, 출연자의 표현 등이 서양과는 다른 가치관을 보여주고 있으며, 이러한 점은 같은 유가 사상을 가지고 있는 중국 시청자들에게 좀 더 쉽게 다가간다. 예를 들어, 〈1박2일〉의 레이양雷扬 PD는 한국 프로그램은 '미'를 굉장히 추구하며 시청자들에게 좀 더 화합적이고 평화로운 느낌을 전달하고, 정서상 중국 방송 환경에 더 적합하다고 말한 적이 있다. 그래서 중국으로 들여온 한국 야외 리얼 버라이어티쇼는 이전의 심각하고 잔인한 경쟁의 단순한 구도를 벗어나, 새로운 환경에서 사람 대 사람, 사람 대 자연과의 소통과 화합을 더 보여줌으로써, 리얼 버라이어티의 도덕적인 논쟁과 걸림돌에서 자유로울 수 있었다.

킬러콘텐츠를 만들기 위해서는 프로그램 현지화가 가장 중요하다.
_ 〈달려라 형제〉(중국판 런닝맨) 멤버들이 진흙탕에서 게임하는 모습

앞에서 언급된 도덕 윤리 쪽의 고려뿐만 아니라 한중 양국의 콘텐츠 합작은 좀 더 풍부한 실직적 의미와 이론을 내포하고 있어, 한층 더 심도 깊게 연구할 가치를 지니고 있다. 단순한 포맷의 판매와는 다르게 제작팀 간의 공동 제작 방식은 수직적 관계가 아닌 수평적 관계로 합작이 진행되었고, 양국의 제작팀은 제작 기간 동안 항상 밀접한 합작 관계를 유지하였다. 이 과정 중에 범문화 교류, 제작 관념 그리고 제작 프로세스 등 여러 곳에서 실질적인 문제에 부딪히기도 하지만, 그에 따른 해결 방안들도 꾸준히 모색해왔다. 본 장은 프로그램의 전체 제작 과정을 통해, 특히 한국팀의 참여관찰과 심층인터뷰, 그리고 관련 문서와 자료를 통해 한중 공동 제작에 있어 TV 프로그램 포맷의 실제 제작의 핵심 문제와 해결 방안, 발전 전망을 살펴봄으로써, 앞으로 한중 문화 콘텐츠 산업에 더 나은 합작을 위한 도움을 주고자 한다.

2. 배경: 한중 공동 제작의 탄생

방송 프로그램 포맷 분야에 있어 한중 공동 제작 탄생의 큰 배경은 중국의 어마한 시청자층과 시장 크기이다. 이미 검증된 한국의 엔터 산업과의 연합은 작은 관점으로 봤을 때는 근 몇 년 동안 중국 시청자들이 한국 프로그램을 특별히 편애해준 것과 깊은 연관이 있다.

한중 관계에 있어 영상 관련 분야 합작은 비교적 긴 역사를 가지고 있다. 일찍이 2006년에 동방위성에서는 MBC와 SMG의 자회사인 '동방의 별'이 공동 제작한 중국판 〈강호동의 천생연분〉을 1년 동안 방송한 적이 있다. 2007년, 상해동방위성은 MBC와 다시 한번 공동으로 중국판 〈논스톱〉을 제작했다. 하지만 오랜 기간 동안 이렇다 할 대표적인 상업적 성공 사례가 없었기 때문에, 한국 국내에서는 대중 매체, 방송사, 그리고 학자들

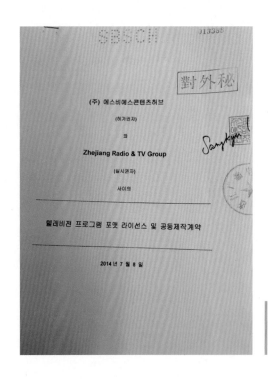

〈달려라 형제〉는 TV 콘텐츠 수출 역사상 세계적으로 가장 큰 수익을 올린 대표 사례로 꼽힌다.
_ 〈달려라 형제〉(중국판 런닝맨) 시즌1에 관한 SBS와 절강위성 간의 공동 제작 대외비 계약서

에게 한중 합작의 필요성과 전망에 대하여 많은 의심의 눈초리를 받아왔다. SBS의 콘텐츠 부문 책임자인 구자명은 진행 과정에서 발생할 수 있는 대표적인 문제점의 예를 제공해주었다. 그의 말에 따르면, 일부 프로젝트에서는 한중 합작 초반에 언어적 갈등과 문화적 갈등을 해소하기 위하여 대행 업무를 하고 있는 에이전시가 진행하는 경우가 많은데 한국, 중국 양측의 방송사 입장을 제대로 전달하지 못하는 경우가 많아 오해를 하게 되는 경우도 많았다고 한다. 실제 한중 합작에 대한 경험이 없는 에이전시가 무리하게 진행하다 보니 다 해결할 수 있다고 해놓고도 예기치 못한 규제 등에 부딪히는 경우도 많아, 일이 매끄럽게 진행되지 못했다고 한다. 이러한 이유들 때문에, 많은 한국의 방송사들은 국내의 우수한 PD들을 중국에 보내 공동 제작을 진행하는 모험을 할 수가 없었다고 한다.

2013년, 줄곧 저조했던 한중 방송 콘텐츠 합작은 새로운 변화를 맞이하게 됐다. 호남 위성은 한국 MBC 방송국으로부터 〈나는 가수다〉 그리고 〈아빠! 어디가?〉를 들여와 각각 연초와 연말에 방송을 하여 큰 성공을 거두었다. 이러한 대표적인 사건이 결국 한국 국내에 만연하던 중국 시장 투자 가치에 대한 걱정을 돌려놓았고, 이 해부터 한국의 지상파 3사는 이전에 합작 경험이 있던 MBC나 올해부터 프로그램 합작 유행에 가담한 KBS(야외 리얼 버라이어티 〈1박2일〉이 그 대표), 혹은 이전부터 드라마 판권 판매를 위주로 해오던 SBS(드라마 대표작으로는 〈상속자들〉과 〈별에서 온 그대〉)를 막론하고 모두 다 중국 내 방송국과 좀 더 넓고 깊은 합작을 실행에 옮기며, 끊임없이 성장하는 거대 중국 엔터테인먼트 시장에서 좋은 상업 수익을 기대하고 있는 상황이다.

비록 판권 판매는 범국가 간의 방송 프로그램 합작의 주된 방식이기는 하지만, 이런 방식에서 생산된 효과와 수익은 한국의 큰 방송사들이 중국에 건 상업적인 기대치에는 부합되지 못한 수준이었다. 전통적으로 SBS와 같은 큰 방송사나 제작사는 보통 해외 판권을 관리하는 부서나 회사를 따로 두고 드라마, TV 프로그램, 프로그램 포맷 같은 콘텐츠의 해외 판매를 담당하고 있다. 2013년 11월부터 SBS 판권 회사 콘텐츠허브는 중국의 몇몇 위성으로부터 〈런닝맨〉의 포맷 판권에 대한 수요와 가격을 SBS 본사에 보고하였지만, 포맷만 팔기에는 가격이 너무 낮고 이 프로그램에 대한 제작 난이도가 너무 높앉다고 한다. 단순한 판권 판매 시에 프로그램의 질이 떨어질 수 있다는 우려와, 더 높은 수익에 대한 기대에 힘입어, SBS는 '글로벌콘텐츠'라는 새로운 팀을 만들고 방송 업계에서 이전에는 시도해 본 적 없는 새로운 공동 제작 방식을 통해 〈런닝맨〉을 중국에 수출해 중국판 〈런닝맨〉을 제작·방송했다.

실제로 판권만 단순히 판매할 경우, 프로그램 제작 품질에서 그 수준의 다름이 이미 몇 개의 각기 다른 프로그램에서 어느 정도 드러나 있는 상태였다. 중국 제작진들은 각종 방법을 통해 기술과 아이디어에서 있을 수 있는 문제를 해결하려 많은 노력을 하였다.

쑨쉬리우孙旭柳는 예를 들어 한국 〈아빠! 어디가?〉의 영상 질을 비교했는데, 중국 측의 카메라는 사전 준비, 체력이 부족한 것을 발견하였다. 비록 풍부한 스튜디오 촬영 경험이 있지만, 일단 출연자들이 움직이기 시작하는 순간, 촬영에서의 부족한 점이 드러나기 시작한 것이다. 한국에서 〈아빠! 어디가?〉는 출연자가 이동할 때마다 적어도 한 명씩의 카메라맨과 연출진이, 또는 약속된 장소에서 고정 거치캠, ENG, 그리고 헬리캠까지 붙게 된다. 중국판 〈아빠! 어디가?〉 메인 PD인 씨에디쿠이谢涤葵는 중국 제작진이 한국 원판 프로그램을 반복 시청한 후 내용과 구성의 분석을 통해 원판 프로그램의 제작 방식을 공부하고 습득하여 기술과 아이디어에서 일어날 수 있는 문제를 극복했다고 밝혔다. 또는 이런 방식으로도 풀리지 않는 점이 있을 시에는 한국의 촬영 현장으로 직접

야외 게임버라이어티에서는 멀티카메라 운영이 매우 중요하다.
_ 〈달려라 형제〉(중국판 런닝맨) 한중 카메라맨들의 모습

찾아가 연구하기도 하고, 한국의 제작진이 중국판 〈아빠! 어디가?〉의 촬영 현장으로 찾아와 디테일한 부분을 토론하며 공유해주기도 했다고 한다.

당연히 이러한 교류는 원판과 본토판의 공동 제작에 있어 위와 같은 문제를 해결하기에 가장 간결한 방법이라고 할 수 있다. 갈수록 경쟁이 치열해지는 상황 속에서, 중국 방송 제작사도 공동 제작 방식으로 프로그램의 전체 질을 높이고 시청률과 광고 시장의 경쟁 속에서 승리하고 싶어할 뿐 아니라, 한국 방송 제작사 입장에서도 공동 제작은 무차별적인 국내 프로그램의 수출을 막고 자국 제작팀의 실력 향상에도 큰 장점이 있다. 비록 중국이 거대한 시장을 가지고 있기는 하지만 많은 규제들이 한국 프로그램의 진입을 막고 있다. 요우쿠와 아이치이 같은 대형 동영상 사이트가 비교적 규제가 적다는 타고난 장점을 안고 판권을 많이 들여오고 있기는 하지만, 이런 상황도 대부분 드라마에만 치중되어 있다. 한국의 많은 인기 있는 예능 프로그램들이 심사 규정과 문화 차이로 인하여 방송국을 통해 TV로 시청자들에게 전해지지 못하고 있다. 그러므로 판권 교역을 넘은 포맷 교역, 더 나아가 공동 제작 방식은 한국 유명 예능 프로그램의 중국 본토화를 밝게 하는 좋은 방법이 될 수 있다는 것이다.

하지만 포맷 교역과 비교했을 때 이러한 공동 제작 방식은 많은 제약이 있다. 가장 직접적인 제약은 한국 방송국 제작본부의 국내 시장 형평성에 대한 고려이다. 만약 한 프로그램의 메인 PD나 핵심 인원이 빠져 해외 공동 제작에 참여한다면, 국내 프로그램의 질과 시청률에 악영향을 줄 수밖에 없기 때문이다. 이러한 점은 반대로 생각한다면, 만약 메인 PD나 핵심 제작진이 해외 공동 제작에 참여하여 얻어내는 수익으로 국내 시장에서의 적자를 대신하고, 방송사가 또 하나의 어마한 시청자가 있는 시장을 여는 데 개혁적인 공헌을 세운다면 공동 제작 방식은 손익과 장기적인 수익 면에서 고려하였을 때 가장 우선적인 선택이 될 수 있다. SBS는 〈런닝맨〉의 중국에서의 안정적인 입지, 중국 시장에서 SBS 브랜드 이미지, 그리고 단순 판권 판매보다 더 나은 수익을 위해 최종적으로 제작본부 안에 글로벌 콘텐츠부를 설립하고, 수많은 조사를 진행하고 심사숙고한 끝에 합작 의사를 밝힌 20여 곳의 중국 제작사 중 다방면에서 우수하고 시장 영향력이 가장 큰 절강위성을 〈런닝맨〉의 중국판 〈달려라 형제〉의 합작 파트너로 결정하게 되었다.

3. 수평적 관계의 합작과 프로그램의 실제 제작에 있어 통역 문제

프로그램 포맷에 있어서 원판 제작진과 도입 제작진 간의 수평적 합작은 방송 분야의 범국가적인 합작에서는 비교적 보기 힘든 케이스다. 방송 업계와 학계에서는 수직적 관계에 좀 더 익숙해져 있으며, 이러한 독특한 방식의 범문화적인 합작은 제작의 핵심적 문제를 다시금 재정리하게 했다. 여기서 프로그램의 가치관, 제작 경험의 차이와 비교하였을 때 언어가 가장 중요한 문제로 부각되었다. 게다가 이러한 언어 전달 문제는 판권 교역에서 자주 발생하는 프로그램의 창의적 관념과 시청 기능 간의 마찰에도 깊은 연관이 있다.

방송 프로그램 제작 분야에 있어 범국가적인 수직적 합작은 아래의 두 가지 상황을 포함한다. 첫 번째는 "포맷 바이블"을 중심으로 이루어지는 판권 교역이다. 판권 보유사는 큰 그림의 지도만 진행해주고 본토의 제작진이 실질적으로 제작함으로써 판권의 이행을 완료하는 것이다. 두 번째 상황은 신문 칼럼과 다큐멘터리 분야에서 발생하는데, 자본금을 줄이고 해외 주제에 대해 깊이 있게 다루기 위해 국제적인 거대 방송국들은 주로 해외 본토의 기술팀을 뽑고, 이들이 제작진을 도와 제작하는 경우가 많다. 예를 들면 BBC가 다큐멘터리 〈아름다운 중국〉 시리즈를 제작할 때, PD와 촬영팀은 BBC에서 직접 왔지만, 촬영 보조와 제작팀은 중국에서 고용하거나 본토에서 합작하는 방송국이 지원하였다.

이 과정에서 통역은 "포맷 바이블"과 주도 제작진의 의견을 중문으로 번역하는 일방통행으로 진행되었다. 이러한 수직적 합작 과정에서 정보의 일방통행적 특징은 수직적 합작 본연의 '선진-낙후', 혹은 '중심-확산'의 가치 설립과 밀접한 관계가 있으며, 콘텐츠 수출국의 언어가 합작 과정에서 주도적인 언어가 되고, 주도적인 언어의 지령적인

해외 공동 제작의 가장 중요한 승패는 현지 파트너의 선택이다.
_ 중국판 런닝맨으로 중국 최고의 1위 방송국이 된 절강위성 전경(좌).
오른쪽부터 절강위성 부사장, 조효진 PD, 김용재 프로듀서, 절강위성 사장, 투자사 사장(우)

공동 제작에 있어서 양측 제작진 간의 화합은 매우 중요하다.
_ 〈달려라 형제〉(중국판 런닝맨) 한중 제작진 촬영 모습

성질을 지닌 정보가 일방적으로 콘텐츠 수입 측으로 전달되어 버리게 된다.

하지만 한중 공동 제작의 실제 제작 과정에서는 합작 방식이 수평적인 관계에서 이루어졌다. 비록 한국 제작진이 의심할 여지가 없는 오리지널 기획 측이고 기술에서 앞서가는 건 맞지만 중국 측은 합작 방안에서 원판 프로그램을 기준으로 모든 제작 방식을 맞추고, 한국의 요구에 맞춰주며 회의를 참가하고 수정 의견을 제시하였다.

공동 제작에서 양국 간의 문화적 차이를 극복하기 위한 소통은 매우 중요하다.
_ 한중 제작진이 회의를 통해 서로 의견을 조율하는 모습

하지만 큰 틀에서 공동 제작을 봤을 때 원래의 합작 시 정보가 일방통행하는 수직적 합작 구조를 개선하였는데, 이러한 상황에서 언어의 전달 문제는 제작 환경에서 뜻밖의 주요 문제로 떠올랐다. 지령 형식의 정보는 양팀의 소통에서 더이상 중요한 부분이 아니었다. 반대로 토론이나 서로의 감정적인 부분이 많은 비중을 차지하게 되었는데, 이러한 점은 그대로 공동 제작 중 많은 결정과 방향에 영향을 미쳤기 때문에, 필히 전문적인 방식으로 해결되어야 할 문제였다.

1) 지령성 정보와 비지령성 정보의 비대칭 통역[1]

〈달려라 형제〉의 경우, 언어의 전달은 기획 단계부터 문제가 되기 시작해 편집과정까지 영향을 미쳤다. 2014년 5월, 계약 합의 시에 절강위성과 SBS는 각자 한 명씩 자국의 통역 인원을 데리고 왔지만, 여전히 착오, 누락, 오해가 발생했다. 제작팀은 더 나아가 통역들은 외국어를 모국어로 통역하는 건 잘하지만, 반대로 모국어를 외국어로 통역하는 건 아무리 전문적인 통역이라도 어려움이 있다는 것을 발견했다. 그래서 양측의 합의하에 아이디어를 맞추거나 계약 초안을 세우는 중요한 때에 가장 이상적인 해결 방법

1) 여기서 비대칭은 중국인은 한중 통역을, 한국인은 중한 통역을 잘하면서 한쪽으로 통역 내용이 비대칭하게 치우친 것을 말한다.

은 한국인 한 명, 중국인 한 명으로 크로스 체킹을 하는 것이었다. 전체 제작 단계에서 한국의 제작 총괄 담당자는 총 3명의 통역을 썼는데 중국 대학 4학년에 재학 중이던 유학생은 일상 업무의 통역을, SBS 자회사인 판권 회사에서 파견 온 판권 전문직 한국 직원은 전문 계약이나 행정 통역을, 비영리 조직인 한중문화연구원에서 온 직원은 보안을 필요로 하는 비전문적 업무의 통역을 맡아서 진행되었다. 그와 동시에, 촬영 전의 기획 기간 동안에 프로듀서를 담당하는 이 3명의 통역 역할 외에 한국 주요 제작진 11명에게도 별도로 한국 통역을 붙여주었는데, 주로 중국 대학에 재학 중인 3학년 이상의 유학생들이었다.

촬영 현장에서 통역 업무는 매우 어려울 뿐만 아니라 구체적인 촬영 과정에서 하나 하나의 세밀한 것까지도 신경써야 한다.

중국 측 위항영俞杭英 PD는 공동 제작팀에서 한국팀의 수가 차지하는 비중이 1/3, 50명 정도가 되고, 이는 메인 PD, 메인 작가, VJ 등 모든 스태프를 포함한 것이라고 한다. 비록 촬영에 참가하는 모든 인원이 무전기를 통해 한국 메인 PD와 통역의 지령을 들을 수 있지만 각 팀 내부마다(각 출연자들마다 배치된 촬영팀, 오디오팀, 그리고 촬영의 과정을 이어주는 세트팀, 보안팀 등) 소통을 하기 위해선 똑같이 통역이 필요했기 때문에 실제 촬영 현장에서는 보통 통역팀 인원이 45명에 다다랐는데, 이는 거의 한국 제작진의 숫자와 맞먹는 것이었다. 초반에는 중국 제작진 측이 전문 통역 회사 직원을 고용했는데, 중국어가 모국어여서 한국어를 중국어로 통역하는 데 유리했다. 하지만 프로그램 촬영이 진행되면서 통역이 한 언어에만 너무 치우쳐 있는 일방적인 전달의 여러 가지 한계점들에 부딪치게 되었다. 예를 들어, 중국어가 모국어인 경우, 중국 제작진의 의견은 단지 간단하게 몇 마디로만 통역이 되지만, 반대로 한국 제작진이 업무 스트레스로 인해 혼잣말로 한 조그마한 불평 섞인 폭언도 온전히 중국 제작진에게 통역되어 적지 않은 오해를 불러 일으키기도 했다. 이런 일의 발생은 감정상의 정보 전달이 한쪽으로 치우친 경우라고 할 수 있는데, 중국어를 모국어로 사용하는 통역자의 한쪽으로 치우친 통역이 한국 제작팀의 지령성 정보와 비지령성 정보를 모두 통역했고, 중국 측의 정보는 지령성 정보만 통역하고, 감정과 느낌을 전달할 수 있는 비지령성 정보는 알아서 통역하지 않음으로써 서로 간에 오해를 불러일으키기도 한 것이다. 그래서 결국, 중국어가 모국어

▎〈달려라 형제〉(중국판 런닝맨) 시즌1 사이판 촬영지에서 위항영 감독과 기념 사진

인 전문 통역을 한국어가 모국어인 전문 통역으로 바꾸는 등 번역팀끼리의 소통을 좀 더 강화하였다.

반대로 중국 제작진의 입장에서는 한국어가 모국어인 통역은 똑같은 문제를 낳았는데 이러한 점은 주로 자막 효과 단계에서 나타났다. 〈달려라 형제〉의 앞 4회까지의 편집 작업은 한국팀이 전부 진행하게 되어 있었다. 1회 때 한국 PD와 편집 스태프가 한글 자막을 쓴 후에 한국어가 모국어인 통역이 자막을 번역해 중국 측에 넘겨주었는데, 이 번역을 거친 자막은 중국 제작진이 시청하고 실제 방송에 나갔을때 원래 바랐던 효과를 얻지 못했다. 그것은 한국어가 모국어인 통역이 중국 언어 환경에는 맞지 않기 때문이었다. 예능 프로그램의 자막은 유머가 넘치고 정서를 다루는 의미가 있는데, 한국어의 환경에서 자란 사람으로서는 깔끔하고 정확하게 이런 단어를 중국어로 바꿔서 표현해내기란 여간 어렵지 않다. 그래서 2회부터는 편집 단계에서 한국 측의 메인 PD가 중국어가 모국어인 통역을 통해 각 특정한 상황에 넣어야 할 자막의 어감과 효과를 설명해주면,

해외 공동 제작에 있어서 통역은 가장 중요한 요소이다.
_ 통역 요원과 함께 편집 작업을 하는 한국 측 PD(좌), 중국 측 CG 요원들에게 편집 상황을 설명하는 한국 측 PD(우)

중국 측 PD와 편집 스태프가 다시 자막을 더하는 식으로 진행하였는데, 가장 좋은 방법이 아니었나 한다.

2) 전문 용어와 업계 문화가 공동 제작 중 통역 업무에 미치는 영향

한국 CJ E&M 중국 콘텐츠 부문 제작 총감 권익준은 직접 제작에 참여한 한중 공동 제작의 수많은 프로젝트들을 진행하던 중 전문 용어와 업계 문화에서 통역 문제의 다른 방면을 발견하였다. 중국은 CJ가 일찍부터 진출을 노린 시장이고, 그래서 공동 제작 방식에 대해서도 오랜 고민을 해오긴 했지만, 실제 합작을 시작한 것은 중국 제작사의 강력한 요구가 있었던 직후부터이고, 그후 상해동방위성, 귀주위성, 호남위성과도 연이어 합작하고 있다. 권익준 총감도 합작 과정에서 통역이 가장 중요한 문제라는 것을 알고 있었다. 하지만 방송 업계 자체가 높은 전문성을 요구하고, 게다가 두 나라의 문화와 시스템도 굉장히 다른 점이 많고, 심지어 일부 제작 방면의 전문 용어와 개념은 각기 다르게 표현되고 있었다. 그래서 양국의 언어가 뛰어난 통역이라 하더라도 시작할 당시에는 큰 어려움을 겪었다. 제작 과정에서 일부 통역사들은 굉장히 빠르게 성장을 하고 방

▎인산인해로 안전을 위해서 공안들의 통제하에 촬영하는 〈달려라 형제〉〈중국판 런닝맨〉 촬영장 모습

송 업계에 대한 이해도를 높여나가지만, 그렇지 못한 대부분의 통역사들은 많은 업무의 어려움을 이겨내지 못하고 포기하는 경우도 많았다. 게다가 양국 제작팀들이 본래부터 업무와 개념의 차이가 다른 입장에서, 통역사로부터 중계의 역할까지 기대하는 건 무리였다.

권익준 총감은 통역이 프로젝트 전체의 성공과 실패에 영향을 줄 수 있기 때문에 합작을 시작하는 프로젝트 초기에 양국의 제작팀과 통역이 모두 모여 전문 용어와 개념부터 정리할 필요가 있다고 말한다. 대부분의 젊은 통역에게 있어서, 이러한 일은 그들에게도 방송 업계를 처음 접하는 것이기 때문이다. 그 결과, 적지 않은 통역들이 방송 업계에 매력을 느끼고 이후에 통역만의 업무에서 벗어나 주도적으로 전문적인 일을 더 배우려 하고, 심지어는 완전히 방송 쪽으로 방향을 바꿔 뛰어들기도 했다. 통역은 프로그램을 이끌어가는 역할을 하기도 하지만, 그와 동시에 젊은 통역들에게는 새로운 경험과 시야를 보여주므로, 미래의 방송 업계 인재를 키워간다는 마음으로 더 많이 성장할 수 있는 기회를 제공하는 것도 좋은 방법이라고 생각한다.

결국 양국에서 온 제작진이 모두 생각하기에, 전반 작업이나 후반 작업을 포함한 모든 제작 과정 중 통역 부분에서 예상치 못한 문제가 발생하기 때문에 통역이 가장 중요한 문제점이라는 데 모두 동의한다. 전체 방송 업계의 범국가적인 실질적인 합작에 있어서, 사실상 언어의 전달은 수평적인 관계의 합작 과정에서 가장 전형적이고 대표적인 어려움이 되었다. 수평적 합작을 진행하는 제작팀으로써 가장 어려운 점은 평화적인 합작 관계를 유지하는 것이다. 실제 복잡하고 어지러운 야외 리얼 버라이어티 제작 현장에서 문제가 생겼을 때 표현에서 드러나는 불안함과 조급함은 피하기 어려운 게 사실이고, 제작진 중 어느 한 사람이라도 어려운 상황을 마주치면 초조하고 화가 날 수밖에 없는데, 이러한 상황은 영상 제작 현장에서 볼 수 있는 독특한 문화 생태의 한 종류이다. 만약 이러한 때에 통역이 이런 제작 문화를 이해하지 못하고 상대 제작 스태프에게 한 말로 오해를 하고, 더 나아가 통역을 하다 보면, 불필요한 오해와 대립을 만들 수도 있다. 그래서 범국가적인 평행 합작을 하는 제작진에 있어서 통역의 가장 중요한 첫 번째 자질은 통역 스스로 개인적인 감정을 배제하고 사실만을 전달하는 것이다. 만약 합작하는 과정에서 한쪽이 감정적인 표현을 하더라도 통역은 필요시에 수위를 조절해서, 미소를 띤 얼굴로 소통의 업무를 하는 게 더 없이 좋을 것이다.

4. 전문 업무의 세분화와 한 단계 높은 제작 프로세스로의 상향 일치

언어 전달과 같은 미시적인 실질적 측면의 문제와 대비하여, 야외 리얼 버라이어티 쇼라는 장르의 프로그램에 있어 한중 합작 중에 있을 수 있는 또 하나의 문제는 양국 방송 제작 업계의 전문화 수준과 업무 프로세스의 불일치라고 할 수 있다. 예능 프로그램

▎〈달려라 형제〉(중국판 런닝맨) 한중 소품팀의 촬영 준비 모습

은 동남아시아, 심지어 전 세계적으로 한국의 방송 제작 수준이 매우 우수하다. 한국의 야외 리얼 버라이어티 쇼의 경우 10년이 넘게 발전해 오면서 풍부한 경험을 쌓았고, SBS 제작본부 내부에서도 합리적인 전업 세분화 시스템이 잘 구축되어져 왔다. 중국 제작진의 감독을 맡고 있는 위항영은 한 매체 인터뷰에서 한국의 소품팀이라는 조그마한 팀을 예로 들어 한국팀의 전문성을 설명했다.

"한국은 제작진의 모든 팀들이 사회화, 산업화가 잘 되어 있어서, PD가 원하는 게 있으면 소품 회사는 A, B, C, D 네 개의 예비 선택권까지 제공한다. 빠르고 효율적이다."

한중 합작의 과정 중, 한국의 우수한 전문화와 합리적인 업무 프로세스는 중국 제작진이 본받아야 할 한 단계 높은 목표이다. 그리고 이는 중국 제작진에 많은 귀감이 되고 있다.

아직 전문화되지 않은 야외 버라이어티쇼의 중국 VJ는 중국 촬영팀의 단점이다. 이것은 중국 촬영팀 VJ의 영상의 질에서도 드러나는데 후반 편집 과정에서 많은 장면을 쓰지 못한 결과를 낳기도 했을 뿐만 아니라, 그밖에 카메라, 조명, 오디오 등등의 관련 팀에서도 이와 유사한 경우가 많았다.

예를 들어, 야외 버라이어티쇼의 특성상 수시로 발생하는 예측 불허의 동작들이 있고, 또한 야외 촬영에서는 카메라의 조작 외에도 가장 중요한 것 중 하나가 조명인데, 중국 측의 조명팀은 촬영의 리듬을 따라갈 수가 없고, 현장에서 연기자들이 뛰기 시작하면 조명은 어쩔 줄 모르는 상황이 발생하여 한국에서 온 조명 감독이 애를 먹으며 중국 측 조명팀과 부딪히며 맞춰나가기도 해야 했다. 이 외에도 카메라 촬영 소스는 예비분의 관리가 매우 중요하기 때문에 한국 촬영팀은 모든 소스들을 몇 개의 예비분으로 준비하고 컴퓨터에 오랜 시간 보관해 두는 데 비해, 중국 촬영팀의 경우 메모리 카드를 쓴 후에 하나의 예비분을 만든 후 바로 다음 촬영에 사용하는데, 이렇게 되면 소스 손실을 피하기가 어렵다.

VJ, 카메라, 조명, 오디오는 야외 버라이어티에서 호흡이 매우 중요하다.
_ 〈달려라 형제〉(중국판 런닝맨) 촬영장에서 한중 VJ, 조명 등 스태프들 모습

<<奔跑吧, 兄弟 Running man>> 第 1 集

달려라 형제여!!

제 1 회

스태프용 대본

* 촬영일　2014. 8. 27 (수) 오후 7시~
　　　　　2014. 8. 28 (목) 오전 6시~
* 방송일　2014. 10. 10 (금)
* 장　소　항주 일대

> 야외 버라이어티에서 현장 작가들은 중요한 스태프이다.
> _ 현장에서 PD와 토론하는 한국 측 작가진(위).
> 〈달려라 형제〉(중국판 러닝맨) 큐시트와 1회 대본 표지(아래)

　　이러한 전문적 기술과 경험상의 부족 이외에 또 중요한 것은 제작 프로세스를 대표적으로 예를 들 수 있는데, 전체 제작 시스템과 야외 리얼 버라이어티쇼라는 특수한 프로그램 성질의 차이로 발생하는 문제로서 그중 '작가'라는 제작 역할의 포지션에서도 드러난다.

　　작가는 한국 제작의 핵심 요소이기 때문에 대부분의 한국 예능 제작진에는 연출과는 별도로 7~8명 정도의 작가가 따로 구성된다. 게임의 규칙과 참신한 아이디어 방면에서

후반 편집은 공동 제작에 있어서 서로 간의 합의가 매우 중요하다.
_ 후반 편집 중인 한중 편집 PD들의 모습

주도적인 중요한 역할을 하는데, 중국의 방송 업계에서는 특히, 방송국 제작팀 안에서는 한국의 예능 프로의 작가와 같은 역할이 부족하다. 그래서 중국 측은 포맷 수입과 공동 제작 전 토론을 진행할 때에 PD, 편집 PD, 프로듀서 등 대체로 PD들만 나와서 한국 측의 PD, 작가와 포맷에 대해 상의한다. 구체적인 제작 과정에서도 중국 제작진은 작가에 관한 일을 PD가 나서서 맡는 경우가 많다. 〈달려라 형제〉의 제작 과정 중 임시로 소수 인원을 한국 작가 담당자와 연결시켜줬지만, 이 인원들은 대부분 처음 전문적으로 이런 업무를 맡았기 때문에 전문적인 경험이 부족했고 인원도 부족했다. 구체적인 제작 과정에서 몇 회는 한국 제작진이 주도적으로 제작하고, 큰 프레임은 이미 한국 작가들이 짜놓은 상태에서 중국 작가들이 디테일한 부분에 대해 수정 의견을 제시하며 크고 작은 본토화가 진행되기도 했는데, 예를 들면 광장에서 췄던 '작은 사과' 춤이 중국 측 작가들이 낸 아이디어를 바탕으로 한 경우다. 하지만 빡빡한 제작 일정에 밀려 대부분의 경우 중국 작가들은 게임 설정에 생각보다 많이 참여하지 못했다. 초기 몇 회의 공동 제작이 끝나 한국 제작진은 철수하고 전체 프로그램 제작을 중국 제작진이 도맡아 하였는데, 중국 측 작가가 만든 후속편들의 기획안은 더 많은 도전에 직면하게 되었다. 그 어떤 포맷이라도 본토화에 성공하려면 많은 시간을 들여 창의적인 내용 개발에 대한 연구가 진행되어야 하는데 이번처럼 짧은 공동 제작 기간에는 이러한 토론 시간이 촬영 현장에서의 기술적인 측면의 직접적인 경험 교류보다는 적을 수밖에 없다.

후반 편집 과정에서 중국판 런닝맨 〈달려라 형제〉는 가장 먼저 외주 회사를 통해 첫 번째 가편집본을 완성하지만, 한국 원판 프로그램에선 PD들이 직접 편집을 진행했다. 한국 원판 제작 시에 PD들은 기획부터 현장 촬영과 만들고자 하는 분위기를 명확히 알고 분명한 제작 의도를 가지고 있다. 한중 공동 합작 시 첫 번째 편집을 진행할 때, 기획과 촬영을 처음부터 참여하지 않은 외주 제작팀은 대부분의 경우에 모니터를 통해서만 화면을 보고 편집을 진행할 수밖에 없었다. 외주 회사는 처음에는 소스에서 가장 기초적인 정리 작업만 진행하여 매회당 7~8시간의 가편집본을 만들어 내는데, 가장 기초적이고 필수가 되는 장면만을 남겨둔다. 다음으로는 1차 시사가 이루어지는데 한중 양측에 PD와 작가가 의견을 내고, 다시 외주 회사로 돌아가서 첫 시사 의견을 반영해 4시간짜리 가편집본으로 자르고 2차 시사를 진행한다. 그리고 나서 4시간짜리 가편집본은 한국 연출팀에게 보내지게 되는데, 매 파트별로 4명의 한국 PD에게 나눠지게 된다. 각자 매 파트를 20~40분가량으로 자른 후에 한국 제작진 메인 PD에게 넘어가게 되고, 한국 메인 PD가 처음부터 끝까지 90분짜리 편집본으로 만들어내고, 양측 제작진과 중국 PD가 최종 시사를 한 이후에, 한국 메인 PD가 최종 90분짜리 완성본으로 편집을 해낸다. 완성본은 자막팀에게 넘어가서 자막을 입히고, 또 전에 만들어 놓은 특수 효과를 입힌 후에, 외주 회사로 넘어가서 오디오 믹싱을 진행하고, 효과음을 더하고 배경 음악을 수정, 그리고 전체 오디오를 정리한 후에, 마지막으로 믹싱이 끝난 버전이 중국으로 보내져 방송을 준비하게 된다.

디테일한 기술이나 큰 프로세스, 한중 공동 제작 과정 중에 발생한 제작 과정 불일치 문제는 양국 제작팀이 합작을 하며 오랜 기간 쌓여 온 것이다. 〈달려라 형제〉 한국 제작팀 조효진 메인 PD의 커리어를 예로 보면 SBS 야외 리얼 버라이어티의 전체적인 기본 기획 과정을 잘 엿볼 수 있다.

조PD가 조연출로 SBS에 입사한 후에 처음으로 참여한 프로그램은 SBS 〈엑스맨〉으로, 이 프로그램은 출연자들을 두 팀으로 나눠 경쟁시키며 야외 게임을 진행하고 매회 프로그램이 끝날 때 참가한 게스트들 중에 자신의 팀을 고의로 지게 만든 엑스맨을 찾아내게 되는데, 엑스맨의 신분은 본인만 알고 있으며, 본인의 팀을 지게 하고 자기의 정체가

들키지 않았을 경우에만 임무를 완수한 게 된다. 〈엑스맨〉이 끝난 이후, 조PD는 SBS 〈패밀리가 떴다〉의 두 명 중 한 명의 PD로 들어가게 되는데, 이 프로그램에서도 여전히 한국의 연예 스타가 출연을 하고 팀을 나눠 농사일, 요리, 패밀리 간에 경쟁 등 게임을 진행했다. 두 프로그램에서 10여 년간의 단련을 거친 조PD는 조연출에서 메인 PD가 되어 〈런닝맨〉이라는 야외 리얼 버라이어티를 만들어냈다. 시작한 지 얼마 되지 않았을 때 한국 〈런닝맨〉의 6개월 동안 시청률은 그렇게 좋지 못했지만, 반년이 지난 후에 시청자들이 적응을 하고 모든 출연자들이 자기의 캐릭터를 찾아 각자에 맞는 상황과 러브 스토리 등 변화무쌍한 연출을 만들어내며 시청률은 무섭게 치솟아 SBS의 간판 프로그램이 되었고, 인도네시아 등 동남아 지역에서도 많은 인기를 얻었다.

한국의 메인 PD든 아니면 방송사의 전체 제작진이든 모두 다 10여 년의 시간 동안 야외 리얼 버라이어티쇼라는 이 특정한 방송 프로그램 포맷에서 풍부한 제작 경험을 축적하고, 또한 합리적인 전업 세분화와 제작 프로세스를 경험하였다. 이러한 점이 바로 한중 합작이 중국 방송 프로그램 제작 업계에 있어서 중요한 의미를 지니고 있는 이유이기도 하다. 단순히 프로그램 포맷만 들여오는 것에 그치지 않고 동시에 합작을 통해 기술을 배우고, 비교적 짧은 시간을 이용해 실제 제작 업무의 격차를 좁힐 수도 있다는 것이다. 또한 제작 방면에서도 프로그램의 질을 보장하고 프로그램 특성과 일치하지 않는 곳을 일찍 발견해서 한 단계 높은 프로세스 기준으로 끌어올리고, 그래서 야외 리얼 버라이어티쇼의 포맷이 가지고 있는 장점을 최대한 살릴 수 있는 것이다. 절강위성, 북경위성 등 중국 제작사의 실제 경우에서도 알 수 있듯이, 이러한 상향 일치는 제작 과정을 개선하고 긴밀한 경험의 교류와 공감을 통해서 이루어질 수 있다는 걸 증명하였다. 하지만 이렇게 창의적 콘텐츠 생산 같은 더 깊은 전문성의 일치에는 더 많은 시간이 필요하다.

5. 한중 양국의 스타 문화: 예능 정신과 리얼 버라이어티의 진수

예능 프로그램에 있어서는 특히, 야외 리얼 버라이어티에는 출연자가 충분한 몰입과 리얼한 모습을 보여줘야 프로그램의 가치가 살아난다. 스타들이 이런 모습이 잘 드러난 예능 콘텐츠, 즉 스타문화상품은 한편 콘텐츠 문화 산업 시장 발전의 원천이다.

오랜 동안 중국의 주류 리얼 버라이어티는 대부분 오디션 형식으로, 일반인 참가자들이 주로 출연을 하고 스타들은 심사위원과 부가적인 요소를 담당했다. 한국에서 포맷을 들여온 이후부터 스타들은 점점 프로그램에서 중요한 출연자가 되어갔고, 스타 문화의 시장 잠재력을 한층 더 끌어올리게 되었다. 하지만 대부분의 리얼 버라이어티에서 중국 스타들의 성격은 그렇게 돋보이지 못했다. 부정적인 성격이나 자연스런 행동의 노출이 없었고, 제작하는 입장에서 스타들에 대한 '우상 감싸기'가 존재했다. 2005년, CJ가 한국식 야외 리얼 버라이어티를 중국 방송국에 소개할 때 중국 제작진의 첫 번째 반응은 "중국 연예인은 한국 연예인처럼 이렇게 편하게 놀 수가 없습니다. 그래서 이런 프로그램은 찍을 수가 없습니다."였다. 하지만 근래에 중국에서 방송한 〈아빠! 어디가?〉, 〈달려라 형제〉 등에서 보여준 중국 연예인의 활약은 정말 중국 사람들의 예상을 뒤엎었다. 연예인 스스로의 성장과 발전도 있었지만, 가장 놀라웠던 건 제작팀과 시청자가 모두 몰라봤던, 연예인이 본래 가지고 있는 특별한 재능이었다. 연예인의 발굴과 캐스팅에 있

중국 연예인들은 한국 연예인에 비해 아직 순수하고 열정적이다.
_ 〈달려라 형제〉(중국판 런닝맨) 시즌1 사이판 촬영 후 기념 사진(좌),
  〈달려라 형제〉(중국판 런닝맨) 시즌4 내몽고에서 마지막 촬영 후 기념 사진(우)

어 한중 공동 제작 시에 원판 프로그램을 참고하기도 해야 하지만, 그렇다고 너무 일률적으로 억지로 끼워맞추는 것도 피해야 한다. 특정한 연예인에 대해 초점을 맞추고 프로그램을 설계해 나가야 하며, 양국 연예인 문화에 대해 공통점과 차이점을 합리적으로 분석하고 판단을 한다면 공동 제작의 효과에 긍정적으로 작용할 것이다.

1) 한국 스타와 예능 프로그램의 공생 생태

2011년부터 권익준 대표는 CJ를 대표해서 상해동방위성과 〈맘마미아〉의 합작을 진행했다. 처음 합작을 시작했을 때 가장 먼저 진행했던 토론의 주제가 연예인이었다. 국가적인 문화의 차이로 연예인도 이 업에 종사하는 태도나 사상에 차이가 있을 수밖에 없다. 한국 예능 프로그램의 경우 연예인에 대한 의존도가 아주 높다. 이는 한국 시청자들의 성향과도 깊은 관련이 있다. 한국은 시청자 규모가 적고, 전체 인구가 5천만 명 정도밖에 되지 않아서 한국 시청자들이 특별히 좋아하는 20~30명의 스타들이 한국 예능 프로그램을 거의 독식하고 있는 실정이다.

한국은 야외 리얼리티쇼를 20년 가까이 해오다 보니 매우 발전되어 있다. 즉, 한국에서 야외 리얼리티쇼를 어떻게 만들어지는지 온몸으로 체험하고 성장해온 한국 연예인들은 자기만의 확실한 캐릭터를 쌓아오고 만들어왔으며, 쇼에 임할 때 자신이 무엇을 해야 할지를 너무 잘 알고 있다. 그리고 대부분 서울에 몰려 살고 거의 매주 같이 일하고, 같이 놀고, 친분을 쌓기 때문에 서로 이해의 정도도 아주 높다. 당연히 프로그램에서 호흡을 맞추기가 수월하다.

2) 중국 스타와 야외 리얼 버라이어티의 충돌

반대로 중국을 돌아봤을 때 현재 전문적으로 예능 프로그램만을 해오면서 커온 스타는 매우 드물다. 좀 더 많은 예능감을 요구하는 한국의 프로그램 포맷에 있어서, 중국의 드라마나 영화 연기에 적응되어 있는 스타들은 이러한 경험들이 턱없이 부족하다. 중국 연예인의 사고방식과 일하는 방식, 그리고 야외 예능 버라이어티의 경험은 한국 연예인보다 당연히 부족할 수밖에 없기 때문에 매 촬영 때마다 연습해 가면서 해나가는 것이 전혀 이상한 것이 아니다. 무엇보다 중요한 것은 한국 야외 리얼 버라이어티를 공동 제작할 때 쌍방 모두가 연예인의 캐스팅과 출연에 대하여 진지하게 연구하고 고민해야 한다는 것이다. 근래 중국의 실제 제작 사례에서 연예인의 캐스팅과 효과는 원판 프로그램들과 비교한다면 확실히 그 과정에서 많은 변화가 일어났다.

한국의 오락 프로그램들은 매주 방송되는 방식이기에 출연자의 지명도가 높지 않더라도 장기간의 출연과 노출로 색깔 있는 독특한 캐릭터를 만들어 낼 수 있고, 그래서 프로그램도 점차 인기를 쌓아갈 수 있다. 대부분의 한국 포맷들은 중국에 들어온 후에 한국에 비해 짧은 시즌제 방송을 하게 되는데, 중국 시청자들로서는 오랜 시간을 두고 캐릭터들에게 익숙해질 기회가 부족하다. 그래서 이를 극복하기 위해 중국에서는 지명도가 높은 연예인을 선택할 수밖에 없다. 중국 연예인들에게 있어 〈달려라 형제〉 같은 야외 리얼 버라이어티 프로그램의 밤샘 촬영, 힘든 과정, 여자 출연자가 진흙탕에서 뒹구는 경험 등은 모두 처음이었다. 공동 제작 방식은 중국에 존재하고 있는 스타의 '우상 포장'을 접고, 한국 연출팀은 중국 연예인에게 직접적으로 연출 요구를 하며, 매니저들의 촬

중국 연예 프로그램 역사상 스타 연예인이 망가지는 모습을 이전에는 보여준 적이 없었다.
_ 중국 스타 연예인들이 진흙탕에서 게임을 하면서 망가지는 모습

영 현장 진입을 막을 수 있게 하였다. 또한 중국 출연자들도 적극적으로 협조를 해주면서 중국 방송 업계의 긍정적인 케이스를 보여주었고, 회가 거듭될수록 중국 연기자 출신 스타들은 이러한 예능 프로그램의 제작 방식을 더욱 더 잘 받아들이기 시작했다.

하지만 중국의 연기자 출신 스타들의 예능 프로그램에 대한 생소함은 의외로 더 좋은 효과를 내기도 했다. 출연자들은 원판 〈런닝맨〉을 시청, 연구하고 원판의 〈런닝맨〉을 좋아하게 되면서 스스로 촬영에 더욱 몰입하게 되었다. 〈달려라 형제〉 1회에 분위기가 고조된 부분에서는 몇 명의 남자 출연자들이 이름표 뜯기 게임에 너무 몰입해서, 동작이 커지며 입고 있는 옷이 찢어지기도 했다. 이는 한국 제작진들이 볼 수 없었던 매우 생소한 장면이기도 했다. 이정도로 몰입하는 스타는 한국에서도 쉽게 볼 수 없었기 때문이다. 한국 출연자들은 이런 종류의 예능 프로그램을 몇 년간 계속해왔기 때문에 게임의 승패에 대해 집착하지 않고, 특정한 상황 속에서 자신을 더 돋보이게 하는 데 관심을 가지고 있어서, 어떤 경우에는 시청자들이 봤을 때 '예능에 익숙한 연예인들은 게임에 그렇게 진지하게 몰입하지 않는구나'라고 생각하는 경우도 있다. 중국 출연자들의 깊은 몰입도와 운동 경기와도 같은 경쟁은 사실상 리얼 버라이어티 제작의 원칙에 부합하는 것이고, 이 예능 프로그램이 추구하고자 하는 리얼리티와 엔터테인먼트가 상호 작용하는 최고의 효과를 만들어냈다.

양국 연예인의 활약이 얼마나 다르든 간에, 제작진과 연예인 간의 관계와 소통은 프로그램 제작 시에 가장 근본이 되는 요소이다. 출연자는 PD의 프로그램에 대한 생각과 표현하고자 하는 바를 이해하고 인정해야 하며, PD도 출연자가 무엇을 잘하고, 좋아하고, 싫어하는지 연구 분석해야 한다. 제작진은 마땅히 프로그램을 통해 스타들이 원래 가지고 있는 매력을 열심히 보여줘야 하고, 스타들이 원래 보여주지 못했던 신선한 면모도 이끌어내야 한다. 이렇게 스타에게 좋은 이미지를 만들어주고, 마지막에는 스타 스스로 이 프로그램이 자신에게 좋은 영향을 준다는 것을 느끼게 해야 한다. 이러한 상호 노력들은 야외 리얼 버라이어티에서 중요한 역할을 맡고 있는 연예인과 제작진 모두가 상호 좋은 케미가 되어 결국 가장 좋은 공동 제작 프로그램의 선례들을 만들어나갈 것이다.

6. 결론: 프로그램 관념의 차이와 융합

향후, 방송계는 방송국 간 경쟁은 더욱 치열해지고, 포털 사이트와 같은 뉴미디어도 더욱 늘어날 것이다. 통계에 따르면, 2015년 중국 위성 방송국에서 광고주 모집 데이터에 기록될 예능 프로그램의 수는, 역사상 가장 많은 200개 이상이다. 게다가 드라마의 1각본 2위성—劇两星의 정책에 따라 광고 자본이 예능 프로그램으로 유입되는 건 불가피하게 되면서, 예능 프로그램에 대한 경쟁은 한층 더 치열해지게 되었다. 뉴미디어 온라인 동영상 사이트들 중에 요우쿠투도우 그룹은 재빨리 한국과 공동 제작을 하는 추세에 편승했다. 2014년, 한국 SBS는 이미 이 그룹과 깊은 합작 관계를 가졌다. 양측은 공동으로 요우쿠의 〈Guest House〉와 투도우의 〈The Show〉에 투자를 하였고, SBS가 주요 제작을 맡았고, 프로그램은 한중 양국에 동시 방송되었다. SBS는 심지어 중국 시청자들을 배려해주기 위해 한국에서의 방송 시간을 바꾸기도 하였다. 비록 일부 학자들이 보기에 공동 제작이라고 하는 방식이 탕만 바꾸고 약은 바꾸지 않는[2] 방식이라고 비판하기도 하지만, 알고 보면 관련 정책을 완화해서 더 많은 예능 프로그램을 들여올 수 있게 호소하는 또 다른 목소리이기도 하다. 나날이 심해지는 경쟁 압박은 한중 방송 업계의 공동 제작에 대한 더 높은 요구로 이어지고 있으며, 하나의 회피책이 아니라 중국의 문화 콘텐츠 산업은 과거 그 어느 때보다도 한국의 우수한 콘텐츠와 앞선 경험이 필요한 상황이 되었다. 한국 또한 중국의 넓은 시장이 자신들에게 더 많은 발전 가능성을 가져다 주고, 우수한 영향력을 계속 펼칠 수 있기를 희망하고 있다. 가장 최근의 합작 과정 중에 발생한 이런 문제점들과 해결 경험을 정리하며, 실제 제작 환경에서 한중 합작의 효율이 더 극대화되길 바란다.

심층인터뷰와 참여관찰을 토대로 본 장은 실전 야외 리얼 버라이어티 공동 제작 중에 생기는 세 가지의 큰 문제점을 발견했고, 또한 관련된 이론과 제작 현장 경험을 통해 여러 가지 해결 방안을 얻어냈다. 중국 측의 중국 시청 시장에 대한 깊은 이해와 거대한 투자 자본, 그리고 한국 측의 검증된 포맷과 오리지널 콘텐츠를 기반으로 하여 기존에 있던 일방적 주도의 전통적인 범국가 합작 방식을 탈피하고, 평행적 관계의 합작으로 넘어가 새로운 합작의 패러다임을 구축하길 바란다. 이러한 수평적 합작의 포맷 아래, 언어의 전달은 가장 먼저 발견할 수 있었던 첫 번째 문제였다. 방송 업계에선 실전 제작에 특수화된 전문 통역의 수요가 존재하고, 양측 제작진은 이러한 기술적 문제가 초래할 수 있는 제작 과정에서의 손실도 최소화해야 하며, 실전에 맞는 통역팀을 찾고 통역 수칙을 세워야 한다. 두 번째 문제는 전문 경험과 제작 프로세스의 차이로 인해 기술이 실제 정착되는 데 시간이 필요한 문제와 양국 제작 관습의 불일치에서 초래된 프로세스의 불일치이다. 전문 경험의 문제는 적극적인 교류를 통해 하루 빨리 습득해야 하고, 프로세스의 불일치는 프로그램 제작에 있어서 필요한 점과 원판 제작 프로세스와의 비교를 통해 합리적인 방안을 모색함으로써 풀 수 있다. 마지막 세 번째 문제는 중국으로 판권이 넘어온 프로그램들 중에는 출연자들이 대부분 연기자 출신의 스타들로서 예능 프로그램과 리얼

---

2) 근본책이 아니라는 중국식 표현이다.

버라이어티 프로그램의 경험이 부족하다는 것을 인지할 필요가 있다는 것이다. 하지만 이러한 점은 꼭 해결해야 할 문제로만 봐야 하는 건 아니다. 오히려 중국 출연자들이 예기치 못한 능력을 발휘해 프로그램을 놀랍도록 살려내 리얼 버라이어티의 본질인 리얼리티와 재미를 새롭고도 절묘하게 엮어 최고의 효과를 만들어내기도 했기 때문이다.

마지막으로, 한가지 더 덧붙이자면, 한중 양국이 예능 프로그램을 공동 제작할 때에 부딪히게 되는 문제들이 양국 제작진의 이념적인 차이에서 비롯되는 경우가 많다는 것이다. 그 이유 중 하나는 중국 제작진은 스토리를 좀 더 강조하고, 한국 제작진은 캐릭터를 강조하기 때문이다. 한국은 출연자들이 놀 수 있는 큰 틀을 던져주고 그 안에서 노는 출연자들의 모습을 편집으로 캐릭터를 만들어주고 그 캐릭터의 상관관계를 통해 프로그램의 스토리를 만들어나간다. 그래서 한국 PD에게 가장 중요한 역량은 처음부터 마지막까지 함께하는 편집에 있다고 할 수 있다. 하지만 중국의 경우, 사전 기획과 현장 연출을 가장 중요하게 생각한다. 촬영 전 프로그램의 스토리를 잡고 연예인들이 어떻게 행동해야 되는지가 가장 중요한 부분이다. 한국과는 달리 상대적으로 중국에서 가장 중요하게 생각하는 PD의 역량은 프로듀싱이다. 편집 과정에서의 창의성은 상대적으로 두 번째로 중요한 능력이라 할 수 있어 편집 기술자가 주도적으로 편집을 진행하게 되는데, 촬영의 전반기 기획부터 현장까지 따라다니며 화면의 순서에 대한 감을 잡고 편집을 한 후에, 다시 PD가 거기에 살을 덧붙이고 조정을 하게 된다. 이러한 양국 간의 제작 차이가 공동 제작의 촬영 현장에서도 고스란히 드러나는데, 바로 한국 제작진이 게임을 다 짠 후에 촬영을 시작하려고 하면 중국 제작진과 연예인은 항상 이렇게 다시 묻는다.

"그래서 어떤 의미를 표현해내고 싶은 거죠? 제가 어떻게 행동하면 되는 거죠?"

한국 제작진은 별도로 다시 디테일한 구상을 알려주고 설명을 해주게 되는데 속으로 이렇게 생각하게 된다.

"이것도 알려줘야 해?"

한중 간에 합작이 점점 증가함에 따라, 결국 마지막에 함께 웃기 위해서는 양국 제작진이 제작 과정에서 서로 차이점을 이해하고, 양국에서 공통되는 문화적 정서 가치가 프로그램에 스며들어 중국 시청자들이 잘 받아들일 수 있도록 하는 데 있다고 할 것이다.

달려라 형제여!!

제 1 회

스태프용 대본

촬영일   2014. 8. 27 (수) 오후 7시~
　　　　2014. 8. 28 (목) 오전 6시~

방송일   2014. 10. 10 (금)

장　소　 항주 일대

〈다음날 아침〉

– 숙소 정문 앞에 마주보고 차 3대가 나란히 서 있는다.

　차 옆에는 달려라 형제여 현수막을 들고 있는 심판이 서 있는다.

　　TIP〉 팬들이 몰렸을 경우를 대비해 경호팀이 숙소 정문과 차량 주변을 통제한다.

　　　차 안에 네비게이션 주소 미리 입력해 놓는다.

– 팀원 세 명이 다 모인 팀은 먼저 출발 가능

　　PD OFF　　백사전카드 뒤에 적힌 장소로 가서서 지금 옆에 있는 심판이 들고 있는 것과

　　　　　　　같은 달려라 형제여 현수막을 찾으시면 됩니다.

S#2. 첫 번째 미션 〈백사 지압판 조깅〉

　　◆장소 : 서호문화광장
　　◆시간 : 오전 6시 30분 ~
　　◆의상 : 3:3:3 팀복
　　◆소품 및 세트 : 체조하는 아줌마 300명
　　　　　　　　　(진짜 아줌마 150명 / 엑스트라 150명 가발 및 분장), 체조 음악, 호루라기, 지압판,
　　　　　　　　　바통, 라운드별 핏말, 줄넘기, 훌라후프(반으로 나눠지는), 삼각뿔 장애물,
　　　　　　　　　농구골대, 농구공, 단서 카드(1등, 2등, 3등용), 카드 넣을 봉투, 초시계
　　◆체크 사항 : 300명 체조 및 지압판 깔기 사전 훈련, 아줌마 뜀틀 3명, 다리에 붕대 감은
　　　　　　　　　아줌마('나를 데려다주세요' 티셔츠 입고)

　　〈진행 방식〉
　　– 서호문화광장에 모인 9명의 달려라 형제여!
　　 : 서호문화광장 곳곳에서 체조를 하고 있는 300명의 아줌마들(진짜 아줌마 150명 / 엑스트라
　　　150명)
　　 : 신호와 동시에 갑자기 일사불란하게 움직이는 아줌마들
　　 : 바닥에 지압판을 깔고 빠진다.

　　– 지압판 조깅 레이스
　　 : 제한 시간 OO초 안에, 지압판이 깔린 레이스 위에 놓여 있는 장애물들을 모두 거쳐
　　　완주하면 통과!
　　 : 1코스 – 아줌마 뜀틀 3회 + 줄넘기 20회
　　　 2코스 – 반원 훌라후프 터널, 등으로 통과 + 삼각뿔 장애물 넘기
　　　 3코스 – 아줌마 업고 달리기 + 농구골대에 공 골인시키기
　　– 1등 팀에게 쉬운 단서 / 2등 팀에게 어려운 단서 / 3등 팀에게는 단서 없음

〈서호문화광장 주차장〉

– 차 내리는 위치에 달려라 형제여 현수막 들고 서 있는 심판이 대기하고 있다.

> TIP〉 미션장소 앞까지 차가 갈 수 없을 경우, 차에서 내리면
>
> 심판이 어느 쪽으로 가라고 말로 설명해준다.
>
> "이쪽으로 가세요. 먼저 도착한 팀이 유리하니 빨리 달려가세요"

– 심판이 안내해준 위치로 달려간다.

– 미션장소 앞에서 샤핑거 음악에 맞춰 체조를 하고 있는 300명의 아줌마들

> TIP〉 아줌마들이 공원에서 아침운동하듯!
>
> (300명이 자연스럽게 열 맞춰서 단체로 추는 느낌)
>
> 멤버들이 광장 쪽으로 나오기 시작하면 음악 PLAY
>
> 세 팀이 모두 도착하기 전까지는 멤버들 신경 쓰지 말고 계속 반복
>
> 멈추지 않도록 함

–세 팀 모두 모이기 전까지, 도착한 팀은 자연스럽게 토크

멤버들	지금 새벽 O밖에 안 됐는데~ 운동하는 사람들이 엄청 많네
	(샤핑거 춤 따라하며) 오랜만에 일찍 나오니까 상쾌!!
	근데 왜 아침부터 여기로 오라고 한 거지?! 등등

– 세 팀 모두 도착하면, 갑자기 호루라기 소리와 함께 음악이 멈춘다.

– 아줌마들, 일사불란하게 움직이며 바닥에 지압판을 깔고 코스 시작점에는 푯말을
세우는

(지압판 코스 그리기) *별첨

–9명의 달려라 형제들! 아줌마들의 모습에 의아해하고

멤버들　　　역시, 아줌마들 포스가 심상치 않다 했어~

　　　　　　근데 지금 바닥에 뭘 까는 거지?! 등등

－ 지압판 다 깔리면 미션지 전달

〈첫 번째 미션 － 백사 지압판 조깅〉

지압판 위를 릴레이로 달려
제한 시간 안에 들어오면 성공!

－ PD 부연 설명

PD OFF　　　형제 여러분. 아침 일찍 나오시느라 고생 많으셨습니다.

　　　　　　범인이 놓고 간 백사전카드를 획득하려면

　　　　　　이 '백사 지압판 조깅' 미션을 성공하셔야만 합니다.

　　　　　　이 지압판은 백사전의 백사와 같은 모양입니다.

　　　　　　트랙은 물론 모두 지압판으로 되어 있구요.

　　　　　　가장 먼저 도착한 팀 먼저 백사 지압판 트랙 위에서

　　　　　　조깅을 하시면 됩니다.

　　　　　　트랙은 총 세 개의 코스로 나눠져 있구요.

　　　　　　각 코스마다 장애물이 설치되어 있습니다.

　　　　　　각 팀에서 한 사람당 한 코스씩 맡아서 달리면 되는데요.

　　　　　　제한 시간 OO초 안에 세 코스를 모두 통과해

　　　　　　결승선으로 들어와야만

　　　　　　다음 '백사전카드'를 획득하실 수 있습니다.

　　　　　　통과하는 순서대로 단서를 획득한 후

　　　　　　다음 장소에 가시면 됩니다.

　　　　　　그럼, 첫 번째 도착한 팀부터 시작하겠습니다.

　　　　　　순서를 정해주세요.

⟨'지압판 조깅 레이스' 게임 방식⟩

– 서호문화광장에 가장 먼저 도착한 팀부터 차례대로 조깅 레이스 도전!

① 각 팀, 세 명의 멤버들은 각자 자신이 달릴 코스를 정한다.
– **1코스: 아줌마 뜀틀 3회 + 줄넘기 20회**
– **2코스: 반원 홀라후프 터널, 등으로 통과 + 삼각뿔 허들 넘기**
– **3코스: 아줌마 업고 달리기 +** 철봉에 걸린 과자 따먹기

② 각자 맡은 코스에 자리를 잡고 첫 번째 멤버부터 레이스 시작!!
　　TIP〉 한 팀이 도전하는 동안 나머지 팀은 그 팀이 하는 모습 보면서 리액션

③ 자신의 코스를 마치면 다음 순서의 멤버에게 바통 전달!

④ 제한 시간 OO초 안에 3코스를 모두 통과하고 결승선을 통과하면 성공!
　　통과한 순서대로 '백사전카드'를 받고 다음 장소로 이동
　　(1등: 쉬운 단서 / 2등: 어려운 단서 / 3등: 단서 없음)
　　TIP〉 출발하는 동시에 초시계 스타트. 마지막 주자가 결승선을 통과한 순간,
　　　　초시계를 멈춰 시간을 잰다.
　　　　제한 시간 안에 마지막 주자가 결승선을 통과하면 성공

　　PD OFF　　(빨강/파랑/노랑)팀 성공!!!
　　　　　　　두 번째 '백사전카드'를 받으세요.

⑤ 제한 시간 안에 결승선을 통과하지 못했을 경우, 나머지 팀 도전이 끝나기를 기다
　　렸다가 자기팀 순서에 다시 도전한다.

PD OFF   제한 시간 안에 성공하지 못하셨습니다.

                나머지 팀 도전이 끝나기를 기다렸다가 다시 도전하시면 됩니다.

– 성공한 순서대로 단서를 받고 다음 장소로 이동

– PD, 한 팀씩 통과할 때마다 등수에 맞는 '백사전카드' 전달

(앞면)	(뒷면)
첫 번째 단서(내용 별첨) –백사전 그림 – (우산을 들고 만나는 백소정과 허선)	○○호텔로 가시오

PD OFF   **'백사전카드'의 순서를 잘 기억하세요.**

                빨리 다음 장소로 이동하세요!

                빨리 도착해야 유리합니다!!

– 성공한 순서대로 단서를 받고 차를 타고 이동한다.

  (3등 팀은 단서 X, 다음 장소만 받아서 이동)

     TIP〉 다음 장소는 미리 네비게이션에 주소를 입력해 놓고, 연예인들이 타면 바로 출발

         할 수 있게 준비해 놓는다.

S#3. 두 번째 미션 〈날아라! 기억력 밀전병〉

◆장소 : OO호텔 야외 수영장
◆시간 :
◆의상 : 3:3:3 팀복 / 아쿠아슈즈
◆소품 및 세트: 플라잉체어 6개, 회전테이블 3개, 의자 9개, 식탁보, 천막, 접시, 젓가락,
　　　　　수건, 테이블에 세팅될 음식(수정)
◆체크 사항: 치파오 입은 미모의 여자 웨이터 3인, 샤워실 & 탈의실 확보
　　　　　호텔 내 수영장이라는 글자 모두 가리기

〈진행 방식〉
　1. 호텔 주차장에 도착하면 현수막 들고 있던 심판이 4층 야외로 가라고 말한다.

　2. 야외 레스토랑에 도착하면 각 팀 테이블에 착석
　 : 여자 종업원이 나와서 최대한 자연스럽게 준비된 음식 접시를 순서대로 테이블 위에
　　내려놓는다.

　3. 본 게임 소개 (날아라! 기억력 밀전병)
　 : 각 팀마다 두 명은 플라잉체어에 착석!
　　한 명은 회전테이블에 접시를 놓은 순서대로 밀전병을 싸 먹는다.
　　쌈의 순서가 틀릴 경우, 플라잉체어에 앉아 있는 사람이 벌칙!

　기타 1안) 마작패를 촉감만으로 읽은 후, 맞히면 통과! 못 맞히면 벌칙!
　　　 2안) 팀 대표 한 사람이 가위바위보를 해서 진 사람 팀이 벌칙!

　– 1등 팀에게 가장 쉬운 단서 / 2등 팀에게 어려운 단서 / 3등 팀에게는 단서 없음

– 호텔 주차장에서 달려라 형제여 현수막 들고 있는 심판을 발견하고 차에서 내린다.

– 심판은 멤버들에게 '4층(?) 야외 레스토랑으로 이동하세요'라고 말한다.
　　TIP〉 멤버들이 절대 수영장이라는 사실을 알지 못하게
　　　　호텔 안에 수영장이라는 글자는 모두 가린다. 필수!!!!
　　　　엘리베이터를 타고 이동하는 멤버들 동선에 맞게 경호원들을 대기
　　　　길을 헤매지 않게 잘 안내해준다.

– 야외 레스토랑에 도착하면 각 팀 담당 여자 종업원이 테이블로 안내해준다.

   : 도착한 순서대로 첫 번째 테이블부터 안내한다.

      여자 종업원   안녕하세요. 절 따라오세요.

– 여자 종업원 안내에 따라 테이블 앞에 앉는 멤버들

   멤버들1   뭐가 이렇게 불안할 정도로 럭셔리해!
             새벽부터 지압판에서 고생시키더니 병 주고 약 주는 거?!

   멤버들2   식당으로 집합시켰으면 일단 밥부터 먹으면 안 돼요?!
             아침부터 너무 뛰었더니 배고파 쓰러질 것 같아요!

   PD OFF   아침부터 보물 찾아다니시느라.. 조깅하시느라..
             많이 힘드셨죠?
             그래서 이번엔 미션 전에 편하게 식사하실 수 있는 시간을 준비했습니다.

– 멤버들, 신나서 환호성

– 세 팀 모두 도착하면

  미모의 여자 웨이터 세 명, 쟁반(or 카트)에 음식 가지고 들어와 차례대로 세팅

  : 꼭!!! 미리 정해진 순서대로 접시를 내려놓는다.

*내려놓는 순서: 수정 (→ 밀전병)

다음 줄 삭제 →

– 처음에는 젓가락을 주지 않고, 세 팀 모두 도착할 때까지 기다리도록 한다.

   TIP) 주차장에서 올려보내는 시간을 조절해서 세 팀이 레스토랑에 도착하는

간격을 너무 벌어지지 않게 한다. (도착한 순서는 동일하게..)

PD OFF   다른 팀도 모두 도착하면 식사를 시작하겠습니다.

– 세 테이블 모두 도착해 세 테이블 모두 세팅 완료되면

PD OFF   식사 시작하기 전에 두 번째 미션 알려드리겠습니다.

멤버들   내가 이럴 줄 알았어!
               이렇게 호락호락하게 음식을 줄 리가 없지!

덩차오   그래서 이번 미션은 뭔데요?!

PD OFF   공개해주세요!

– 이탈기에서 천막 떨어지면 / 플라잉체어 공개!

(이탈기 트러스 정리하는 동안, 출연자들에게 주의 사항 전달.
몸에 힘을 빼고 편안하게 앉으세요. 의자를 잡지 말고 손은 무릎 위에 올려주세요.
안경은 벗어주세요.)

–멤버들, 뒤돌아 확인한 후 깜짝 놀라는

멤버들   뭐야! 여기 수영장이 있었어?!
               근데 저 물건은 대체 뭐예요?! 등등

PD OFF   두 번째 미션을 설명 드리기에 앞서
               각 팀에서 두 분씩만 저 수영장 앞에 있는
               의자에 앉아주세요!

– 세 팀, 각 팀에서 두 명씩 뽑아 플라잉체어에 앉으면

 (서로 불안해하며)

– 테이블 앞 필요 없는 의자 빼고

– 미션지 전달 후, PD가 부연 설명

〈두 번째 미션 – 날아라! 기억력 밀전병〉

종업원이 식탁 위에 내려놓은 순서대로
밀전병 위에 재료를 올려
한꺼번에 싸서 먹어야 통과

순서 틀리면 팀원이 플라잉체어 벌칙!

PD OFF 이번 미션은 날아라! 기억력 밀전병입니다.
지금부터 테이블 앞에 앉아계신 멤버 분은
앞에 놓여있는 음식들로
밀전병을 맛있게 싸서 드시면 됩니다.
재료들 중에는 이곳 항주에서 나는 유명한
특산물도 있습니다.

방금 전 미모의 비밀요원 분들이 밀전병을 싸 먹을 수 있는
재료를 놓아드렸던 순서 기억하시죠?
꼭, 재료가 테이블에 놓인 순서대로 싸서 드셔야 합니다.

중간에 순서가 틀릴 경우.
뒤에 있는 동료들이 바로 벌칙을 받게 됩니다.
동료들을 안전하게 지키려면 신중하게 밀전병을
싸 먹어 주시기 바랍니다.
자, 그럼 먼저 도착한 ○○팀부터 시작해주세요!

〈'날아라! 기억력 밀전병' 게임 방식〉
− 호텔에 가장 먼저 도착한 팀부터 차례대로 밀전병 싸먹기 도전!

① 정답이라고 생각되는 순서(테이블에 놓인 순서)대로 접시에 놓인 음식을 젓가락으로 집어 밀전병 위에 올린다.

② 틀린 순서로 밀전병을 싸서 먹을 경우, 플라잉체어에 앉은 멤버가 바로 날아간다.
    TIP〉 초반에는 잘못된 순서로 재료를 얹는다고 해도
        7가지 재료를 모두 올려 밀전병을 먹고 난 다음 판정한다.
        중반 이후, 순서가 틀린 재료를 밀전병 위에 올리면 바로 판정한다.

③ 틀리지 않고 밀전병을 완성해서 먹으면 성공!

④ 통과한 순서대로 비밀번호의 단서 카드를 받고 다음 장소로 이동
  (1등: 쉬운 단서 / 2등: 어려운 단서 / 3등: 단서 없음)

번외 부분 수정

1등 결정되고 나면..
2, 3등 결정전) 가위바위보!

    PD OFF   2등, 3등은 가위바위보로 결정하도록 하겠습니다.
                     앞에 계신 각 팀 대표 두 분끼리 가위바위보를 하시면
                     됩니다. 연속해서 두 번 이기면 통과입니다.
                     진 팀의 팀원들은 벌칙을 받게 됩니다.
− PD, 한 팀씩 통과할 때마다 비밀번호 단서 카드(엽서 크기) 전달

(앞면)

– 백사전과 관련된 그림 단서 –
(허선, 의자에 앉아있다가 뱀으로 변한
백소정을 보고 놀라 뒤로 넘어지는 그림)

(뒷면)

서호로 가시오

PD OFF   **'백사전카드'의 순서를 잘 기억하세요.**

빨리 다음 장소로 이동하세요!

다음 미션은 빨리 도착한 팀이

정말 유리합니다!!

– 성공한 순서대로 단서를 받고 차를 타고 이동한다.

(3등 팀은 단서 X, 다음 장소만 받아서 이동)

TIP〉 다음 장소는 미리 네비게이션에 주소를 입력해 놓고,

연예인들이 타면 바로 출발할 수 있게 준비해 놓는다.

S#4. 세 번째 미션 〈첨벙첨벙 대형 탁구 대결〉

◆ 장소 : 서호
◆ 시간 :
◆ 의상 : 3:3:3 팀복 / 아쿠아 슈즈 / 구명조끼
◆ 소품 및 세트 : 대형 탁구대 2(1대는 다리 리프트 연결), 탁구채, 탁구공, 호루라기, 점수판
◆ 체크사항 : 인상서호 간판 모두 가리기, 안전요원 배치

〈진행 방식〉
1. 주차장에 도착하면 심판의 안내에 따라 R깃발 앞으로 이동하게 한다.

2. 세 팀이 모두 깃발 앞에 도착하면 정체 모를 세트가 물속에서 떠오른다.

3. 탁구대가 다 떠오르면 미션 받은 후, 탁구대 앞으로 이동한다.

4. 탁구대 앞에 먼저 도착한 1등 팀은 부전승
   : 3:3 탁구 대결

 – 1등 팀에게 가장 쉬운 단서 / 2등 팀에게 어려운 단서 / 3등 팀에게는 단서 없음

 – 주차장에 도착하면 심판의 안내에 따라 R깃발 앞으로 이동

 – 먼저 도착한 팀, 서호 경치 보며 토크

멤버들1	와~ 경치 한 번 끝내준다!!
멤버들2	서호에 와 보니까 하늘에는 천당이 있고
	땅에는 항주가 있다는 말이 왜 나왔는지 알 것 같아!! 등등
PD OFF	지금 여러분은 허선과 백소정의 사랑이 시작됐다는
	항주의 서호에 와 있습니다.
	바로 이 서호에서 세 번째 미션이 준비되어 있다고 하는데요.
	모두들 호수 쪽을 바라봐주세요!

 – 세 팀이 모두 깃발 앞에 도착하면 정체 모를 세트가 물속에서 떠오른다.

 – 점점 떠오르는 탁구대를 보고 놀라는 멤버들 & 토크 (*10~20분 소요)

멤버들1	물속에서 뭔가 어마어마한 게 올라오고 있는 게 뭐지?!
	괴물 아냐?!
멤버들2	아니, 무슨 판타지 영화도 아니고
	물속에서 저렇게 커다란 게 떠오르는 게 말이 되나?! 등등

– 탁구대 다 떠오르고 나면 PD, 미션 전달

〈세 번째 미션 – 첨벙첨벙 대형 탁구 대결〉

3:3 탁구 대결
10점 먼저 낸 팀이 승!

〈첨벙첨벙 대형 탁구 대결 룰 부연 설명〉

PD OFF	이번 미션은 아주 간단합니다.
	다들 탁구 한 번씩은 해보셨죠?!
	오늘은 2대2가 아닌 3대3으로 탁구 경기를 하는데요.
	10점(미정)을 먼저 내는 팀이 승리입니다!!
PD OFF	(물속으로 들어가시기 전에 아쿠아슈즈로 갈아 신으세요)

– 멤버들, 아쿠아슈즈로 갈아 신고 나면

PD OFF	자! 이제, 탁구대 앞으로 가시면 됩니다!
	먼저 도착해서 R깃발을 뽑은 팀이 부전승으로 유리합니다.
	빨리 출발하세요!!

– 멤버들, 탁구대를 향해 달려가는
– 가장 빨리 깃발을 뽑은 팀이 부전승!

PD OFF   OOO팀이 부전승입니다!

               ###팀과 @@@팀 먼저 예선전을 펼친 후,

               이긴 팀과 OOO팀이 최종 결승전을 치르게 됩니다.

TIP〉 경기 시작 전, 탁구대 점검

        탁구대 위 물기를 닦아준다. 탁구공이 안 튈 경우, 새 탁구대로 교체

– 2, 3위 팀! 탁구대 앞에 자리 잡으면

PD OFF   자, 10점을 먼저 내는 팀이 결승전에 진출할 수 있구요.

               그럼 2위 팀인 ##팀이 먼저 선제 공격을 할 수 있는 혜택을 드리겠습니다!

               시잭!!

〈'첨벙첨벙 대형 탁구 대결' 게임 방식〉

① 서호에 2, 3위로 도착한 팀부터 3:3으로 탁구 경기를 펼친다.

  : 부전승한 팀은 탁구대 옆으로 서서 리액션

② 10점을 먼저 획득한 팀이 1차전 승!

③ 1차전에서 승리한 팀과 1위 팀 결승전

④ 10점을 먼저 획득한 팀이 최종 우승!!

⑤ 1등에게는 쉬운 단서 / 2등에게는 어려운 단서 / 3등에게는 단서 없음

– PD: 1, 2, 3위 팀에 각각 해당하는 비밀번호 단서 카드(엽서 크기) 전달

(앞면)	(뒷면)
—백사전과 관련된 그림 단서— (호수 위에 손을 잡고 행복하게 떠 있는 허선과 백소정)	절강 미술대학으로 가시오

PD OFF   '백사전카드'의 순서를 잘 기억하라고
말씀 드렸었죠?
명심하시고, 한 가지만 더 말씀 드리겠습니다.
모든 단서는 숫자를 가리키고 있습니다.
빨리 다음 장소로 이동하세요!

– 1, 2, 3등 성공한 순서대로 단서를 받고 차를 타고 이동한다.
  (3등 팀은 단서 X, 다음 장소만 받아서 이동)

    TIP〉다음 장소는 미리 네비게이션에 주소를 입력해 놓고,
           연예인들이 타면 바로 출발할 수 있게 준비해 놓는다.

– 차 안에서 토크하는 동안 순서와 숫자에 대해서 추리하기

S#5. 최종 미션 "금고를 열어라"

◆장소: ○○○ 미술대학
◆시간: 오후 4시~
◆소품 및 세트: 방울, R깃발 9개, 비밀번호 들어있는 가방, 금고
◆체크 사항: 감옥 위치(살아있는 멤버들과 마주치지 않는 은밀한 곳) /
　　　　　 아웃 방송 / 9명 출발할 각각 다른 입구 /
　　　　　 각 멤버 담당 경호원 9명

〈진행 방식〉
1. 9명을 각각 다른 입구로 이동해 입장한다.

2. 곳곳에 숨겨져 있는 가방을 찾으면 비밀번호를 획득할 수 있다.

3. 건물 안에 돌아다니는 방울을 단 사람에게 이름표를 떼이면 아웃
　 더 이상 활동할 수 없고, 감옥으로 가야 한다.

4. 멤버 중 누군가가 방울을 단 사람의 이름표를 떼면 이름표 속에 감춰져 있던
　 5자리 비밀번호를 한꺼번에 알 수 있다.
　 (단, 이 내용이 적힌 가방을 찾은 사람만이 알 수 있게 된다.)

5. 5자리 비밀번호를 모두 알아내 금고를 열어보면,
　 "백사"와 동영상이 담긴 휴대폰이 들어 있다.

- 최종 장소인 미술대학 건물 맞은편 금고가 있는 곳에 도착해서 멤버들이 내린다.
　 TIP〉 멤버들이 길을 헤매지 않도록 미술대학 정문에서부터 촬영하는 건물 앞까지
　　　 곳곳에 경호팀을 세워 길을 안내해주도록 한다.

- 엔딩 장소에는 대형 깃발이 꽂혀있어 자연스럽게 멤버들이 금고 앞으로 이동

- 멤버들이 내려서 잠겨 있는 금고를 발견한다.
　 금고 위에는 안내문이 적혀 있다.

> ⟨금고 사용 설명서⟩
>
> 이 금고 안에는 여러분이 찾고 있는 보물이 들어 있습니다.
> 금고를 열기 위해서는 비밀번호 4자리를 정확히 맞혀야 합니다.
> 게임을 통해 단서를 획득한 팀은
> 앞의 세 자리 비밀번호를 추리해서 알 수 있습니다.
> 부족한 비밀번호는 맞은편 건물 곳곳에 숨겨진 가방을 찾으면
> 비밀번호를 알 수 있습니다.
> 방울을 단 사람에게 이름표를 떼이면 아웃!
> 더 이상 활동을 하지 못하고 감옥에 갇히게 됩니다.

– 멤버들이 금고를 확인하고 맞은편 건물로 가려고 이동하면, 각 멤버 담당 경호원이
  나타나 한 명씩 데리고 미리 정해 놓은 입구로 데려간다.

        TIP) 담당 경호원은 미리 입구를 파악해 놓고, 가는 길을 완벽하게 숙지해 놓음
          각 멤버들 무전기를 사용할지 미정

– 미술대학 건물 곳곳을 뒤져 비밀번호가 들어 있는 가방을 찾는다.

– 가방을 찾은 멤버는 가방을 열어 내용물을 확인한다.
  : 가방 안에는 비밀번호가 적힌 카드가 들어 있기도 하고,
  : 방울을 단 사람의 이름표를 떼면 비밀번호를 모두 알 수 있다!!

– 가방 안에 들어 있는 물건 총 세 종류

1. 비밀번호

: 앞 게임을 통해 얻어진 비밀번호가 적힌 카드 각각 2장씩
: 남은 뒷자리 두 개의 숫자 힌트는 각각 3장씩*

    ex〉 ②000 2장씩 / 0⑨00 2장씩 / 00⑤0 2장씩 / 000② 3장씩

2. 꽝

: "꽝! 다음기회에…"

3. 방울을 단 사람에 대한 힌트

: "방울을 단 사람의 이름표를 떼면 4자리의 비밀번호를 모두 알 수 있다."

– 가방을 찾는 도중 방울의 전령에게 이름표를 떼이면 아웃!

　경호원이 입을 막고 감옥으로 끌려간다.

　　TIP〉 감옥에 모인 사람들은 둥그렇게 의자에 둘러앉아 자연스럽게 토크한다.

– 멤버 중 누군가가 방울의 전령 이름표를 떼면 이름표 속에 감춰져 있던

　4자리 비밀 번호를 한꺼번에 알 수 있다.

〈4자리를 모두 알아낸 팀이 생기면〉

– 4자리 비밀번호를 모두 알아낸 사람은 금고로 가서 금고 오픈,

　전설의 보물 "백사"와 함께 보스의 동영상이 담긴 휴대폰이 들어 있다.

> 축하하네!
> 이렇게 빨리 보물을 찾아낼지 몰랐는데
> 굉장히 훌륭하군!
> 사실은 형제들의 자격을 알아보려고 만들어 놓은
> 테스트였다네.
> 내 정체가 궁금하다면 매주 펼쳐질 미션을 완벽히 성공하길 바라네!
> 그 "백사"는 우승한 팀의 상품이니 너희들 것이야.
> 그럼, 이만.
> 우린 곧 다시 만나게 될 거야.
> 달려라, 형제여!!!

– 동영상이 끝나면 화면이 꺼진다.

奔跑吧 兄弟!!

第1期

工作人员用剧本

拍摄时间	2014.8.27 (三) 下午7点~
	2014.8.28 (四) 上午6点~
播出时间	2014.10.10 (五)
地点	杭州

◆地点 : 雷峰塔
◆时间 : 下午7点~
◆服装 : 黑色服装
◆道具和布景 : 聚光灯, 摩托车, 玫瑰花, 魔术师, 4位穿迷你裙的女人, 王祖蓝男扮女装
　　　　　　　服装, 儿童服, 红外线, 墨镜, 高跟鞋, 贴身的服装(AB要穿的), 玩具水枪
◆检查事项 : 检查拍摄路线

<进行方式>
1. 在雷峰塔底，发现了传说中的宝物——"白蛇"
　 7名特工收到了指令，要在"白蛇"落入黑暗势力之前, 把"白蛇"运往安全的地
　 方。因此，他们聚集到了雷峰塔。
　 7个人分别登场，登场场面要符合每个人的角色。

2. 他们聚集在雷峰塔5楼的宝物台前。

3. 揭开被黑布遮挡着的展示台, 却发现宝物消失了!

4. 本应该有宝物在的地方，却有疑似犯人留下的卡片。
　 "明天上午6点, 请到西湖文化广场"

5. 大家都非常惊讶..这时忽然有投影放下,
　 屏幕上播放BOSS的视频。（只拍脸以下的部分）

〈传说中的宝物"白蛇"Intro〉

#. 在视频中 ： 雷峰塔倒塌后，人们在废墟里找到了许多宝物。

　 但唯有"白蛇"埋在不容易被人发现的角落

#. 时间流逝，"白蛇"被某人发现

#. 在雷峰塔5楼的中央，"白蛇"在灿烂的灯光之下展示着它的气质、发散着它的

　 光辉。

〈**事件的开端**〉

※ 黑暗势力妄图盗取传说中的宝物——"白蛇"

   7名秘密组织的成员收到了指令：要在"白蛇"落入黑暗势力之前，把"白蛇"运往安全的地方。因此，他们聚集到了雷峰塔。

→ 以上内容要通过 CG + 字幕（或 配音)传达。

〈**7名 Running Man的登场**〉

1. <u>**邓超**(Leader. *严肃但有幽默感*)</u>

*地点 ： 雷峰塔电扶梯

- 把两只手放在口袋里，邓超坐电扶梯
- 到了中央，伸手做一个 "Q" 的动作(要弄出声音)
- 雷峰塔所有的电源都会关闭，全部灯光都会关掉

   (*拍的时候是邓超关电源，但在编辑的过程中，会把这一幕颠倒顺序，颠倒成邓超用一个手势把雷峰塔的电全都打开)

2. <u>**王宝强**(有一种淳朴的魅力)</u>

*地点 ： 雷峰塔周围

- 在雷峰塔各个角落用探照灯照射
- 在闪烁的灯光之间，若隐若现地能看到人影
- 用各种武术动作依次打败5名群众演员

- 走到摄像机跟前展示他的绝招

- 武术动作停止时

　　　　王宝强　(用方言)今天心情超好 / 开始吧 等等 用搞笑的方言说

- 他模仿李小龙噗嗤一笑时，定格画面！

　　　　王宝强　(模仿李小龙)A Bio~

3. 陈赫(长的挺正常, 但总有哪里不对)

*地点 : 雷峰塔周围

- 10位群众演员藏在各个地方
- 像射手一样陈赫小心翼翼的走来
- 在某个角落把枪射向某方
- 看是摄像头一转向枪，原来是玩具水枪/ 陈赫向10名群众演员射水枪
- 群众演员都一个个地倒下
- 打败10名群众演员后，沉厚最后Ho˜的一下吹枪口

4. 郑恺(绅士 花花公子 浪漫派)

*地点 : 雷峰塔周围

- 给路过的美女们一朵玫瑰、使眼色。
- 手里有最后一朵玫瑰时，恰好路过一位美女。

郑恺　　(本来想给玫瑰，但又停下来)

　　　　跟你一比，这朵花黯然失色了。

– 看着摄像机，眨眼时定格画面！

5. 王祖蓝(变身的奇才)

*地点 ： 雷峰塔周围

– 王祖蓝穿着女歌手的服装，唱歌、跳舞
– 停下来后，突然360度转身就变成儿童服
　(*带有儿童感觉的T恤，短裤，大包)
– 像小孩一样，走到摄像机前

　　　　王祖蓝　　(发出小孩的声音)给我买饼干~~~~~~~

– 又穿着儿童服走几步，再转360度变成身穿黑色西服的王祖蓝，这时定格画面！

6. Angelababy(性感 可爱)

*地点 ： 雷峰塔

– 粗暴的开着跑车，吱~~~~的一声，停下来
　车门一开 Angelababy登场。
– 穿着高跟鞋走进雷峰塔
– 拐弯设后有激光网

- 发现激光网后AB摘下墨镜，放松颈部
- 一个接一个地穿过激光网（要性感）
- 穿过所有的激光网后，拍手将灰尘拍掉
- 若无其事的转身时结束

7. 李晨（力量的强征）

*地点 ：雷峰塔

- 李晨的头发被风吹来吹去
- 摆出各种各样的耍酷表情，骑摩托车
- 在雷峰塔门口 吱~~~~~的一声，停下来(帅一点)
- 从摩托车下来后，把手放在口袋里，酷酷的走上去(像广告的一个场面一样)

- 7个人入场都结束后
- 一个一个地坐着雷峰塔电梯上楼

〈在雷峰塔5楼全体人员集合〉
- 7个Running Man 站在宝物台周围
- 自然的互相打招呼，

邓超　　这里面是不是有传说中的宝物 "白蛇"
　　　　那我们接下来就见识一下吧
　　　　(揭开黑布..)

- 展台里"白蛇"消失了只有貌似犯人留下的卡片
- 成员中有一个人打开卡片

白蛇传提示卡道具

> 明天早晨六点
> 请去西湖文化广场

- Running Man成员们看完提示卡之后，正在困惑时
  突然有投影屏幕下来

- 屏幕中的视频
  ：视频里有貌似是BOSS的一个人。但在视频中只能看到他脸以下的部分。
  ：这是已经拍摄好的视频

> Running Man成员们!
> 非常遗憾，各位来晚了一步.
> 本应你们负责安全转移的宝物
> "白蛇"已经消失的无影无踪
>
> 根据可靠的情报,只要各位跟着"白蛇传"的故事
> 去寻找，就能发现传说中的秘宝
>
> 犯人留下的第一张 '白蛇传提示卡' 已经看到了吧?
> 就依着这 '白蛇传提示卡' 找回宝物把!
>
> 为此,
> 我特地派了两名特工增援.
> 来! 赶快请他们进来!

- 两位男/女嘉宾开门登场
- 两位嘉宾与成员们见面，打完招呼后
  在屏幕上又放下一个视频

  好了，全员都到齐了.

  为了激励各位，我们将分为三组，进行善意的竞争。
  这是充分考虑大家能力与性格后的分组
  应该没有多大的问题.

  首先.. _____, _____, _____为一组.
  _____, _____, _____为第二个组.
  _____, _____, _____为最后一个组.

  首先找到宝物的队伍将会得到非常大的奖励
  与同队之间互相协作，
  与他队友善地竞争，
  愿大家找到宝物.

  还有
  在寻找宝物的过程中，只有完成任务才能获得
  犯人留下的 '白蛇传提示卡'.
  它不仅会告诉你们下一个要去的场所，
  也写着有助于找到最终宝物的线索

  当然，优先完成任务的队伍将会获得更为有利的线索.
  所以呢，希望你们尽力完成每个任务

  赶快去寻找传说中的宝物 '白蛇' 吧!

  奔跑吧，兄弟!

- PD的 附加说明(在这里，PD的感觉就像是BOSS的手下特工)

PD　　　现在你们已经听完BOSS说的话了吧?

重新再解释一下...

本应由你们负责安全转移的宝物"白蛇"已经落入黑暗势力的手中

如同BOSS所说

在寻找宝物的路上成功完成任务时

可以获得犯人留下的'白蛇传提示卡'

在你们获得的'白蛇传提示卡'中

它不仅写着下一个要去的场所

还写着有助于最终找到宝物的提示

所以只要你们要竭尽全力

获得'白蛇传提示卡'

就能找到宝物

明天早晨六点就可以坐着宿舍前面的车出发

早出发的团队会有优势

所以最好尽快在宿舍前集合

那么现在就一起喊一下口号

开始揭开"白蛇的秘密"吧!

- 在雷峰塔5楼，每个人举起鸡尾酒喊口号，结束开场。

一起喊　奔跑吧! 兄弟!!!

※ 给Running Man成员的传达事项
- 请第二天早上6点，穿好队服集合
  要从酒店大堂跑出来的镜头开始拍摄，所以完全准备好以后再下来。
- 在第二个地点才能见到经纪人，所以需要各自把必备品放在小包里。
  在游戏进行的过程中，把包放在车里（不要带出来）
- 第二天早上，请带好"白蛇传提示卡"

<第二天 早晨>

- 三辆车并排停在面向宿舍的正门
  裁判举着"奔跑吧，兄弟"标牌站在车的旁边

> TIP>　　请在宿舍正门和车辆周围设置保安人员以防粉丝大量聚集。
>
> 　　　　请在导航仪中提前设置好下一个任务地点。

- 首先到齐的团队(3名)先出发

> PD OFF　前往"白蛇传提示卡"上的地点
>
> 　　　　找到举着"Running Man"标牌的裁判

S#2. 第一个任务〈白蛇指压板晨跑〉

◆地点: 西湖文化广场
◆时间 : 上午6点30分~
◆服装 : 3:3:3 队服
◆道具和布景 : 做早操的大妈 300名
  (真的大妈 150名 / 替身 150名 假发 和 化妆)，早操音乐，口哨，指压板，接力棒，每个区间的标牌，跳绳，呼啦，圈(可以拆成两半的)，三角锥障碍物，篮球框，篮球，气针，提示卡(第一名, 第二名, 第三名)，装提示卡的信封，秒表
◆检查事项: 300个人做广场舞/练习铺指压板，大妈跳马 3名，绑着绷带的大妈(穿着写着 '把我带到那里' 的T恤)

<进行方式>

-9名成员在西湖文化广场集合

:300名大妈在广场各个角落做广场舞

 (真的大妈150名/替身150名)

:听到哨声后瞬间同时行动的大妈们

:铺好指压板瞬间撤离

- 指压板晨跑Race

:规定时间制OO秒(未定)内,跑完指压板上所有障碍物就成功

:第一区间 – 大妈跳马3次+跳绳20个

 第二区间 – 穿过半圆呼啦圈隧道+跨过三角锥障碍物

 第三区间 – 背着大妈跑步+投篮成功

-给第一名团队容易的线索/给第二名团队较难的线索/第三名团队没有线索

<西湖文化广场停车场>

– 在下车的地方安排举着标牌的裁判

 TIP>   如果车不能到达任务地点的情况下,裁判会告诉他们往哪儿走。

 "请往这里走,首先到达的团队会有优势,所以请快跑"

– 成员们跑向裁判指向的位置

– 在任务地点之前300名大妈在随着音乐跳小苹果

 TIP>   300名大妈们和平时一样,在广场集体跳广场舞(要自然一点,但要对齐)。

 Running Man成员们开始出现在广场时就放音乐。

 在三个团队全部到达之前,不能停下来,要一直跳。

– 在所有团队到达之前,已经到达的团队自由聊天

 成员们   现在才凌晨0点(未定)~晨练的人好多啊

 (跟着跳小苹果)好久没有这么早起来锻炼了,心情好清爽啊!!

一大早叫我们来这里干嘛啊 等等

- 所有团队到达后，听到哨声以后，突然所有大妈停止跳舞。
- 大妈们瞬间同时铺设指压板，在区间开端处树立标牌

(在活动场地画上指压板路线图) *另附

- 9个成员们！看到大妈们非常惊讶

　　　　成员们　怪不得大妈一开始就不对头！

　　　　　　　她们到底在铺啥啊?!　等等

- 等到指压板铺好之后传达提示卡

> <第一项任务 — 白蛇指压板晨跑>
>
> 在指压板上以接力形式奔跑
> 在规定时间内到达终点即为成功!

- PD 附加说明

　　　PD OFF　兄弟们，起这么早太辛苦了

　　　　　　　如果想获得犯人留下的白蛇传提示卡，

　　　　　　　必须要成功完成 '白蛇指压板晨跑' 任务

　　　　　　　这个指压板和白蛇传中的白蛇形状相同

　　　　　　　整条跑道当然全部由指压板构成

最先到达的团队，就可以在指压板进行晨跑

整条跑道由三个区间构成

每个区间都有不同的障碍物

每个团队中的一个人负责一个区间

在规定时间00秒内，要完成三个区间才能获得'白蛇传提示卡'

按照通过的顺序获得提示卡后

即可以到下一个地点

那么，现在从第一个团队开始出发！

请先定好跑步顺序

〈'指压板晨跑Race'游戏方法〉

-按照到达西湖文化广场的顺序进行游戏！

① 每个团队, 三个人要事先决定自己要跑的区间

第一区间：大妈 跳马 3次 + 跳绳 20个

第二区间：穿过半圆呼啦圈隧道(要平躺着前行) + 跨过三角锥障碍物

第三区间：背着大妈跑步 + 投篮成功

② 每个人站在自己负责的区间准备游戏的开始!!

TIP> 在一个团队游戏的过程中，其他两个团队看着他们做出反应（爆笑，喊，拍掌，鼓掌）

③ 完成自己的区间，把接力棒交给下一个成员！

④ 在规定时间 00秒之内通过3个区间就算成功！

　按照通过的顺序获得'白蛇传提示卡'，按照顺序向下一个场所移动

　(给第一名团队容易的线索 / 给第二名团队较难的线索/ 第三名团队没有线索)

　　　　TIP>　　出发的同时按一下秒表计时。最后一个人通过终点线的瞬间再把秒表按停

　　　　　　　　在规定时间内，最后一个人通过终点线就算成功

　　　　PD OFF　(红/蓝/黄)团队 成功!!!

　　　　　　　　请获得第二个'白蛇传提示卡'！

⑤ 若在规定时间内没有通过终点线，要等到其他团队完成后再重新开始

　　　　PD OFF　在规定时间挑战失败！

　　　　　　　　请等到其他团队挑战结束之后，再重新开始

- 按照成功地顺序获取提示卡，再到下一个地点

- 每一团队通过的时候，PD给团队相应的'白蛇传提示卡'

(正面)	(反面)
第一个线索(内容另附) - 白蛇传图片 - (举着伞相遇的 白素贞和许仙)	请去OO酒店!

PD OFF **请记住 '白蛇传提示卡' 的顺序**

赶快到下一个地点！

早到达的团队会有优势!!

─ 按照成功地顺序获得 '白蛇传提示卡'，坐车到下一个地点

(第三名 团队没有提示条，只能拿到下一个的地点)

TIP> 请在导航仪中提前设置好下一个任务地点

S#3. 第二个任务 <飞吧! 记忆力春饼>

◆地点：维京酒店 室外游泳池
◆时间：
◆服装：3:3:3 队服 / 潜水鞋
◆道具和布景：飞椅 6个，旋转桌 3台，椅子 9个，桌布，能够遮住飞椅的大型布，盘
　　　　　　　子，筷子，毛巾，春饼菜(竹笋，东坡肉，豆芽，龙井虾仁，辣椒
　　　　　　　油，莲藕，葱)
◆检查事：3位穿旗袍的美女服务员，安排浴室和更衣室，遮挡酒店内所有写着游泳
　　　　　池的标牌

<进行方式>
1. 到达酒店停车场时，举着标牌的裁判对他们说 "请到3楼"
2. 到达野外餐厅，各个团队坐到桌前
  ：女服务员把准备好的事物按照顺序摆在桌子上(必须自然)
3. 游戏简介 (飞吧! 记忆力春饼)
 ：每个团队选两个人坐在飞椅上！
　 另外一个人要按照上菜的顺序卷春饼吃
　 若卷春饼的顺序出错，坐在飞椅的人 "飞"

　 其他 1案) 触摸麻将牌，猜对就通过！猜错就 "飞"
　　　 2案) 每一个团队选出一个代表剪刀石头布，输的团队 "飞"！

─给第一名团队容易的线索 / 给第二名团队较难的线索 / 第三名团队没有线索

- 在酒店停车场，发现裁判举着标牌的地方下车

- 裁判对成员说 '请到3层室外餐厅'

> TIP> 不能让成员们知道是游泳池

> 所以必须要遮住酒店内写着游泳池的标牌，必须!!!

> 要跟着成员们的路线，安排好警卫

> 不能让成员们迷路

- 到达室外餐厅后，负责各组的女服务员把他们带到餐桌

   : 按照到达的顺序，从第一个桌子开始指引

   女服务员 你好，请跟我走.

- 跟着女服务员的安排，成员们坐在餐桌上

   成员们1 干嘛，怎么这么高级啊，是不又有阴谋啊!

   从凌晨开始就在指压板上受苦，给个巴掌给个甜枣吗?!

   成员们2 既然到了餐厅，要不要先吃点东西?!

   从一大早就开始跑，饿晕了!

   PD OFF 从一大早开始找宝物，过障碍，到处跑，一定很累了吧

   所以接下来在任务之前

   我们会提供舒服的同餐时间

- 成员们，兴高采烈，欢呼

– 美女服务员三名，用托盘(或手推餐车)按照已经定好的顺序放置盘子

: 一定!!!必须要按照指定的盘子放置

*上菜的顺序：竹笋 → 东坡肉 → 豆芽 → 龙井虾仁 → 辣椒油 → 莲藕 → 葱(→ 春饼)

– 一开始不给筷子，一直等到三个团队来齐

      TIP>   在停车场调整上楼时间，使三个团队到达餐厅的时间类似(时间中间别

                    差太多，到达餐厅的顺序不能变)

      PD OFF 其他团队都到齐了再开始吃饭。

– 所有团队到齐，所有桌子都摆设好之后

      PD OFF 在开始吃饭之前，告诉你们第二个任务。

      成员们 我就知道是这样!

              不可能这么轻易就给我们吃的!

      邓超   所以，这次任务到底是什么?!

      PD OFF 一、二、三! 公开!

– 遮布从脱离器中掉落/飞椅被公开!

– 成员们，转头一看被吓呆

成员们　什么？这里既然有游泳池?！

这个东西到底是什么?！

PD OFF　在传达第二个任务之前，

每个团队选两个人，请坐在那个飞椅上！

– 三个团队，每队中选出两个人，坐在飞椅上，

（相互不安）

– 桌子的前面没有必要的椅子去掉

– 传达任务指令后PD进行附加说明

<第二项任务 – 飞吧! 记忆力春饼>

按照服务员上菜的顺序
把相应的食材放在面饼上
包起来一口吃掉

如果顺序错了，队员将会受飞椅惩罚!

PD OFF　这次的任务是飞吧记忆力春饼现在开始坐在桌子前面的队

员就用桌子上的食材卷春饼吃就可以了。

这些食材中，也包括杭州特产。

你们都记得刚刚美丽的女特工给你们上菜的顺序吧?

必须要按照上菜的顺序卷春饼吃

如果颠倒顺序，后面的队友会"飞"出去。

要想保护你们的队友，就要谨慎卷饼。

那，现在就从第一到达的OO团队开始吧。

< '飞吧! 记忆力春饼' 游戏介绍>

- 按照到达酒店的顺序，依次进行卷饼游戏！

① 按照自己认为是正确的顺序用筷子夹菜卷春饼

② 如果顺序出现错误，坐在飞椅的成员立即飞出去

      TIP>   最开始夹菜的顺序就算是错了，也不会立马判定，等到选完

              但到了中后半部分，只要顺序一出现错误就立马判定，立即飞出去

③ 如果不出现错误卷完吃掉就成功！

④ 按照成功地顺序，得到密码提示卡，再往下一个地点出发。

    (给第一名团队容易的线索 / 给第二名团队较难的线索 / 第三名团队没有线索)

场外 1) 用触觉猜麻将牌！

      PD OFF 给你一个麻将牌

              只能用手去触摸，猜这是什么牌

              一旦猜错，后面的两个队员会飞出去

场外 2) 剪刀石头布!

      PD OFF 每个团队的代表在前面剪刀石头布

如果连续两次能赢得剪刀石头布

那么输的团队队员会飞出去

***场外游戏1, 2打算在试录的时候都测试一遍

- PD, 每当团队通过的时候，给团队密码线索卡（明信片大小）

(正面)	(反面)
-和白蛇传相关的图片线索- (坐在凳子上的许仙, 看到变为蛇的 白素贞而惊讶倒地的画面)	请去西湖

      PD OFF   **请记住'白蛇传提示卡'的顺序**

            赶快到下一个地点！

            早到达的团队会有优势!!

- 按照成功地顺序获得'白蛇传提示卡'，坐车到下一个地点

  （第三名 团队没有提示条，只能拿到下一个的地点）

      TIP>   请在导航仪中提前设置好下一个任务地点

S#4. 第三个任务 <噗通噗通大型乒乓球对决>

◆ 地点 : 西湖
◆ 时间 :
◆ 服装 : 3:3:3 队服 / 潜水鞋 / 救生衣
◆ 道具和布景 : 大型乒乓球台 2个(1台要链接升降机柱子), 乒乓球拍, 乒乓球, 口哨,
　　　　　　计分牌
◆ 检查事项 : 遮住所有印象西湖的广告牌, 安排救护员

<进行方式>
1. 到达停车场后，跟随裁判的指引在R旗子处集合.

2. 首先到达旗子的团队是第一名.
　三个团队都到达旗子处时，有不明的大型布景从水中托起.

3. 乒乓球台完全露出水面后，成员们走到乒乓球台

4. 第一个到达R旗子的团队不战而胜，直接进级。其他两组进行3:3乒乓球对决

－ 给第一名团队容易的线索 / 给第二名团队较难的线索 / 第三名团队没有线索

－ 到达停车场，在裁判的带领下到R旗子。
－ 先到达R旗子的团队在其他团队还没到之前，看着西湖的景色聊天

　　　成员们1 哇塞~ 景色真美啊！ 真不错啊！

　　　成员们2 看西湖，真能感觉到"上有天堂下有苏杭"啊！

　　　PD OFF　大家现在到达的地方就是许仙和白娘子爱情故事发生的地方——杭州西湖

　　　　　　　在西湖，我们准备了第三个任务

　　　　　　　现在，所有人都看向西湖！

- 三个团队都到齐时，水中慢慢露出不明布景道具

- 看着渐渐升出水面的乒乓球台，成员们非常惊讶&聊天（*大约需要花10~20分）

成员们1 从水里出来的到底是什么？

不会是什么怪物吧?!

成员们2 这又不是SF电影

水上怎么会升出这么大的东西?! 等等

- 舞台和乒乓球台完全完成后, PD 传达指令

<第三项任务 -噗通噗通大型乒乓球对决>
3:3乒乓球对决
率先得到____分的团队获胜!

<噗通噗通大型乒乓球对决 游戏规则 附加说明>

PD OFF 这次任务非常简单

大家应该都打过乒乓球吧?!

今天要大的乒乓球不是2比2的乒乓球，是3比3的乒乓球

首先获得10分(还未定) 的团队就胜利!

PD OFF (在进水之前，先穿好潜水鞋)

- 等所有成员都换号潜水鞋后

PD OFF   好！那么现在请到乒乓球台前面！

率先取下R旗子的团队会不战而胜！

赶快出发吧！

− 成员们, 跑到乒乓球台前

− 率先取下R旗子的团队不战而胜！

PD OFF   OOO队获得了不战而胜的机会！

###队和@@@队进行预选赛,

获得胜利的团队会与OOO队进行最终决赛

TIP>   在游戏结束之前，要检查乒乓球台

擦干乒乓球台，若有问题时，换成新的乒乓球台

− 第2, 3名 团队！准备完成之后

PD OFF   好, 首先获得10分的团队会进入到决赛

在这里给第二名的##团队先发球的优势机会！

开始!!

< '噗通噗通大型乒乓球对决' 游戏方法>

① 第二、第三个到达西湖的团队进行 3:3的乒乓球对决

：不战而胜的团队站在乒乓球台旁边做反应(爆笑，喊，拍掌，鼓掌)

② 首先获得10分的团队，第一场胜利！

③ 在第一场取得胜利的团队与第一个到达西湖的团队进行决赛

④ 首先获得10分的团队，最终胜利！

⑤ 给第一名团队容易的线索 / 给第二名团队较难的线索 / 第三名团队没有线索

-PD：分别给第一名，第二名，第三名密码线索卡(明信片大小)

(正面)	(反面)
-和白蛇传有关的图面线索- (幸福地牵着手站在湖水上的许仙和白素贞)	请到中国美术学院

PD OFF　大家都还记得之前我一直在提醒大家要记牢'白蛇传提示卡'的顺序吗？

请再次记牢这一点，

另外还有一个事项想告诉大家

所有的线索都指的是数字。

赶快到达下一个地点！

- 按照团队成功地顺序获得'白蛇传提示卡'，坐车到下一个地点

(第三名 团队没有提示条，只能拿到下一个的地点)

TIP>　请在导航仪中提前设置好下一个任务地点

> 成员们在车里讨论提示条的顺序，对线索所指向的数字进行推理

S#5. 最终任务 "打开保险箱"

◆地点:美术大学
◆时间:下午4点~
◆道具和布景:铃铛, R旗子9个, 放有密码的包, 保险箱
◆检查事项:监狱的位置(不会与活着的的成员见面的场所) / Out广播 / 9个 不同入口
　　　　　/安排负责9个不同成员的警卫人员

<进行方式>

1.9个人要从不同的地点入场.

2.如果能找到处处藏着的密码包，就能获得密码

3.如果名牌被铃铛的传者撕掉，就OUT
　不能再进行活动，要进监

4.如果成员中有人撕掉铃铛的传者的名牌，那么他就能知道铃铛的传者名牌下面的5
　位数密码

5.得知5位数密码，打开保险箱，就能在保险箱发现"白蛇"、有视频的手机

- 成员们到达最终地点美术大学对面有保险箱的地方，在那里下车.
　　　TIP> 　　以防成员迷路，要从学校正门到拍摄的教学楼门口处处都要安排保镖团
　　　　　队指引。

- 在Ending 地点有大型的旗子，成员下车后自然就会走到保险箱前面.
- 成员们下车发现有封闭的保险箱
　保险箱上面写着警示布告. (待定)

<保险箱使用说明>

要打开保险箱，必须输入正确的五位密码。
通过之前游戏中获得的线索，
或是对面建筑里藏着的手提箱，
便可知道密码.
如果被铃铛的传者撕去了名牌就会被淘汰!
不能再进行活动.

- 成员看完保险箱后， 负责各成员的警卫出来把成员们都带到提前准备好的入口
  (每个人入口不同)

  TIP> 这些警卫要提前熟知入口和路

  各成员之间是否要使用对讲机还未定

- 翻遍美术大学的教学楼，寻找有密码的包

- 找到包的成员打开包看看里面有什么
: 有的包里面有密码
: 如果撕掉铃铛的传者的名牌会获得全部的五位密码!

- 在包里要放的东西分三类

1.密码
: 写着在前面几个游戏中获得的数字密码，各数字有2张
: 有关剩下两位数字的提示，各3张
如> ②0000 2张 / 0⑨000 2张 / 00⑤00 2张 / 000②0 3张 / 0000④ 3张
2.空!
"谢谢惠顾…" "下次再会…" 等

3. 有关铃铛的传者的提示

"如果撕掉铃铛的传者的名牌会获得全部的五位密码!"
– 在寻找包的期间,被铃铛的传者撕掉名牌就OUT!

　　这时会被警卫带到监狱里

　　　　　TIP>　　被抓到监狱的人们自然地围起来聊天

– 如果成员中的一个人撕掉铃铛的传者的名牌,他就能知道名牌中隐藏着的5位密码。

<如果有团队找出了5位密码>
– 知道密码的人到保险箱把它打开

　　在里面有传说中的宝物"白蛇"和装有BOSS的视频的手机

　　　恭喜恭喜!
　　　没想到竟能这么快找到宝物
　　　真是相当了不起!

　　　其实这次的失窃案件是
　　　为了了解各位实力的一次测试。
　　　如果想知道我是谁,就好好的完成每周的各项任务!

　　　而这次的"白蛇"将作为奖品赠与今天的优胜队伍.

　　　今天就到这里.
　　　很快我们又会见面的.

　　　奔跑吧,兄弟!!!

– 视频结束后,画面结束。

⟨달라라 형제⟩(중국판 런닝맨) 편집 큐시트(한국어판)

⟨奔跑吧, 兄弟 Running man⟩ 第1集

NO	순서	녹화시간	장소	내용	소품(절강)	소품(SBS)	의상(절강)	의상(SBS)	세트(절강)	세트(SBS)	촬영체크사항	기타	기본 소품 리스트
1	오프닝	27일	골목 곳곳	한 명씩 등장하며 캐릭터와 함께 인물 소개	개인 테이블 10개(60*60 *80높이) 롤테이블 2개 3m 나무의자 테이블 덮는 천(세무천직 감색) 보라 등장인물 닮는 천(다른 색) 꽃다발 6개 와인잔 (고급 은&금색) 주전자 PPL: 각테일 레드 가펫 50m 180cm		등장 의상: 드레스 코드 블랙 (엔젤라 베이비: 블랙 혹은 레드) 웨이터 의상 (사방): 텀북 (개인당 5벌, 텀블 색깔 다른게) 각 멤버 이름표 5개		테이블 제작 (보물상자 올릴 수 있는) 금벨 테이블 (높이 90cm) 아크릴 케이스 (30cm 높이)		헬리캠 성우 대역 VCR 현장 플레이 오디오 확성 체크 녹화볼 자체 조명 확인 게스트 등장 동선 사인 요인 1명 (이상): 웨이터 (남자)	LED TV 42 인치 이상 (영상연결 시스템 완비 테이블 다리) 범프로젝트 설치 가능 한 천(벽) 핸드폰 (개인당 1개) (단축 번호, 이름, 배비) 밤 시간 체크	1. 부족하지 않은 물(얼음, 음료) 2. 수건 200개 3. 우비 200개 4. 휴로라기 5개 5. 구급상자 1Box 6. 실로폰 1개 7. 확성기 1개 8. 노란색 하게 심판복 2벌 9. 런닝맨 한수막/쟁말손 참이 포함 길이 80, 기본 90 세로 50, 그림 실사 출력 씨, 핑크셔 & 노랑 색 글씨는 파랑색 10. 각종 테이프(박스테이프 10개, 절연테이프 10개, 양면테이프 10개 리테이프 10개) 11. 가위 3개 12. 칼 3개 13. 목장갑 100개(두 가지 바진) 14. 스케치북 10개 15. 매직 10개 16. 스톱워치 2개 17. 각종 문구류 18. 치안 무전기
							이름표 달린 텀북(개인당 5벌, 텀블로 색깔 다른게)					기본 소품 체크	

미션 설명(미션카드)

27일 녹화 끝

NO	순서	녹화시간	장소	내용	소품(절강)	소품(SBS)	의상(절강)	의상(SBS)	세트(절강)	세트(SBS)	촬영 체크 사항	기타	기본 소품 리스트
2	레이스	28일 06:00~	어학텔 앞	기상 집합			커플 팀복 (개인당 5벌, 각 팀별 색 깔 다르게) 이름표				픽스 카메라 설치 (연예인 걸은 중 요망) 연예인 차량 3대 (믹스바겐 PPL) 작가, VJ 3대 경호원 3대 (총 9대) 오디오 확인 진행한 네비 확인 내부 픽스 카메라 확인 무전기 확인(6대)	기본 소품 체크	19. 각 스팟 마다 진행요원 30명씩 20. 부자표 검정 1롤 21. 케이블타이 1000개 22. 짓발 대, 중, 소 사이즈 별로 15개 *기본 소품들은 기본 소품 박스 안에 담겨져, 각 스팟 마다 한 상자씩 구비되어 있어야 한다.

미션설명 (미션카드)

이동 수단: 각 팀별. 차량을 타고 이동 / 네비, 오디오, 픽스카메라, 무전기 6대, 주차 확인(갓 스팟 40대)

| 레이스 2 | 6:30 ~ | 서울 문화 광장 | 지엄판 조깅 레이스 | 지엄판 5000 장(게재용 1500장, 평 지용3500장) (연두색) 돌명이 지엄 판 1200장 (샘플사이즈) 지엄판 기분 1. 엑스트라 대역 옷, 이 줌마 이상*3 기분*3) 3. 줄넘기 종 류별 3세트 (총 9개) 4. 홀라후프 40개(반으로 분리) 홀 라후프 꽂이 80개(처음부 티 세팅) 5. 삼각뿔 6세트 종 12개(높이 80~90) 높이뛰기용 봉 (기분 재질) 6개 | 지엄판 5000장 (색깔 별로) | 엑스트라 복장 지유 | 7. 조립식 철봉 1개 2m (높이 조정 가능) 봉 길이 4m | 헬리캠 탐색 비행 (4새*3 총 12개) 이줌마 엑스트라 300명(150 명은 진짜 이 줌마. 나머지 엑스트라 이줌마 (이줌마 기분 150개) 진짜 이줌마 중 150명 중 (10명 트트한 10명 뭉뚱한 귀여운 흥감형 이줌마) 흥감형 이줌마 중 (넓대리다처 프린팅 티셔츠 10명) 5. 삼각뿔 하늘뺏앙: 삼각뿔 6. 다리에 붕대들 맨 이줌마(엣앙: 이줌마 있고 7. 조립식 철봉 | | 주차 후 터널 지나 광장으로 가 는 노선 체크 1. 이줌마 별동 3명 (팻) 이줌마 별동) 2. 개인 돛지 암반 3. 지엄판 중 넘기(팻앙: 지 암반 줄넘기 20회) 4. 홀라후프로티 넓이(터널 길이 9m 간격 30, 반원) (팻) 등을 대고 통과하시오. 홀라후프꽂이 는 처음부터 세팅) 삼각뿔 뛰기 하들(엣앙: 돌명이) 위기 |

NO	순서	녹화시간	장소	내용	소품 (절강)	소품 (SBS)	의상 (절강)	의상 (SBS)	세트 (절강)	세트 (SBS)	촬영 체크 사항	기타	기본 소품 리스트
2			수영장		안전요원 케이블타이(60cm) 1000피스 비닐테잎 50 장(대형 흰색 70*150) 회전테이블 테이블 3개 의자 12개 식당그릇(식기류, 3세트) 블 세탁용) 밀전병 재료(작가 통보 예정) 마직(소중 대, 35mm 40mm 44mm) 폴리앙제어 단(90*180, 높이 15) 12개		치파오 3벌 아쿠아 슈즈 (각 멤버 사 이즈 별로 준비)		이탈기 천막 (식당 느낌) 검정색 부 직포 1롤 380v 60Hz 전기(전반 50m까지 가능), (안 될 경우, 발전기(조 명발전기 외 별도) 카메라 다이		서버 3명 (치파오 북장, 미인) 초고속 카메라(VJ 6mm 사용) 장비 이동 동선 체크 부감 위치 확인(카메 라 감독님 확인) 카메라 다이 확인 연예인 팀 복 교체 및 사워 장소 확인 방갈로 가림 천막 (흰색)	특이 사항: 전날 세팅 완료 기본 소품 체크	

미션설명 (미션카드)

이동 수단: 각 팀별, 차를 타고 이동 네비, 오디오, 픽스카메라, 무건기 6대, 주차 확인(갓 스팟 40대) 수영장 게임 후 식사

	서울				깃발대 철제		탁구 리프트 제작 (철제)	부자포 배 2대 인원 통지	2
	1.5배 길이의 탁구대 1개, 다리 절린 탁구대 1개(리프트 장착용) 네트 1.5배 제작 탁구채(탁구채, 구체, 손가락, 앉은벤비 무릎, 점돌, 프라이팬 파리채 화초리, 다리미 주걱등) 각 6개씩 탁구공 (주황 & 흰색) *100개 깃발 4개 (색깔 선택 택 바람) 인상서문 간판을 가리기 위해한 부자포	아쿠아슈즈 (각 멤버 사이즈 별로 준비) 구명조끼(벨, 노, 파, 색깔 별 4개씩, 총 12개) 팀복 샘판복 2개 추가, 총 4개							

미션설명 (미션카드)

이동 수단: 각 팀별, 차를 타고 이동   네비, 오디오, 믹스카메라, 무전기 6대, 주차 확인(갓 스팟 40대)

NO	순서	녹화시간	장소	내용	소품(절강)	소품(SBS)	의상(절강)	의상(SBS)	세트(절강)	세트(SBS)	촬영체크사항	기타	기본 소품 리스트
3	최종	16:00~	미술대학	최종 미션	R것발 9개(팀색깔별로 3개 색(엠버 암장 표시용) 방울 작은 사이즈 비밀번호 이름표 케이블타이 (15cm) 0077방 (43*30, 최대한 앉은 인색 기방) 50개 미션 힌트 카드 50장 숫자 힌트카드 드 50장 헤드폰 의자 10대	김종국 방울 트벨 무전기	비밀번호 이름표 5개 김종국 종국 여 이름표	김종국 의상 2벌 (이름표 부착 가능)			헬리캠 박음질 체크 비밀번호 체크 적외선 카메라 10대 각 사용방 및 엔딩장 소 청소 문턱에 형 광테이프로 "조심" 붙여 놓기	기본 소품 체크	
4					대형 금고 1 개(전통무늬, 높이190*60) 황금색 금고 단상 (높이 30, 가로 세로는 금고 사이즈 규격에 맞게) 특효: 불꽃목 죽 꽃가루 이산화탄소	우승팀 상품 획득							

〈달리라 형제〉〈중국판 런닝맨〉 편집 큐시트(중국어판)

〈奔跑吧，兄弟 Running man〉第1集

NO	顺序	录制时间	地点	内容	道具(浙江)	道具(SBS)	服装(浙江)	服装(SBS)	布景(浙江)	布景(SBS)	拍摄检查事项	其他	基本道具清单
	OPENING				10张个人桌子(60*60*80高) 2张长桌(3米) 10把木椅(有扶手)						航拍机	红毯(50m)	1. 充足的水(冰块), 饮料 2. 毛巾 200张 3. 雨衣 200个 4. 口哨 5个 5. 急救箱 1箱 6. 手敲琴 1个 7. 扩音器 2个 8. 黄色 夏季 裁判服 2套
				明星登场的同时介绍人物和角色	放金蛇的桌子(高90厘米) 桌布(每张桌都要有,绒布,暗红色) 盖金蛇的布(颜色与上不同,绒布)		登场服装：dress code-black (Anglela Baby穿黑色或红色, 自己选择)				成龙替身	可设置投影仪幕布 LED TV 42 寸以上(可放置在桌子上,系统完备,可连接录像)	9. RM 标牌(标牌把手30cm, 标牌长90cm*宽50cm, 把手和标牌加在一起总共高80cm)(图片必须打印实际图像)(颜色：粉色 &黄色 字体颜色是蓝色)
			雷峰塔						制作可放宝盒的桌子		VCR现场 可播放		10. 各种胶带 (宽的透明胶10个, 各种颜色的大力胶各10个, 玻璃胶带10个)
									放金蛇的桌子(高90cm)		扩音检查	手机(每人一台)(安装号码快捷键, APP号航)	11. 剪刀 3个 12. 工具刀 3个
1		27日			雅克力(30厘米放金蛇) 花束 6个 1个服务员 红酒杯15个(要显得高贵银8金色) PPL：RIO 鸡尾酒		服务员：西服		雅克力盒(30cm)		确认雷峰塔目易照明灯光		13. 收到：普通白色工作手套 100个, 带有防滑胶带的工作手套 100个 共 200个
							团队服(每人5件, 每队的颜色要不同)				确认嘉宾登场路线		14. 素描本 10个(8开) 15. 记号笔 10个
					红毯(50m 180cm)						服务员男 1名 (服装：西装)	检查吃饭时间 检查基本道具	16. 秒表 2个 17. 各种基本文具 18. 车内对讲机
							有名牌的队服 (每人5件, 每队的颜色要不同)					기본 소품 체크	

任务说明（任务卡）

27日拍摄结束

NO	顺序	录制时间	地点	内容	道具(浙江)	道具(SBS)	服装(浙江)	服装(SBS)	布景(浙江)	布景(SBS)	拍摄检查事项	其他	基本道具清单
2	Race	28日 06:00~	酒店前	起床集合			情侣队服(每人5件,每队颜色不一样) 名牌				支架固定摄像机(演员最好都在一个楼层) 车(演员3辆(赞助)车辆)作家VJ3辆警卫3辆) 对讲机共6台 确认录音情况 确认车辆内部固定摄像机 确认导航 确认对讲机		19. 各个地点要安排执行人员30名(搬东西、装饰架等) 20. 无纺布(黑色1卷) 21. 充足的尼龙扎带(1000个) 22. 旗帜(大中小\各15个) *这些基本道具都要放在同一个道具箱里 每个地点至少要放置有一箱.

任务说明（任务卡）

交通工具：各组开车移动到下一个场所　确认导航，录音，固定摄像机，对讲机，停车地点(每个场所40个停车位)

					道具/物料				
2	Race	06:30~	西湖文化广场	指压板晨跑 Race	指压板5000张(台阶1500张,平地3500张)(粉色,绿色,黄色,天蓝色) 鹅卵石指压1200张(伴本大小) 放指压板的包 1. 大妈替身3名,服装、假发各3套 2. 跳绳3种不同类别各3个,共9个 3. 呼啦圈40个(可分成半圆) 4. 插呼啦圈的管子80个(一开始就固定好) 5. 三脚架(施工时用)6对,共12个(高80-90厘米) 跳高专用杆6个(弹性板大)	指压板5000个(按颜色分类)	替身演员装束自由 腿上缠绷带的大妈T恤(印上:请把我带到那儿去)	可组装的单杠1个 高2米(可调节高度) 横跨4米	航拍机 接力棒(4种色*3)共12个 群众演员300名 大妈替身150名(假发150个) 真大妈150名(10名强壮,10名胖胖可爱的,给人好感的,10件打印"把我带到那儿"T恤) 充分练习舞蹈和铺指压板 确认小苹果歌曲带到现场广场对面楼的俯拍位置	检查停车后进入广场的路线 1. 大妈跳马3个(牌名:大妈跳马) 2. 台阶鹅卵石指压(牌名:石指压) 3. 指压板跳绳(牌名:指压板跳绳20次) 4. 呼啦圈隧道(隧道长9米、宽3米,呈半圆状)(牌名:请贴着隧道过) 5. 三脚架障碍(牌名:三脚架障碍) 6. 腿上缠着绷大妈(牌名:跑着追着大妈跑吧) 7. 组装式单杠

任务说明(任务卡)

交通工具:各组开车移动到下一个场所 确认导航,录音,固定摄像机,对讲机,停车地点(每个场所40个停车位)

NO	顺序	录制时间	地点	内容	道具(浙江)	道具(SBS)	服装(浙江)	服装(SBS)	布景(浙江)	布景(SBS)	拍摄检查事项	其他	基本道具清单
2			游泳池		3个服务员(旗袍,红,黑,蓝) 水上安全人员 尼龙扎带(60cm)1000个 50个大浴巾白色(150*70) 旋转景 3张桌子12张椅子 盘子,碗(用来装饰3张桌子) 菜编剧(特定)春饼/春饼配 廊将(大,中,小,44mm,40mm,35mm) 飞桌台(90*180*15高,厘米,12个)		服务员穿中国清朝时期的服装(唐装,q旗袍,醉拳中的服装,各种假发) 演员们的潜水鞋演员尺寸不同) 救生衣(红黄蓝各4件,共12件) 队服 裁判服服装增加2件,一共4件		脱离器 布(饭店的感觉)黑色无纺布1卷 电力:380v 60Hpz 60m(保证在50m内能用点).(若不行就没办法用发电机)		超高速摄像机(VJ使用6mm)确认装备移动路线 确认拍全景的位置(摄影导演确认) 确认摄像机台子 确认艺人洗浴地点并更换队服 幕布 船(2艘) 人员通知任务说明(任务卡)	注意事项:布景要在前一天完成	

任务说明(任务卡)

交通工具：各组开车移动到下一个场所，确认号航，录音，固定摄像机，对讲机，停车地点(每个场所40个停车位，在游泳场的游戏结束后吃饭。

					西湖	2
希望在有关术架方面进行会议 调查购买铁制品的地方 咨询制造场所	制作铁制乒乓球台升降机	制作铁制旗杆	演员们的潜水鞋(演员尺寸不同	1张1.5倍大小的乒乓球桌没有柱子的1.5倍乒乓球桌(放在升降机上)1.5倍大小的乒乓球网 乒乓球拍(乒乓球，勺子，锅盖，蒸饺笼子，锅铲，煎锅,各种苍蝇拍等)各种都准备6个 乒乓球(橘黄色或白色100个) 4个RM旗子(颜色自选) 无纺布德挡路边印象西湖的广告牌		

交通工具：各组开车移动到下一个场所　确认导航，录音，固定摄像机，对讲机，停车地点(每个场所40个停车位)

NO	顺序	录制时间	地点	内容	道具(浙江)	道具(SBS)	服装(浙江)	服装(SBS)	布景(浙江)	布景(SBS)	拍摄检查事项	其他	基本道具清单
3	最终	16:00~	美术大学	最终任务	R旗子9个(每个团队一个颜色,共3个颜色(表示艺人入场) 铃铛 写着密码的小型名牌 扎带(15cm) 007箱包(43*30,尽量用薄点的银色箱包)50个 任务提示卡50张 数字提示卡50张 手机 椅子10把	铃铛 对讲机(按队)	密码名牌5个 名牌	T恤2件(可粘贴名牌)			航拍机 确认贴名牌的位置是否缝纫牢固 确认密码 红外线摄像机10台 扫描被使用的房间及最终场所 每个门攻使用的上贴上支光胶带(胶带上写有"小心") "监狱"里准备充分的零食与冷饮	检查演员的衣服与名牌是否牢牢的缝在一起	
4	Ending				大型金库1个(有中国传统花纹,高90*60*60)黄金蛇放金库的台子(高30厘米,长与宽根据金库大小而定)特效:烟花,花瓣,二氧化碳				获胜团队领取奖品				

1장

김혁조(2015). 방송기획과 제작의 이해. 한울

로제 카이와, 이상률 역(1999). 놀이와 인간. 문예출판사

롤랑 바르트, 김명복 역(1990). 텍스트의 즐거움. 연세대학교 출판부

앨버트 모란 엮음, 정윤경 역(2012). 텔레비전 포맷의 세계. 커뮤니케이션북스

요한 호이징가, 김윤수 역(1993). 호모 루덴스-놀이와 문화에 관한 한 연구. 까치

이동규(2012). TV는 살아 있다. 서해문집

이동규(2007). PD감각입문. 커뮤니케이션북스

최은경(2014). 사실적 텔레비전과 방송 편성 문화. 커뮤니케이션북스

테리 번, 유현상 역(2004). TV 프로덕션 디자인. 한울

하버트 제틀, 임영호 외 역(2003). 방송제작론. 청문각

Ien Ang(1985). Watching Dallas: Soap Opera and the Melodramatic Imagination. London: Methuen.

Howard Becker(1982). Art worlds and collective activity. In: Art Worlds (pp. 1–39). Berkeley, CA: University of California

문학비평사전

두산백과사전

3장

이동규(2007). PD감각입문. 커뮤니케이션북스

이영돈(2010). 이영돈 PD의 TV프로그램 기획 제작론. 커뮤니케이션북스

알렉스 엡스타인, 윤철희 역(2005). 시나리오 성공의 법칙. 스크린 M&B

김병희(2014). 아이디어 발상법. 커뮤니케이션북스

김주환(2011). 회복탄력성. 위즈덤하우스

김석(2007). 에크리. 살림

홍준기(2005). 오이디푸스 콤플렉스 남자의 성 여자의 성. 아난케

김학목(2016). 명리 명강. 판미동

맹기옥 해설(2015). 나이스 자평진전. 상원문화사

황태연(2012). 실증주역. 청계

위키피디아

4장

이응백, 김선풍, 김원경(1998). 국어국문학자료사전. 한국사전연구사

가토 히사타케, 이신철역(2009). 헤겔사전. 도서출판 b

배상준(2015). 장르영화. 커뮤니케이션북스

7장

친리우디(覃柳笛)(2014.12.21). 중국은 왜 외국 방송 포맷 수입에 열을 올리는가?(中国为何热衷引入外国电视模式). 판왕동방주간(瞭望东方周刊)

선하오찡(沈浩卿)(2014.12.15). 2014 중국 방송 업계 10대 트렌드(2014电视行业十大现象盘点). 문화산업평론

팡팅(方婷), 예위천(叶雨晨), 짱징(张晶), 리파짠(李伐赞)(2014.12.4). 한국인은 과연 포맷과 경험만 가지고 왔는가. 제일재경주간

인홍(尹鸿)(2005). 리얼리티 방송 해독. 금전매 제7기(14-18)

린슈팅(林书亭)(2014). 2014년 국내 야외 리얼리티 프로그램의 현황과 발전 전략. 청년기자 제5기(46-47)

쑨린(孙琳), 티엔린(田霖)(2013). 야외 리얼리티의 10년-〈협곡생존영〉에서 〈아빠 어디가〉까지. 영시제작 제12기(14-22)

쑨쉰리우(孙旭柳)(2013). 한/중 버전 〈아빠 어디가〉의 비교로 본 야외 리얼리티 프로그램의 발전. 서부 광보 방송 제20기(3-4)

Anthony Fung, Xiaoxiao Zhang(2011). The Chinese Ugly Betty: TV cloning and local modernity. International Journal of Cultural Studies 14(265-276)

예능 PD 7人이 작심하고 쓴

TV 예능 제작가이드

2018년 7월 20일 1판 1쇄 펴냄

지은이 이동규 · 김준수 · 유윤재 · 안철호 · 윤태욱 · 박상혁 · 김용재
펴낸이 류원식 | 펴낸곳 (주)교문사(청문각)

편집부장 김경수 | 책임진행 김보마 | 본문편집 유선영 | 표지디자인 유선영
제작 김선형 | 홍보 김은주 | 영업 함승형 · 박현수 · 이훈섭
주소 (10881) 경기도 파주시 문발로 116(문발동 536-2) | 전화 1644-0965(대표)
팩스 070-8650-0965 | 등록 1968. 10. 28. 제406-2006-000035호
홈페이지 www.cheongmoon.com | E-mail genie@cheongmoon.com
ISBN 978-89-363-1760-7 (94080) | 값 28,700원